野間秀樹 著

K-POP原論

Haza

第2世代　**第1世代＋プレ K-POP**

K-POPの歴史地図

SM（李秀満〔イ・スマン〕）

- 2004 ■ 東方神起
- 2005 ■ SUPER JUNIOR
- 2007 ● 少女時代
- 2008 ■ SHINee
- 2009 ● f(x)
- 1998 ■ SHINHWA
- 2000 ● BoA
- 1996 ■ H.O.T.
- 1997 ● S.E.S.

YG（梁玄錫〔ヤン・ヒョンソク〕）

- 2006 ■ BIGBANG
- 2009 ● 2NE1
- 1997 ■ JINUSEAN
- 2003 ■ SE7EN

JYP（朴軫永〔パク・チニョン〕）

- 2007 ● Wonder Girls
- 2008 ■ 2PM
- 2010 ● miss A
- 1999 ■ god
- 2002 ■ RAIN

HYBE（房時爀〔パン・シヒョク〕）

その他

- 1992 ■ Seo Taiji and Boys
- 1993 ■ DEUX
- 1996 ▲ Young Turks Club
- 1997 ■ Sechs Kies
- 1998 ● Fin.K.L.
- 2001 ■ PSY

＊いわゆる4大事務所（SM、YG、JYP、HYBE）の系列ごとに分けている。
＊HYBEは2021年にBig Hit EntertainmentからHYBEへと社名変更。
＊SEVENTEEN、fromis_9などの所属社PLEDISは2020年にBig Hit傘下へ。
＊黒字■印は男性（グループ）、グレーの文字で●印は女性（グループ）、▲印は男女混成グループ。

TAVnet（タブネット）÷ YouTube の時代

第4世代	第3世代
2020 ● aespa 2019 ■ SuperM	2014 ● Red Velvet 2016 ■ NCT U 2016 ■ NCT 127 2016 ■ NCT Dream 2012 ■ EXO
2019 ■ TREASURE	2014 ■ WINNER 2015 ■ iKON 2016 ● BLACKPINK 2016 ■ Sechs Kies（再結成）
2019 ● ITZY 2020 ● NiziU 2022 ● NMIXX	2015 ● TWICE 2018 ■ Stray Kids 2014 ■ GOT7
2019 ■ TOMORROW X TOGETHER 2020 ■ ENHYPEN 2022 ● LE SSERAFIM 2022 ● NewJeans	2013 ■ BTS（防弾少年団） 2018 ● fromis_9 2012 ■ NU'EST 2015 ■ SEVENTEEN
2020 ● STAYC 2021 ● IVE 2021 ● TRI.BE 2021 ● PURPLE KISS 2021 ● Billlie 2022 ● CSR 2019 ■ ONEUS 2022 ● Kep1er 2019 ● AleXa 2022 ● Lapillus 2019 ● EVERGLOW 2022 ● XG	2018 ● (G)I-DLE 2012 ● Ailee 2018 ■ ATEEZ 2012 ● EXID 2016 ■ ASTRO 2016 ▲ KARD 2016 ● CHUNG HA 2016 ● LOONA 2012 ■ B.A.P 2016 ●宇宙少女 2015 ■ MONSTA X 2014 ● Heize 2014 ● MAMAMOO 2014 ● Dream-catcher 2018 ● IZ*ONE

K–POP 原論
K–POP 원론
K–POP: Elements (Στοιχεῖα)
K–POPO: Elementoj

Haza, 2022
ISBN-978-4-910751-01-6

はじめに

本書はＫ－ＰＯＰを〈Ｋアート〉として愉しみ尽くす本である。

〈アート〉と呼ぶのは、Ｋ－ＰＯＰの作品たちが今日、もはや狭い意味での〈音楽〉としての造形に留まらず、〈声＋詩＋音＋光＋身体……〉から成り立つ、優れて総合的な造形となっているからである。

具体的には、YouTube（ユー・チューブ）上のＭＶ（ミュージック・ビデオ）などの動画を中心に、言語と美学の観点からＫ－ＰＯＰ（ケー・ポップ）をこれでもかとばかりに、共に愉しむ。入門の前段階の方から入門なさった方、またよろしければ、達人の方もどうぞ。

〈アート〉と呼ぶけれども、本書の目指すところは、すました芸術論に閉じこもるのではなく、いわゆるポップ・カルチャーとしてのアートの彼方までしなやかに、そして豊かに開かれている。あんまり大きな声で言うと、叱られてしまうので、ここだけの話だが、実はファイン・アート（純粋美術）と呼ばれる分野こそ、しばしばポップ・カルチャーに嫉妬してきたのであった。

その嫉妬を公然と形にしたのが、ポップ・アートであった。

芸能論、メディア論、ジャーナリズム論、社会学、経営学、経済学、政治、そして〈推し〉のアーティストへの愛、といった観点からの、K‐POPの本やインターネット上のウェブサイトは、世に、もうたくさんある。YouTube動画の形で語られるK‐POP論も、膨大な数が日々発信されている。

例えば、〈絵画〉を語るのに、画家の人生や、画家への愛といった観点、あるいは画商の観点、また美術資本の観点、はたまた政治的、宗教的、社会的な観点などなど、絵画の周辺の様々な観点から語ることもできるけれども、絵画作品そのものについて語ることも、当然あって良い。というより、むしろ絵画の周辺をいくら語っても、絵画そのものを見たことにはならない。K‐POPも同様である。

本書はお金や集計表だけでK‐POPを見る本ではない。

ましてやしばしば遭遇する、何かと言うと、「韓国はぁ」とか「日本はぁ」などといった「国」を振り回す、〈隠れ国家主義イデオロギー〉に染まりきった語りとも、無縁である。

「K‐POPは国家主導で繁栄した」とか、「K‐POPは政府のてこ入れがあったから成功した」などという言説も、この〈隠れ国家主義イデオロギー〉の一変種である。アートのリアルを知らない、ほとんど一顧だにする価値もない言説なのだが、念のために一言だけ言っておこう——国家は詞を書いてくれたりしないし、曲を作ってくれもしない。ファンとの交流に心を砕いたりもしてくれない。国家は歌えないし、踊れないのである。「会議」なら踊るかもしれないが。

「K‐POPは金をかけて作っているから」といった言説も、一見正しそうに見えて、実は大切なところを見失う。何よりもK‐POPが胎動しようとしていたとき、韓国では皆、豊かではなかった。一九九七年のいわゆるIMF危機では国家さえもいわば破産していたのである。産みの苦しみは尋常ではなかった。始まりを見据えることができなければ、現在も、未来も、見切れない。

ついでに言えば、「ファン戦争」や「ディスり合い」などと呼ばれる事態も、実のところ、ファンダムを利用した、資本主義的搾取の地雷原である。本書はこれもお断りだ。

本書は絵画論に喩(たと)えるなら、絵画そのものを見る本、つまりアーティストたちやクリエイターたちが心血を注いで造り上げたK‐POP作品を貴(たっと)び、そのど真ん中を愉しむ本である。この点で既存の多くの言説と大きく異なる。

K‐POP MVをアートとして見据えるための視座は、次の二つに要約できる：

（1）言語学的な視座
（2）美学的な視座

K-POP MVをアートとして見据えるということについては、第一講で触れる。最初に、「言語と美学」と書いたけれども、実のところ「言語」と「美学」は「と」という助詞を用いて、同じ平面で並列できるような概念ではない。本当は（1）と（2）にも見えるように、「言語学と美学」くらいに呼ぶ方が落ち着く。しかしいきなり「言語学と美学」と書かなかったのは、たとえば中学生や高校生の方々にも、ぜひ気軽に本書を開いていただきたいという、願いからである。

「言語学とか美学ってのは何？」などという悩みはまずここで粉砕しておこう。「言語学」は〈言語、ことばについての学問、思想〉である。一例として、〈なぜ韓国語のラップは刺さるのか〉といった問いを解く重要な秘密が、言語そのものに隠されていることなども、言語学によって明らかになる。

「美学」はここではごく柔らかに〈アートについての哲学、思想〉程度に思っていただければよい。ことばと声、音と光と身体に及ぶその美学の内実は、それぞれの〈Kアート〉と向き合うことによって、さらに具体的に明らかになってくる。このあたりは、本書のいわばサビかもしれない。

読み進めていただければ、今日のファンタジー論やゲーム論や文学論などで時に出会う難解な書物よりは、はるかに易しく、そして優しく、書いてあることが、解るだろう。

恐縮だが、稀に、思わずK-POP愛が炸裂してしまって、筆が迸ってしまうかもしれない。そうした場合に、とりわけ〈推し〉への思いを日々抱いておられる方々であれば、思わず弾けてしまった筆も、「よしよし、愛い奴じゃ」と、お心広く、お許しくださるに違いない。

いろいろな分野にわたって言及するので、読者の方々それぞれの関心の方向によっては、見慣れない分野や時代の事項に触れることにもなろう。そんなときは、一々ネットで検索などせずとも、読みながらその場で解決できるよう、丁寧に注を付している。

また、本書は既存の多くの読書体験と異なるだろう。それは⋯

QRコードによって希望する動画へ、一瞬で跳べるからである。ＱＲコードをスマートフォンにかざせばＯＫだ。読み進めながら、どんどん動画へと散歩していただいて構わない。ふと思い出したときに、本書へと立ち戻ってくだされぱよい。しばしば動画から本書へ戻れなくなるかもしれないけれども。なお、ＭＶは可能な限り、大きな画面でご覧になることを、お薦めする。今日のＭＶはそうした造りになっている。本文で言及し、ＱＲコードでリンクを示したＭＶは、一五〇本である。

巻頭には全体像を視覚的に把握できるよう、〈歴史地図〉を付した。本書には、Ｋ-ＰＯＰが全く初めての方のために、〈前奏〉という名の、ごく短い章をイントロとして付してある。巻末に、本文で言及しきれなかったＭＶなどを、読者の方々の関心別に〈願望別ＭＶリスト〉として分類し、四〇〇本ほどのタイトルを収録した。それらとは別に、詳細な索引類を装塡していることは、言うまでもない。

気がついたら、Ｋ-ＰＯＰだけでなく、言語学や美学の愉しみの門にも、ちょっとだけ足を踏み入れているかもしれない。

「中学生や高校生の方々」と書いたが、もちろん人生の達人の方々こそ大歓迎である。なぜＫ-ＰＯＰが世界で共感されているのか、齢（よわい）を重ねた方々には、それこそ、ご自分の音楽体験史、アート体験史と照らし合わせながら、じわじわーっとお解りいただけよう。そして人生の新たな友に出会うことにもなろう。

かくして、K－POP入門以前の方も、入門して間もない方も、いわゆる〈沼落ち〉なさって、どっぷりはまっておられる方も、そして既にご卒業なさった方も、きっと新たな視点で、K－POPに心をときめかせることができると、信ずる。

声とことばと音と光、そして身体が織りなす、至福なるK－POPの宇宙で、地球上が平和であって、言語や美の歓びを慈しみながら、胸も高鳴るような幸せが、読者の方々に満ち溢れんことを。

野間秀樹

目次

凡例

本文中に●印で示したものが、YouTube上に記載された動画名である。ハングルのみ縦組みに直してある。●印の動画は、下段のQRコードと対応している。動画は、基本的にそれぞれの企業や団体がYouTube上に正式に公開しているものに、限っている。リンク先の動画が予告なしに消去されることも、あり得る。

K-POPのファンの方々の日常からは、アーティストの個人名には敬称を付さないのが、一般的と思われる。あるいはSNSでは〈様〉などを付すといったことが行われている。本書では、アーティストの方々への敬意を込めて、あえて〈氏〉を付す。おそらく多くの方々が何がしかの違和感を抱かれるやもしれないけれども、本書の意とするところを、汲んでいただければ、幸いである。敬称は、韓国語でも用いられている〈氏〉で統一している。なお、故人についてはこの原則を緩めてある。

本書の[ ]内は基本的に発音記号や仮名で、発音を本書が付したものである。ハングルの発音の片仮名表記は、金珍娥・野間秀樹・村田寛(2022)の方式による。バンタン（これは日本語で多く用いられている表記）＝방탄[paŋtʰan]「パんタン」のごとく、小さな「ん」は音節末の[ŋ]を、小さな「ン」は音節末の[n]を示す。小さな仮名はそれだけで一音節をなさないので、本書の仮名発音表記では、大きな仮名の数と音節の数は常に一致する。振り仮名＝ルビでは「ん」「ン」などの仮名を小さくしない。長母音（↓一五七頁）は表記しない。韓国人名の漢字へのルビは一般に広く用いられているものがあれば、それを採用したので、「ん」は用いず「ン」を使う。このように同じ人名でも、漢字のルビとハングルへの発音表記と異なることがあり得る。「李禹煥（リ・ウーファン）」と「이우환（イ・ウファン）」など。

K-POPのほんの一隅から生まれ、
K-POPを象徴するまでに育ち、
K-POPを超えた。
それがBTSというアーティストである。
そして今また、世界が共振する女性たち、
BLACKPINK。
さらにK-POPは歌う――MAMAMOO。
まずこれらから出発しよう。

前奏　これがK-POPだ――〈Kぽ〉入門のために

0－1　まず体験せよ――四本の動画から

K－POPとはどのようなものか

本書はK－POPについての本だから、まず当のK－POPを体験していただくのが、話が早い。全く初めての方に、この前奏を置く。既にK－POPを〈Kぽ〉や〈けーぽ〉と呼ぶなど、K－POPについて親しんでおられる方は、次の第一講からお読みいただいても、差し支えない。

入門体験のために、MVなどを中心に四本のYouTube動画を選択しておいた。K－POPに係わる動画には、いくつかの類型がある。ここではそれら類型のうち、典型的な作品を選んである。あれこれのランキングなどによるものではない。

なお、K－POPに詳しい方々には、当然のこと、なぜこの四本か、といった問いが立つだろう。実はそうした方々のお考えには頭（こうべ）を垂れて傾聴したいし、あるいはまた、夜を徹して語り合いたいところで、本書の重要な関心のあるところである。とりあえず、ここでは入門のための手掛かりとして考えていただければよい。なぜこれらかなど、内容については、後々、本書を共にしていただければ、首肯いただけよう。いずれにせよ、これら以外の候補も大いにあり得るのが、まさにK‐POPの豊饒である。

それぞれの動画名の頭には「●」の記号を付しておく。動画名はそれぞれの著作権者がYouTube上で公式に公開している名称なので、基本的に、記号類以外は変更を加えていない。

本書では「●」の下に、是非触れておきたい、本書選定のベスト動画を、★印で示した：

●★★　ベスト一〇本

●★　ベスト四〇本

●　ベスト一〇〇本

動画は、本書の論旨に沿うものを選んで、挙げてある。過去から現在まで時を鷲づかみにし、一望できるのも、YouTube、そして本書の特徴である。それぞれのYouTube動画に簡単にたどりつけるよう、本文の下段にQRコードを付しておく。スマホのカメラにかざせばOKだ。スマホ画面から大きな画面へと移り、細部までも鑑賞なさると、楽しみはいや増す。

なお、●の直下の文字列の、ハングルを除き、ローマ字だけを並べて、YouTubeの検索窓で検索しても、概ねすぐに探し当てることができる。アーティスト名やあれこれのことがらについて、巻末の索引から本文へと分け入る読書も、試みてくださると、嬉しい。

K－POP動画の類型

膨大なK－POP動画には、主に次のような類型を見出すことができる。同時にそれら類型の間の中間的な動画もたくさんある：

①MV
②ダンス映像
③コンサート映像
④ステージ映像

⑤プロモーション映像
⑥リアクション映像
⑦二次派生的な映像

①～③はアーティストの所属する企業体が、公開しているものである。多くは無償だが、③のコンサート映像は、テレビ局などが番組の録画を公開しているものもあると同時に、韓国ドラマなどと同様、サブスクリプションのサイトで視聴する形のものも、少なくない。

④はステージの映像で、音楽番組やDVD映像などを始め、多様な形態がある。

⑤は、アーティストたちの歌やダンス以外の様々な様子を描いた映像を始め、舞台裏など、多様なプロモーション映像（PV）が提供されている。アーティストたちが出演するテレビ番組なども、いわばプロモーション映像の一つである。なお、広い意味では①～⑤の映像の、有

料以外の全てがプロモーション映像だとも言える。ちなみに、日本の古くからのK‐POPファンには、MVのこともPVと呼ぶ人が多い。

⑥⑦はアーティストの所属する企業体以外の人々が公開しているものである。アーティスト自身が公開しているものもある。

⑥は、公式の映像についての私的な反応を、多様な人々が映像化して見せてくれているもの。K‐POPのファン、ボイス・トレーナー、ダンサー、クリエイターなどを始め、日本語や英語、その他、多くの言語で映像が造られている。中にはそうした映像自体も驚くべき再生数を数えるものもある。

⑦はMVを材料に、歌手のパートの出現率を分析したり、アーティストたちの解説をしたり、あれこれのゴシップを語ったり、多くのMVを集めたりと、およそ考え得るありとあらゆる映像が上げられている。中には著作権上、危なさそうなものも、非常に多い。ただし、実のところ、こうした膨大な二次的な映像群が、強力なプロモーション媒体となって、K‐POPが支えられて来たのであった。法的な問題も絡むし、そのことによって動画が取り下げられるのは嫌だということもあって、多くの人々が思っていても、公にはあまり論じられてはいない。

本書が対象とするのは、①が中心である。それにはもちろん理由がある。②や③や④にも必要に応じて、稀に言及する。

①のMVにも、いくつかの類型がある。次頁の〈血、汗、涙〉などのように、何かしら大きなコンセプトやストーリーのごときものを据えて、全体を造形し、そこにアーティストの歌やダンスを組み込むのが、MVの作法の大きな類型の一つ。何かしらのストーリーからなる物語性、すなわち〈はなし〉性（↓二九〇頁）の濃厚なMVもあるし、希薄なMVもある。

歌は通常、別途に歌だけ録音し、高度に編集が加えられていることが、MVでは普通だ。だからMVに「口パク」だなどと言うのは、ナンセンスである。

①のMVのうち、歌とダンスだけを収録するタイプは、今日では少数派である。ただし、②のダンス映像や、⑤のうち、歌うところだけを収録した動画は、たくさんある。

編集がほとんど加えられていない、例えばラジオなどの歌の録音は「生歌（なまうた）」などと呼ばれ、K－POPではしばしばMVとは別の⑤などの類型で動画が提供される。ダンスの「生歌」に相当する、ダンスだけの動画は、②の類型で、〈dance practice〉などと呼ばれ、これもしばしば別の動画が提供される。これらは韓国では普通MVとは呼ばない。プロモーション動画の一種である。公式サイトからはもちろん、YouTube以外のSNSやインターネット上のサイトからもYouTubeにリンクが張られていることが、極めて一般的になっている。もちろん、TikTokやInstagramなどの内部にも動画は数え切れないほど、流布している。

K-POP MVの金字塔──BTSから

●●★★BTS（방탄소년단）'피 땀 눈물（Blood Sweat & Tears）'Official MV

二〇一六年。楽曲のタイトルは〈血、汗、涙〉の意。K-POPを象徴する、文字通り国際的なアーティストBTSによるMV。BTSは二〇一三年に登場した。今日ではいわば別格の扱いをされるほどのグループである。これは一つの作品として映像を造形する、典型的なスタイルのMV。

BTSという名は、방탄소년단（防弾少年団）の韓国語におけるローマ字表記、BangTan Sonyeondan から採ったもの。韓国語式に発音すると、[paŋtʰansonjɔndan]［パんタンソニョンダン］。国際的には既にBTSの名で一貫して受け容れられている。BTSの英語読みをハングルで書くと、비티에스 [pitʰiesɯ]［ピティエス］となる。韓国語では単語の頭に/b d g dʒ/といった有声音の破裂音が来ることはない。つまりバやダやガなどの濁音で始まる単語はない。また[ビー]のような長母音も基本的にはなくなっている。それゆえ、普通は「パんタン」とか「ピティエス」のように発音される。ただし英語式に [biːtiːes] と発音されることも少なくない。

《注》日本語圏、韓国語圏、英語圏など、それぞれの言語圏のローマ字表記＝ラテン文字の表記は、基本的にはその言語圏の母語話者しか読めない。つまり元の言語で正しく発音はできない。言語ごとに、母音の数も、子音の数も、音も、全く異なるからだ。他言語を発音すると、どうしても生まれ育った言語＝母語の影響が出るのが、ごく自然なことである。ローマ字表記に世界の基準などないので、英語話者を含め、どの言語の話者でも、他の言語のローマ字表記は、「当たらずとも遠からず」程度に考えておけばよい。〈こう書くと、「外国人」が読めない〉などと、英語話者だけを頭に置いて語るなどは、論外。

　発音の仮名表記も、やはり「当たらずとも遠からず」程度にゆるく頼りにするのがよい。正直なところ、韓国語を仮名表記すると、母語話者の観点からはいささか「遠い」のだが、日本語にはない発音が韓国語には多いので、これは仕方がない。

　韓国語を表記しているこの文字は〈ハングル〉と呼ばれる。ハングルは「仮名」や「漢字」や「ローマ字」のように、どこまでも文字体系の名称なので、「ハングル会話」とか「ハングルで読む」とか「ハングルで話す」などということばは成り立たない。「ローマ字会話」などがないのと一緒。

《注》〈有声音〉とは、発音するときに声帯が振動する音。日本語東京方言の母音「アイウエオ」は、単独で発音すると、全て有声音。首の喉の位置に指をそっと触れたまま、「アー」と声を出すと、喉が震えていることが、解るだろう。そこに声帯がある。/p t k s tʃ h/などの子音は無声音。無声音は声帯が振動しない。声帯が振動しないと、基本的に音の高さ（pitch）は聞こえない。従って音程の核は有声音が支えている。/m b n d g dʒ/などの子音は有声音。

地球が求めるＫぽ——BLACKPINK

●★★ BLACKPINK – '뚜두뚜두 (DDU-DU DDU-DU)' M/V

二〇一八年。三年間ほどで累計再生回数一九億回。世界が求めているものを、私たちが知るためにも、今絶対に落とせない、必見のＭＶ。押しも押されもせぬ、Ｋぽ貫禄のＭＶだ。BLACKPINK（ブラックピンク）という、二〇一六年に登場した、四人の女性による稀有なるグループ。高級ファッション・ブランドのアンバサダーなどを引き受け、世界のファッションの頂点を象徴する四人でもある。ブランド名と併記すると、ファッショニスタたちの凄さが解って、Ｋ－ＰＯＰが音楽だけではなく、周囲の様々な文化領域を巻き込んでいることが知れる：

0:35 あたりからのラップ：リサ（LISA）氏。CELINE, BVLGARI, MAC
1:35 あたりからのラップ：ジェニー（JENNIE）氏。CHANEL, Calvin Klein
1:06 からの歌：ジス（JISOO）氏。DIOR, Cartier
2:04 からの歌：ロゼ（ROSÉ）氏。SAINT LAURENT, Tiffany & Co.

地球が求める今一つのＫぽ――BLACKPINK再び

●★★BLACKPINK－'How You Like That' DANCE PERFORMANCE VIDEO

今一つ、世界がＫ－ＰＯＰに瞠目したのは、ダンスであった。先の②の類型から。右のダンス・プラクティス・ビデオは公開後一年間で、何と既に一二億回が再生されている。

背景はピンクの一色、文字通り、余計なものが一切加えられていない、楽曲とダンスだけを描き出した、映像の結晶である。四人が中心で、終わりに近づき、さらにダンサーの人々が加わるあたりの高揚感は圧巻である。

〈歌〉を忘れぬＫぽ――MAMAMOO

●★★마마무（MAMAMOO）의 킬링보이스를 라이브로！－Mr. 애매모호、너나 해、데칼코마니、별빛밤、I miss you,HIP, 고고베베、딩가딩가、AYA｜딩고뮤직

二〇一四年に登場した、MAMAMOO（ママム）という四人の女性グループ。端的に言って、

Ｋ－ＰＯＰで極限の歌の達人を四人集めたようなグループ。この四人に匹敵する歌手は、現在のＫ－ＰＯＰにも、そう多くはいない。Ｋ－ＰＯＰでは歌という点で、MAMAMOOは一目も二目も置かれていると言ってよい。

この動画は先の二つの動画とは違って、ＭＶではなく、そのいわゆる「生歌」、いわば④の類型の動画である。메이크어스（MAKEUS, メイクアス）社が運営するYouTube上の〈dingo music〉のチャンネルから。ＭＶとは違った、Ｋぽの宇宙を覗き見ることができる。Ｋ－ＰＯＰが歌を忘れていないことが、ありありと解るだろう。自分たちの代表曲の一部を数曲歌っている。

０－２　〈Ｋアート〉――ことばと音と光と身体と

Ｋ－ＰＯＰ ＭＶ楽しみの戦略

さて、四本の動画を視聴していただいて、本書ではこれからどのような点に着目しながらＫ－ＰＯＰを愉しんでゆくかについて、ごく簡単に触れておこう。

まず第一講で〈Ｋ－ＰＯＰはどこに在るのか――なぜYouTubeか、なぜＭＶか〉を見る。端的に言って、Ｋ－ＰＯＰはいつもどこかで誰かと繋がって存在している。この点が二〇世紀の〈プレK-POP段階〉との決定的な違いである。それは、TAVnet（タブネット）の時代の音楽だと言える。K-POPを可能にした、TAVnetがいかなるものかも、併せてそこで見よう。すると、K-POPのMVがことばと音と光と身体とが統合された〈Kアート〉であることが、鮮明に見えてくる。

第二講では、ことばと音と光と身体、鮮烈なる世界像たちが乱舞する、K-POP MVの世界像の面白さをこれでもかと、味わおう。そしてなぜ今、ダンスなのか？　そこに立ち現れる〈身体性〉とは？　K-POPの前段階からのごく簡単なK-POP史も押さえておこう。

第三講では、K-POPのことばそのものに着目する。とりわけ言語学的な観点から見ると、韓国語の世界にK-POPが登場し、世界がそれを共にしている理由に迫ることができよう。韓国語の音、語彙、文法、表現……様々な位相から、K-POPへ肉迫しよう。韓国語と日本語の音の違いは、例えば韓国語の「랩」（レプ）と日本語の「ラップ」ということばそのものにも現れている。

第四講では、〈Kアート〉の時間、K-POPの音と光の時間に着目しよう。〈変化を、変化を、もっと変化を〉と章題を名づけた理由も明らかになる。そもそも、本書の願いの一つを、非常に平たく言うと、こうだ：

お願いだから、四小節以上、同じことを繰り返さないで

一見、やんちゃな子供が駄々をこねているような、こんなテーゼの言わんとするところは、同じことを延々と続けないでくれという意味だ。実はこの願いは恐ろしい深みを覗いている。そうしたこともやがて共有していただけるであろう。

第五講では、Ｋ－ＰＯＰとはいかなる存在かを総括する。Ｋ－ＰＯＰとはつまるところ、いかなるものなのか、あるいは、いかなるものだったのか。そしていかにあるべきか。Ｋ－ＰＯＰはこれからいかに歩むのか？　あるいはＫ－ＰＯＰは滅びるのか？

第一講　K‐POPはどこに在るのか――なぜYouTubeか、なぜMVか

現在のK‐POP MVは、TextとAudioとVisualが自在に変容しながら、それは単に孤立した音楽なのではない。常に世界と繋がっている。INTERnet上を駆け巡るTAVnet（タブネット）時代の音楽の形である。この点で二〇世紀の音楽とはその存在様式が決定的に異なっている。その内実もMVに典型的なごとく、音楽のみならず、ことばや映像など多様な要素が統合された、〈Kアート〉という総合的なアートとして成立している。YouTubeこそがその主たる生息地である。

1－1　K－POP、その刺激体験の領野

K－POPはどこに〈ある〉のか――四種の刺激体験

K－POPと呼ばれる世界は、実のところ、どこに〈在る〉のだろう。いったい、どこに、どんな姿で愉しまれているのだろう。次の四つの領野の刺激体験に集約できる：

（1）YouTube のMVなどの動画や音楽に触れる、ことの体験
（2）CDやDVD、フォトカードなど、様々なグッズに触れる、ものの体験
（3）コンサートに参加したり、韓国へ渡るなどの、身体の体験
（4）アーティストとファン、あるいはファン間の、繋がりの体験

これらが入り交じったり、重なっている体験ももちろんある。それら種々の体験がやがて私たちの〈心〉に棲むことになるわけである。ある人々は言うだろう――K－POPは私の心にある、と。ここで見逃せないことは、これら（1）～（4）の全てに、〈ことば〉が係わっているという点である。

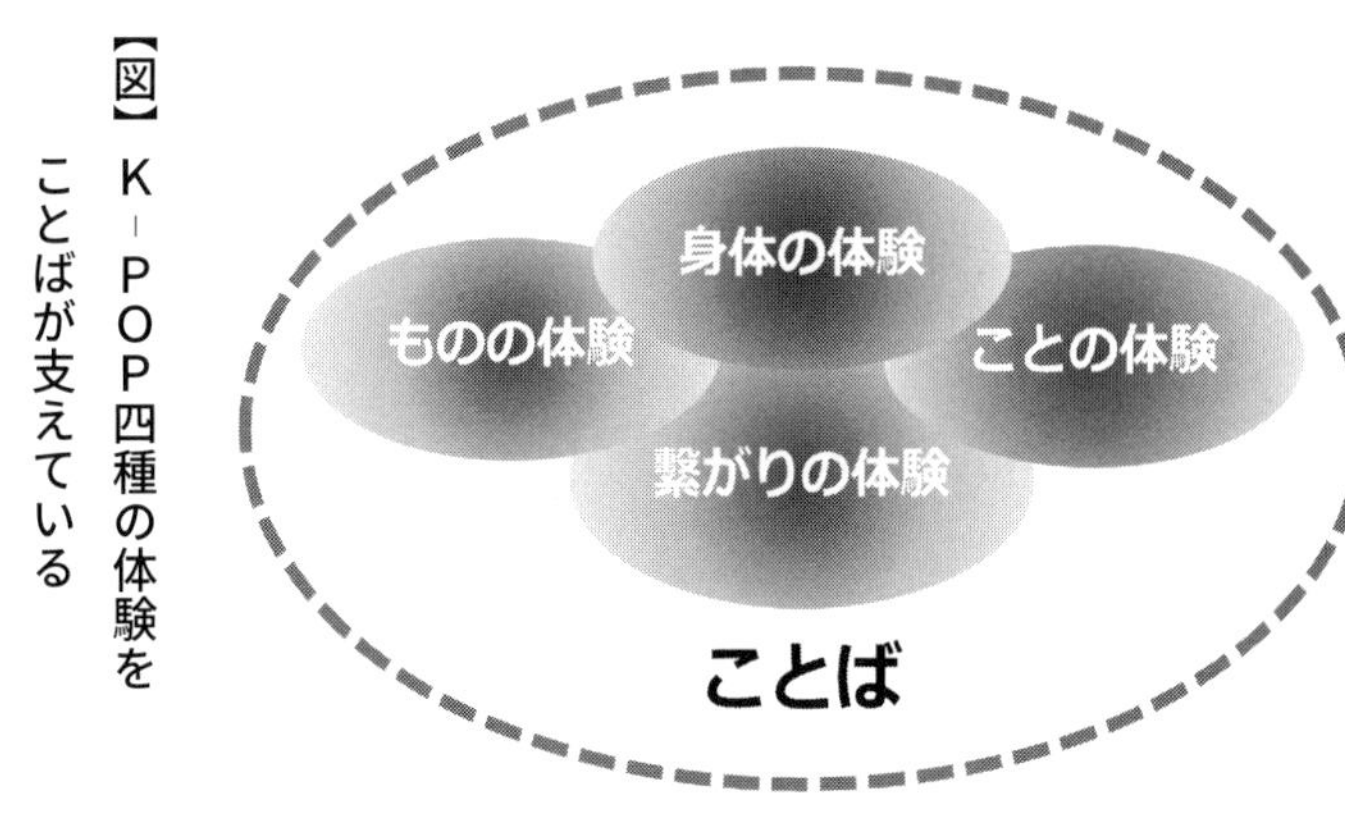

【図】K-POP四種の体験をことばが支えている

K-POPの〈こと〉と〈もの〉と〈身体〉の体験

（1）に見えるYouTubeは、巨大な動画サイトであるから、動画だけで成り立っていると、ともすると錯覚しがちだ。あるいはどこまでも動画が本体で、ことばは参考までについている、どこまでも動画にことばが従属していると、錯覚しがちである。

しかしもしも動画のタイトルにも〈概要欄〉にも一切ことばが書かれていなかったら、どうだろう。動画だけが並んでいる、奇妙な世界が現出する。それはあたかも、人気の全くない、巨大都市のようなものだ。人間が滅んだ、地球上の都市たちのようなものだ。ことばがなければ、巨大なYouTubeそのものが成り立たず、一瞬で崩壊するだろう。膨大な動画たちは、やはり膨大なことばたちが支えているのである。

Apple MusicやSpotifyといった音楽の受容の仕方も、YouTubeなどの動画と繋がっていることが、今日では珍しくない。MVを見た、では音楽も聴いてみよう、そういったありかたで、視覚的な世界が音楽にも紐付けられることになる。こうした繋がりは、音楽だけの時代にはなかったものだ。

（2）の、CDやDVDやフォトカード、いわゆるトレカ、ペンライトなど様々なグッズ、といった〈もの〉たちのあちらこちらにも、ことばがはめ込まれている。しばしば〈書かれたことば〉自体までもがデザイン化されて、まるで美しい〈もの〉であるかのような姿をとっているだろう——BLΛϽKPIИK。とまれ、「可愛い」「美しい」、〈もの〉へのフェティッシュは、K－POPグッズの重要なモメントである。

《注》日本語では「ペンライト」や「ペンラ」などと呼ばれても、普通、ペンの形などしていない。なお、「ファン」(fan) のことも韓国語の日本語式発音では「ペン」と言うのだが、ここでは書く方の「ペン」(pen) の話だ。

そもそもグループごとに「公式ペンライト」「公式ファンライト」などと銘打って、古典的なところでは、BIGBANG（→九〇頁、一四四頁など）のもののように王冠の形がついていたり、大きなマイクのような形だったりと、いろいろ凝った形で、重さも価格もそれなりのものが多い。重さと言えば、NCT公式ペンライトは「草鈍器」などと呼ばれている。全く「ペン」の姿などしていない、厚い辞書みたいな凄さだ。ペンライトは韓国語では「야광봉」（ヤグァンボン、夜光棒）や「응원봉」（ウンウォンボン、応援棒）と呼ばれる。BTSでは〈BTS ARMY BOMB〉などと迫力のある名前がついている。〈ARMY〉はファンクラブ名。面白いのは、BLACKPINKで、「ピコピコハンマー」の形である。

《注》BLAƆKPIИKという文字列を見て、BLACKPINKというアーティストたちを思い浮かべる方々は、もうK-POPには、かなり踏み込んでいる方々である。なお、日本語圏では超一流のファッション誌の表紙をBLACKPINKのジェニー氏が飾り、その表紙に〈BLACK PINK〉と、間にスペースを入れ、二単語で書かれたりしていたけれども、二単語ではないことに注意。つまり「黒い　ピンク」という意味ではない。直訳すれば、「黒桃色」「黒ピンク」ほどの一単語である。日本語では「ブラックピンク」あるいは短くして、「ブラピン」「ブルピン」と呼ばれる。こんなことと比較すると面白い：a white houseと、white houseを二単語に発音すると、どこにもある「白い家」、the White Houseと、white houseを一単語のように発音すると、ワシントンにある、危ない人たちが牛耳っている「ホワイトハウス」。「ホワイトハウス」を韓国語では「백악관（ベガククァン）」（白堊館）とも言う。「堊（アク）」は「しろつち」の意。ただしMVでは〈BLACK PINK〉と二単語のようにも発音されている。

（3）の、「コンサートに参加したり、韓国へ渡るなどの、身体の体験」には、人によっては、例えば空港でアーティストたちに偶然居合わせた、などといった体験もあるだろう。ファンミーティングに参加するといった体験もある。要するに自らの身体体験であり、その同じ時空間にアーティストたちの身体が存在するという体験である。アーティストに会えずとも、例えばアーティストのゆかりの地たる韓国へ渡るというのは、人によっては究極的な体験ともなろう。

（4）の、「アーティストとファン、あるいはファン間の、繋がりの体験」こそ、今日のK-

POPの特徴だとも言える。大げさに言えば、K‐POPのアイデンティティのようなものだ。そして（3）のような身体の体験にさえ、ことばが欠かせないことは、言うまでもない。歌もMCの司会も、会場の案内も共感の声援も、何もかにもがことばからできている。（4）はと言うと、もうことばなしでは成り立たない。

K‐POPのあらゆる体験を〈ことば〉が支えている

このように見て解る通り、K‐POPの、ことやものや身体の体験の全ては、陰に日向に、ことばが支えている。K‐POPとは、世界と隔絶された音楽の世界などではないのだ。それはしっかりと世界のうちに、世界と繋がって、在る。そこでことばはおまけについているのではない、ことばは、動画に現れている人が、誰であるかを教えてくれ、動画が何であるかを語ってくれ、そして次に何を見るべきかさえも、示してくれる。ことばこそがK‐POPという体験の前提を据え、根幹を支え、方向までも示すのである。時間的な流れから、こうも言える‥

K‐POP体験の、これまでも、今も、これからも、〈ことば〉が支えている

実は歌の実体たる言語音もまた、〈ことば〉であって、言語音と私たちの感動との係わりは、

ことのほか深い。K-POPにおける言語音の威力は第三講で詳述する。歌われる〈ことば〉そのものではなく、歌の外にあっても、K-POP体験をめぐるそれら〈ことば〉は、しばしば私たちの思想や感性をも左右する。もちろんこれはK-POPだけに限ったことではない。ニュースなども含め、ありとあらゆるネット上の動画はそうなっている。戦争の動画を示し、「敵は奴らだ」と私たちを扇動する仕組みは、ことばが支えているのである。YouTube上だけではない、比喩的には、こう言えるだろう：

世界の半分は言語でできている

だから私たちはいつも言語に対する感性を研ぎ澄ませていなければいけない。なお、「世界の全部」ではないことにも、注意されたい。二〇世紀には世界の全部が言語でできているごとくに語る「言語至上主義者」が、たくさんいたのだが、いくら比喩でもそれは嘘だ。「世界とは生じる全てのことである」という、哲学者ルートヴィヒ・ヴィトゲンシュタイン（Ludwig Wittgenstein, 1889–1951）の言を引き合いに出すまでもなく、世界はことばだけでなく、〈こと〉でもできているし、日本語を弄して揚げ足を取るようで、ヴィトゲンシュタインにはちょっと申し訳ないけれど、世界はやはり〈もの〉でもできているのだから。

《注》日本語を弄して揚げ足を、と書いたのは、ヴィトゲンシュタインの、左記、『論理哲学論考』（一九二二年）の原文で示されたドイツ語と英語の双方では、とりたてて〈こと〉といった意味の単語が用いられているわけではないからだ：

Die Welt ist alles, was der Fall ist.
The world is everything that is the case.

英語の関係代名詞 what に相当する was という単語で造られる関係節を、故意に日本語の「こと」という単語で訳出しておいただけである。〈生じる全てのもの〉などと訳すと、今度は〈もの〉になってしまうわけである。〈生じる全て〉なら、〈もの〉も失せる。いずれにせよ、世界は、「言語だけ」でできたりはしていない。なお、翻訳はＫ－ＰＯＰにとっては極めて重要な位置にある。同書の文などを手掛かりにした翻訳論として、野間秀樹（2021b: 240–261）を参照。

音の世界の〈話されたことば〉と、光の世界の〈書かれたことば〉

〈ことば〉の形には〈話されたことば〉と〈書かれたことば〉がある。この点も私たちの考察には外せない。〈話されたことば〉は、音＝聴覚の世界に実現する。〈書かれたことば〉は、光＝視覚の世界に実現する。それぞれ、言語音、文字という形をとっている：

【図】〈話されたことば〉と〈書かれたことば〉

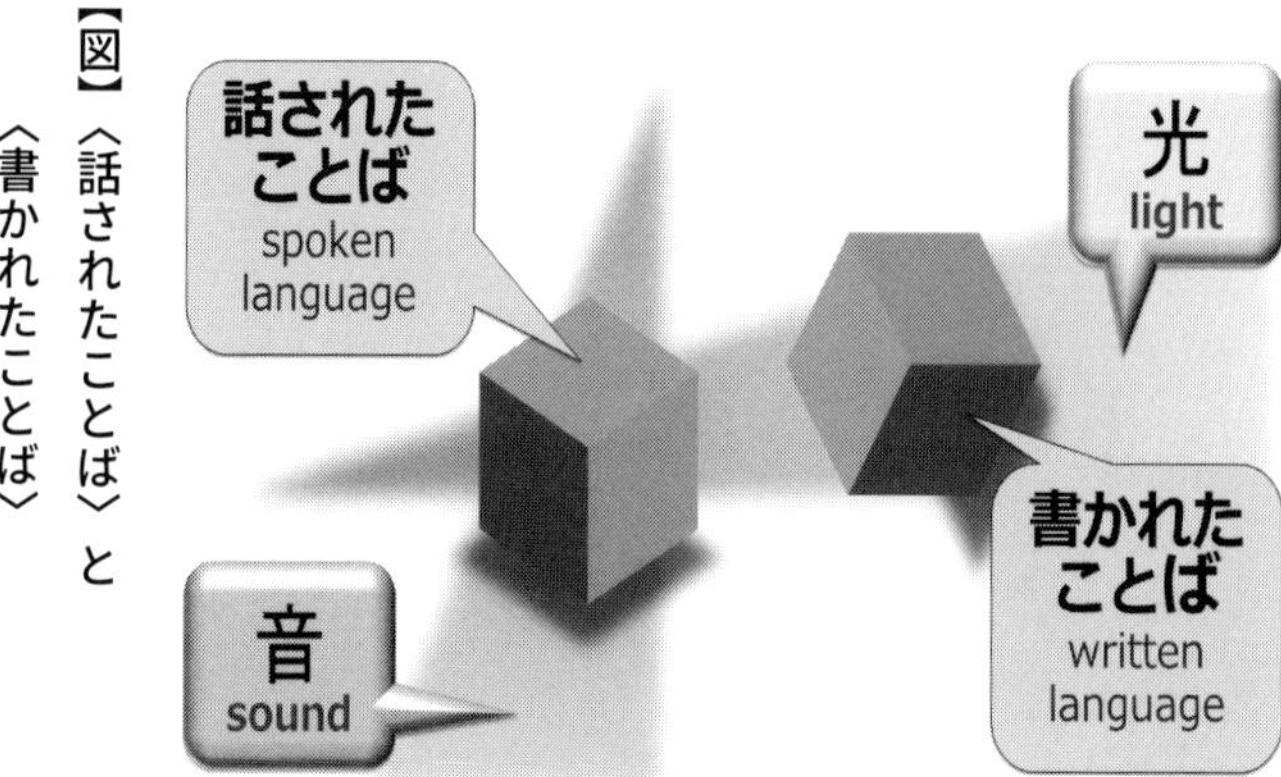

ことばには音の世界の〈話されたことば〉と
光の世界の〈書かれたことば〉がある

文字が光の造形であることは、真っ暗な中で文字が機能しないことを考えれば、明らかだろう。触覚を介在しない形の手話も、光の世界に実現する。

今日のネット上ではいとも簡単に〈話されたことば〉と〈書かれたことば〉が相互に転換する。YouTube上には、〈話されたことば〉が次から次に、〈書かれたことば〉に変換されて現れているだろう。なお、変換されたことばが、間違っているだの、変だのは、言語の存在様式自体については、本質的なことではない。〈話されたことば〉での文字列の検索や〈書かれたことば〉の読み上げ機能なども、〈話されたことば〉と〈書かれたことば〉という存在様式の相互の変換＝相互浸透の身近な姿である。

1－2　K－POPは、TAVnet（タブネット）時代の音楽のかたちだ

私たちの目の前の界面はレイヤー・オリエンテッドだ

Ｋ－ＰＯＰを最も深いところから堪能するにあたって、今ではあまりにも当たり前になってしまって、誰も面白がったりしないメカニズムに、ここで改めて注目しておこう。ネット上のインターフェイス、つまり人とネットの界面は、多層のレイヤーからできている。私たちはクリック一つで瞬時に他のレイヤー＝階層の画面を呼び出せる。こうした〈レイヤー・オリエンテッド〉layer-oriented＝〈レイヤー志向〉の界面こそ、二〇世紀の終わりになって出現し、二一世紀を迎え、成熟しつつある姿であった。

私たちが日常のうちにあって、スマートフォンやＰＣで向かい合っているその階層は、一体いくつあるかさえも見えない。Ｋ－ＰＯＰのＭＶでアーティストの衣装が瞬時に取り変わるなどは、レイヤー構造のなせる技である。そうした暗箱のような階層を内に擁していると同時に、目の前の姿がいつも、あたかも刹那的なレイヤーという存在に焼き付けられているかもしれない時代を、迎えたのであった。私たちの眼前がいつも儚い薄紙のような存在であるかのごとき時代を。Ｋ－ＰＯＰはそうした時代をいかに生きる？

〈書かれたことば〉である Text、〈話されたことば〉を始めとする多様な音の形である Audio と、視覚的な光の形である Visual が、互いに変容しながら、インターネット（INTER＋net）上を駆け巡るさまを、TAVnet と呼ぶ。Text だけを特化させず、言語（Language）の頭文字をとって、LAVnet と呼ぶほうが、名が体を表しているのだが、日本語で「ラブネット」では LAV と Love の区別がつかないので、TAVnet で進めよう。YouTube こそは TAVnet の時代の産物であり、まさにＫ－ＰＯＰはそうした TAVnet 時代の申し子なのである。

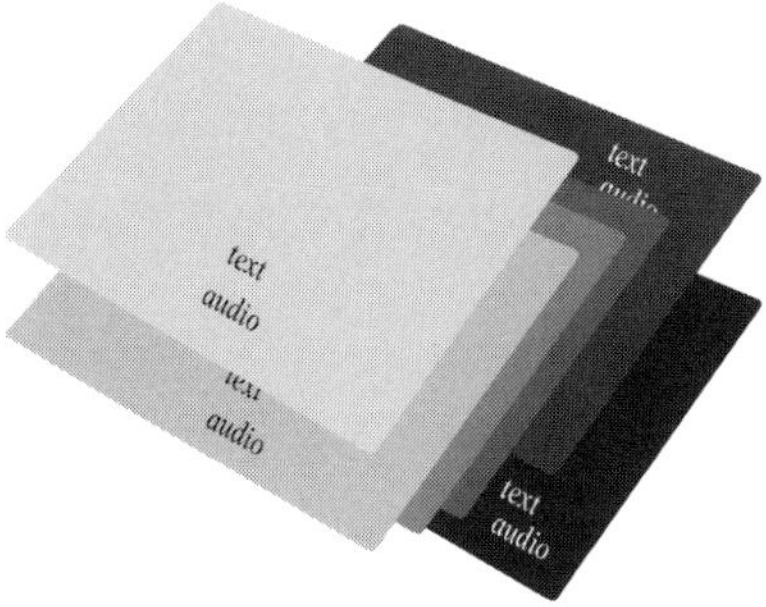

【図】レイヤー・オリエンテッドな、私たちと、ことばや音や光との界面

〈書かれたことば〉である Text と
聴覚的な要素＝ Audio と
視覚的な要素＝ Visual とが
互いに自在に変容しながら
インターネット上を高速で駆け巡る。
こうした TAVnet という生態は
二〇一〇年代を迎えて成熟した。
YouTube はその典型的なありようである。

1－3　なぜYouTubeの一択なのか

K‐POP、その前景の最前衛はYouTubeだ

本書は、K‐POPを語るのに、YouTube上のMV（ミュージック・ビデオ）を主なターゲットにしている。では、MV以外にも、あれやこれやのことどもがあるのに、K‐POPを語るのに、なぜ、K‐POPには、とりわけK‐POP入門には、YouTubeの一択なのか？　それは‥

K‐POPはYouTube時代の音楽のかたち

だからだ。YouTubeは二〇〇五年に米国で始まり、二〇〇六年にGoogleによって買収され、二〇〇八年一月には韓国でも公開された。そして世界最大級の動画サイトとなっている。

まさにこれ以降の時代こそ、K‐POPが世界に羽ばたいて来た時代であった。

例えば二〇二二年九月での動画の再生回数――これを韓国語では「조회수（チョフェス）」（照会数）と呼んでいる――を見てみよう‥

男性ソロ歌手ＰＳＹ（サイ）氏の〈GANGNAM STYLE〉　四五億回
女性四名のグループ BLACKPINK の〈DDU-DU DDU-DU〉　一九億回
男性七名のグループＢＴＳ（防弾少年団）の〈Boy With Luv〉　一五億回

まさに気の遠くなるような数値である。これらＢＴＳや BLACKPINK などは文字通り地球的な規模のアーティストだと言える。

これらは音楽関連でない動画、例えば再生回数が巨大な、幼児向けの動画などと比べても、恐るべき数値である。作品に集中したい本書では、主題として扱わないけれども、当然のこと、YouTube 上のこうした数値には「音楽市場」など、巨大な経済の動き、マネーの動きが伴っている。それも韓国国内の市場だけではなく、世界市場である。

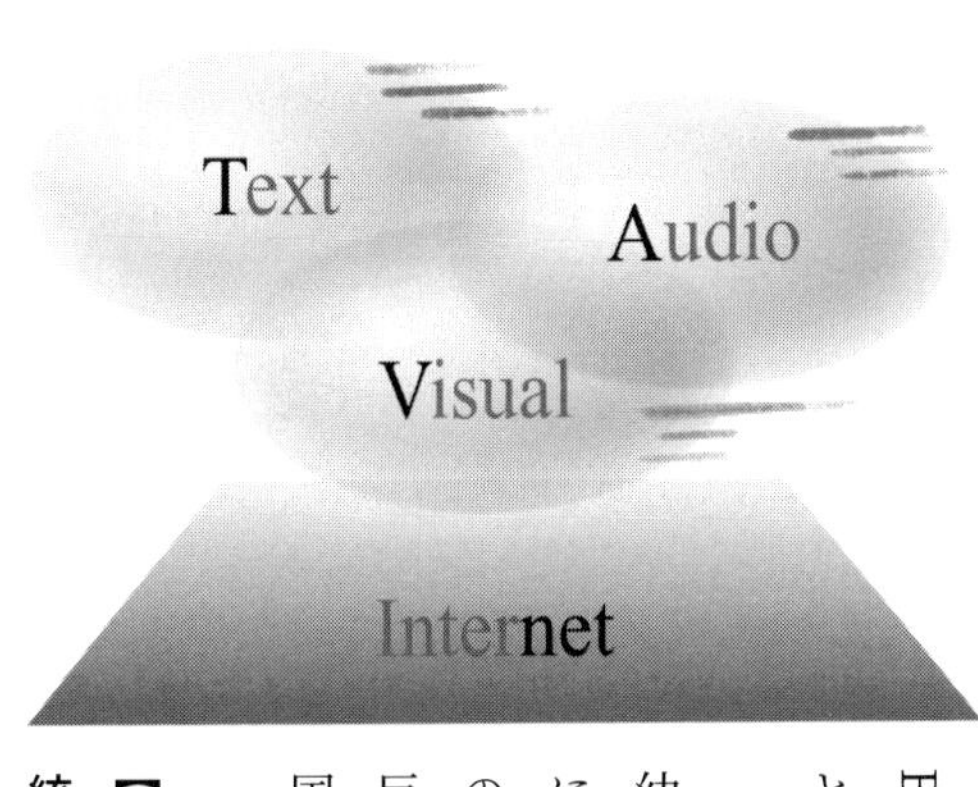

【図】Text, Audio, Visual が互いに自在に変容を繰り返し、統合された姿で、インターネット上を駆け巡る TAVnet

前頁にTAVnetを図で示した。ここにＫ－ＰＯＰの巨大な核心＝ＭＶが棲息している。ことばと音と光が統合され、世界と常に高速で繋がっているわけである。Ｋ－ＰＯＰは、こうしたYouTubeの成長と共に世界へと飛翔した音楽の形である。

新しい曲を作って、発表する。それを二〇世紀のように、音楽としてだけ、音の世界でのみ楽しむというスタイルは、完全に過去のものとなった。そう、過去の形の象徴が、ラジオであり、レコードであり、ややもすると、今やその名も忘れられかけている、ＳＯＮＹの金字塔、Walkman（ウォークマン）であった。

知人が、Walkmanを腰に下げ、ヘッドフォンで音楽を聴きながら公園の向こうからやって来た。新し好きに驚き、「こんなちっぽけなもので音楽を聴くなんて」と言いながら、差し出されたヘッドフォンを借りたのも束の間、その音の素晴らしさに震えた。そこは音だけの世界であった。かくして世界がWalkmanの切り拓いた音楽の姿に酔った。

TAVnetは音楽の姿も、音楽の存在の仕方も、根底的に変革した

世界が酔ったWalkmanの時代の、そうした音楽の姿が、YouTubeに象徴されるTAVnetの出現によって、何と根底的に変革されたわけである。

音楽は視覚的な世界と切り離されているのではなく、音楽には陰に陽に動画という視覚的な世界が随伴することとなった。それだけではない。それら姿の、地球上における存在の仕方も変革されてしまった。その存在の仕方、つまり音楽がどのように実現するのか、という点から見るとき、音楽はもはや自分一人で密かに楽しむものではなくなっていた。この点で二〇世紀的な音楽のありようと、TAVnet 以後の音楽のありようは、完全に変容した：

音楽はいつもどこかで誰かと繫がっている

その誰かとは、見知らぬ友かもしれないし、巨大な資本かもしれない。

音楽が常に誰かとどこかで繫がっているという、その根は、インターネットが文字通り地球上に張り巡らされるという事態が支えていた。アーティストの登場の仕方まで変容した。北米では例えば、カナダにジャスティン・ビーバー（Justin Bieber, 1994-）氏といったアーティストがまさに YouTube から登場し、スターとなる。そして、ユーラシアで最も激しく TAVnet に共振したのが、まさにK-POPの心臓であった。韓国においては、高速インターネットの急速な普及と Samsung のスマホ、Galaxy に象徴される、IT産業の発達が、そのプラットフォームを支えた。

YouTube によって TAVnet は劇的に成長し、音楽は〈ことばと音と光が統合された姿〉で、地球上を駆け巡りながら、私たちのもとへとやって来るようになった。しばしば私たちの掌の上にさえ、音楽が姿を現した。Ｋ－ＰＯＰが選択したその最前衛こそ、ＭＶであった。Ｋ－ＰＯＰＭＶは既に単なる「音源」ではなかった。もちろん〈歌っているところを、撮影したビデオ〉などではさらさらない。映像として完成された、動画の姿をとっていた。それ自体が私たちの心と身体を時に激しく揺する〈作品〉となった。

作品とは言っても、無論、〈もの〉ではない。レコードでもCDでもない。Ｋ－ＰＯＰ ＭＶはいつも一つの〈こと〉〈事態〉でもあるかのごとき姿で立ち現れた。私たちの身体に浸み込むように。Ｋ－ＰＯＰ ＭＶは時には古いレコードのように、あるいはまた時にはコンサート会場のように、そして時には美術館のごとくに、音響と映像が自在に自らの装いを変えて、現れる。

1－4　〈Kアート〉がアートの世界をも変革しつつある

〈K〉で形容される、新たなるTAVnet artのかたち

実のところ、Ｋ－ＰＯＰのＭＶを名づけ得るような名称はまだない。「音楽」でも全く狭すぎるし、「映画」でも妙だ。「ダンス」が現れているから、そう呼んだとしても、やはり作品の

一部への名づけにしかならない。「詩」でもあるようだし、「絵画」でも「写真」でも「ファッション」でもあるようだ。とにかく私たちが知っている、ありとあらゆるアートや文芸やエンタメのあらゆるものが、統合されている。

〈作品〉そのものに限定して、既存の単語で呼ぶなら、それは〈アート〉だとか、〈アート・ワーク〉(art work) ほどしか見当たらない。でもこんな呼び方でも、まだ〈作品〉そのものはとりあえず名づけ得ても、〈作品〉の存在の仕方の方は掬(すく)い取れてはいない。〈作品〉の存在の仕方こそが、K-POPを特徴づける存在様式なのである。その点に着目すると、こう言える：

K-POPはTAVnet art（タブネット・アート）である

つまり作品が、TAVが統合された姿で、ある時に、ある場に、独立して出現するだけではなく、作品は〈誰かと、どこかと、常に繋がっている〉という存在様式を示すのである。こうした存在の仕方が、今日のK-POPを支えている。しかしながら不思議なことに、K-POPから〈K〉が外せないのは、驚くべきことだ。誰もが思うのだ。それはただのアートではない。どこまでも〈K〉で形容されるアートだと。もちろん〈大韓民国〉といった国家のものではない。〈韓国人〉のものとも、もはや言いがたいほどに、アーティストたちもクリエイターたちも、マルチ・エスニックな様相を呈している。タイやオーストラリアや中国や日本出身のアーティストたち、沖縄出身のコレオグラファー＝振付師、日本語圏や英語圏のシンガーソングライター、米国や北欧の作曲家、などなど。

誰もうまく言語化できないのに、誰もが共感し得る〈K〉的なるもの。それを支えているものは何か？　後にこのことは明らかになってゆくであろう。いずれにせよ、〈K〉とは、厳密には容易に定義はしがたい仄かさを纏いながらも、実は強靱なるアイデンティティである‥

K-POPのMVはまさに〈Kアート〉である

そうしたKアートの存在論的なありようが、TAVnet artなわけである。

ことばと音と光が統合され、世界と繫がっているTAVnet上に棲息するという、K-POPの実現のありかた＝存在様式が、既存の音楽の存在様式を変革した。つまりこうした事態は、絵画のような美術品の私的所有のありようを突き崩してしまったということを意味する。ラジオやテレビなど、一点から地域へと一方的に拡散する、二〇世紀のような拡散型音楽送信のありかたも変革されてしまった。K-POPの特徴の一つは〈繫がりの体験〉にあった。つまりアーティストと自分との繫がりのみならず、ファン同士の繫がりが〈ファンダム〉を形成し、

K－POPを支えている。方向は一方向ではなく、アーティストとファンとの間の双方向であり、なおかつファン同士という網の目のような多方向となっている。ファンダムに典型的なそうした〈繋がり〉という共有のありようは、Kアートの内容の創造にも大きな影響を与える。例えばあまりにも非道徳的なコンテンツがたちどころに批判を浴びるなど、今日では珍しいことではない。結果として既存のポップ・カルチャーの「作品」の質も純化させたし、「音楽」というカテゴリーの内実も劇的に拡張してしまった。

そして後に述べるように、事態はポップ・カルチャーの世界だけに留まっていなかった。「音楽」という既存のカテゴリーに縛られて、ややもすると見えにくくなっているのだけれども、〈美術〉や〈現代美術〉などと呼ばれてきた、ファイン・アートの水準さえも、K－POP MV、Kアートはしばしば軽々と超えているのである。ファイン・アートは未だそのことを知らない。

旧態依然たる「アイドル」という枠でアーティストたちを縛り付けない

K－POPを覆っている、恐ろしく前時代的な呼称「アイドル」についても、触れておこう。

本書は、K－POPのスターたちを古い「アイドル」という観念で狭い枠に縛る、〈オールド・アイドル論〉には与(くみ)しない。呼ばれている人々も、「アイドル」という単語を引き受けて、いわば「呼びたければ、どうぞ。私たちは勝手にやりますから」とでも言わんばかりに、あえて正面から反論はしなかった。BTSなど、その名も〈アイドル〉という作品へと昇華させ（↓二四〇頁）、見事に逆手に取って見せてくれた。

文字通りの「アイドル」、シルヴィ・ヴァルタン（Sylvie Vartan, 1944-）の〈アイドルを探せ〉の時代からも脈々と続く「アイドル」像は、K－POPにあっては、その内実の方から完全に突き崩された。「アイドル」＝「イケメン」だの「かっこいい」だのを前景化させて、消費させる旧態依然たる思想は、実質的に超えられている。なお、一方でことばそのものは日本語でも韓国語でも未だ多用されている。

《注》シルヴィ・ヴァルタンこそ、「オールド・アイドル」像には全く収まらない、八面六臂の活躍をしている人だ。ブルガリア生まれ、母はハンガリーの人。こうしたマルチ・エスニックなありようにも、注目しておこう。実のところ、「アイドル」はそもそものはじめからインタナショナリズム、マルチ・エスニックのただ中に生きていたのだ。パリなどで活躍。日本語題は「アイドルを探せ」の〈La plus belle pour aller danser〉（踊りに行くために、一番美しい私で）で世界中のアイドルとなった。マルチ・エスニックな来歴のみならず、いろいろな言語を駆使し、歌も多くの言語で残している。

「ビジュアル担当」という人間疎外の思想

YouTubeなど、K－POPの界隈でも飛び交っている、「ビジュアル担当」などという呆れたことばにも、ここで訣別しておこう。「ビジュアル」がどうのと、したり顔で語るルッキズムに飽き足らず、何とそこに「担当」などという単語を結合させている。ここで言う「担当」は「あなたはこのパートを担当してね」などというときの素朴な「担当」などでないことに、私たちは気づかねばならない。ことばは単独でも危ないけれど、とりわけ他のことばと結合されるとき、こっそりと、しかも思い切り、ねじ曲げられるからだ。

「ビジュアル担当」の「担当」とは、事実上、明らかに〈それで売る〉という、ごりごりの資本主義的なマーケティング用語である。なるほど私たちは人からも例えば〈美しい〉と感じる。しかしそれは私たちの主観的な受け取り方に過ぎない。当たり前のことだが、人によっても感じ方など異なっていて、それを一々他者に押しつけ得るようなものでもない。大きなお世話だ。私たち個々の受け取り方だけに注目しても、固定されたものではなく、実は刻々と変容していているやもしれない。それを、アーティストという〈個〉の、あたかも絶対的な属性のごときものに、「ビジュアル」という名づけで絶対化、固定化して祭り上げ、〈美〉という認識の本質に係わる〈変化〉という動因を排除し、さらにはそれをアーティスト＝人間からモノのごとくに切り離し、のみならず、資本主義的な商品化の総路線にどっぷりとはまりきっている。そうした思想と感性である。危ない、危ない。

そもそも「ビジュアル」は〈視覚的な〉ということ、つまり光の形で私たちが接する全てである。もしも例えばＭＶにおいて真に「ビジュアル」を云々するなら、アーティストの外貌のみならず、アーティストの背後の空間まで含めた、画面の隅々に至る、ありとあらゆる形や色が、係わっている。人間から例えば〈美しい〉といったことを私たちが感じるということと、それをモノのごとくに切り離し、商品のごとくに売ろうという考えに、はまり込むこととは、全く違う。「ビジュアル担当」など、資本主義的な人間疎外の極致の言辞であり、人を人として扱わない、人間疎外推進「担当」のことばである。

本書では〈ヴィジュアル〉（visual）ということばは、〈視覚的な〉〈光の世界に実現する全て〉を指すことばとして用いる。

アイドルからアーティストへ

ＭＶを創り、歌い、踊る人たちを、本書では基本的に「アーティスト」と呼ぶ。この単語も「アート」同様、使い古された曖昧な外来語ではある。「パフォーマー」（performer）も何か表層的な印象を与えそうだ。「実践者」（practitioner）などということばもまた、修行している仙人のようで、収まりが悪い。「表現者」は「アートは何かを表現するものだ」という、非常に危ない、誤解しやすい図式が、見え隠れして、原理論的によろしくない。この図式のよろしくなさについては、後に二―四でも触れる。expressionist（表現主義者）と間違えられても、面白くない。

今のところ、良くも悪くも、「アーティスト」くらいしかことばがない。ゆえに本書の「アーティスト」ということばの選択は消極的な選択である。ただ、そうした消極的な選択の結果だとしても、本書に登場する人々は、人の声（こゑ）が歌となる瞬間に出会え、人の身体（からだ）が舞いとなり、心も震えるような瞬間に出会える、〈恐るべきアーティストたち〉である。

なお、K-POPが全て素晴らしいわけではない。J-POPはもちろん、演歌や、ジャズなど、どのようなジャンルでも、圧倒的に素晴らしいものは、ごく一部に過ぎまい。どんな時代であっても、ある一部がそのジャンルを席巻する。同様に、K-POPもまた、圧倒的に素晴らしいものは、実のところ、ごくわずかである。膨大な数の作品が生産されては、消えてゆく。去る多くの作品は、アーティストたちよりも、アートや曲が作用しているように、思われる。そこで輝く、ごくわずかの珠玉の作品たちが、地球上を駆け巡っているわけである。本書で言及する〈Kアート〉は、基本的に相当な水準の作品群だと思っていただいて、構わない。

周辺ではなく、作品そのものを見据える――〈作品論〉としてのK-POP原論

本書は、MVを一つの独立した作品として位置づける〈作品論〉を志向する。映画や演劇や小説や詩がこれまで位置づけられてきたように、私たちの時代のアートとして、私たちの時代

の世界像として見据える。芸能論、ジャーナリズム論、社会学的な観点や経済活動としての観点などはほとんど触れない。参考文献に示したように、それらを扱ったウェブサイトや書物や雑誌はもう、たくさんある。優れた論考も少なくない。従って、いわゆる「事務所が」どうだとかいったことはあまり気にとめないし、もちろん音楽産業資本との結託などもしていない。アーティストの個々の生活や醜聞など、あるいは経済戦略などもほとんど関心を抱かない。ここではひたすら作品としてのＭＶを直視する。ランキングなども二次的なものとしてしか、参照しない。要するに本書の思想はこうだ‥

Ｋ－ＰＯＰ原論は、お金や集計表だけでＫアートを語らない

もちろん、Ｋ－ＰＯＰ論につきものの、やれ日本はどうの、やれ韓国はどうの、といった、何かというと「日本」「韓国」などという国家の名称を振りかざす嗜好性とも、本書は全く相容れない。嗜好性と言ったけれども、実はそれは如実なイデオロギーである。いかにも国家などとは無縁を装い、音楽を語るかのごときふるまいで、国家主義、全体主義を擦り込むイデオロギーである。もっとも、「国」という幻想を借りた優越性に酔いしれて、語っている本人がそうしたイデオロギーを擦り込まれていることに、気づいていないような言説も多い‥

K-POP原論は、〈隠れ国家主義イデオロギー〉とも訣別する

「比較する」などと称して、そもそも「日本の音楽」「韓国の音楽」など、十把一絡(じっぱひとから)げに、簡単に言えるだろうか？　「音楽」でも「ポップス」でもいい。日本のポップスだけだって、いかに多彩、多様であることか。かくも様々なるアーティストたちの活動を、上から押しつけられた、そんなちょこざいなタームで括るのは、失礼もいいところだ。まあ、「日本がぁ」とか「韓国はぁ」などと大上段に振りかざしている言説は、概ねアートよりも、お金と集計表の方に精神の針が振れ切っていることが多い。美術館で絵を見ずに、画商の懐や美術市場ばかり見ているようなものだ。

かのフィギュア・スケートにおいて、キム・ヨナ（金妍兒、김연아、1990-）氏や浅田真央（1990-）氏たち、〈個〉が到達した極限の姿を見て、やれメダルがどうの、「日本」はどうの、「韓国」はどうのと、国家主義イデオロギーに骨まで染められた思想丸出しの、実に情けないことしか語れない状態と、同じだ。素晴らしき〈個〉たちに、失礼もいいところだ。私たちの思想も感性も、そう、今風に言うなら「世界観」も、いつしかどこかで国家というイデオロギーにがんじがらめに縛られている。くわばら、くわばら。気をつけねば。

「ファン戦争」という収奪のかたち

ついでに言えば、いわゆる「ファン戦争」などに嵌まるのも、敵の思う壺だ。推しのアーティストを掲げて、他のアーティストたちを「ディスりあう」という、あれだ。アートについての批判という営みがいけないのではない。「ファン戦争」などという、ファンの心も営みも収奪される形で、資本に踊らされることが、いけないのだ。そして疲弊するのは、いつもファンたちであって、資本ではない。だいたいその人が惚れ込んでいる、アーティストたちの魅力を、他者が簡単に批判などできようはずがないではないか。

批判すべきは、作品であり、作品について投影されているところの、作品に係わった大勢の思想や感性であって、実のところ多くの場合は、アーティストそのものではない。そうした「ディスり」とも本書は無縁である。

もし絵画であれば、画家の行状や生活や、あるいは画商や、美術マーケットについてあれこれ詮索するのではなく、ひたすら絵に見入るような、本書はそうした本だと思っていただければよい。絵に見入った分だけ、当然、批判も語る。しばしば厳しく語る。だが作品についての本書の批判は、画家への圧倒的な感謝に立脚するところの、共感と願い、そして――祈りに近いものだ。

第二講　K-POP MVの世界像——詩と像と身体

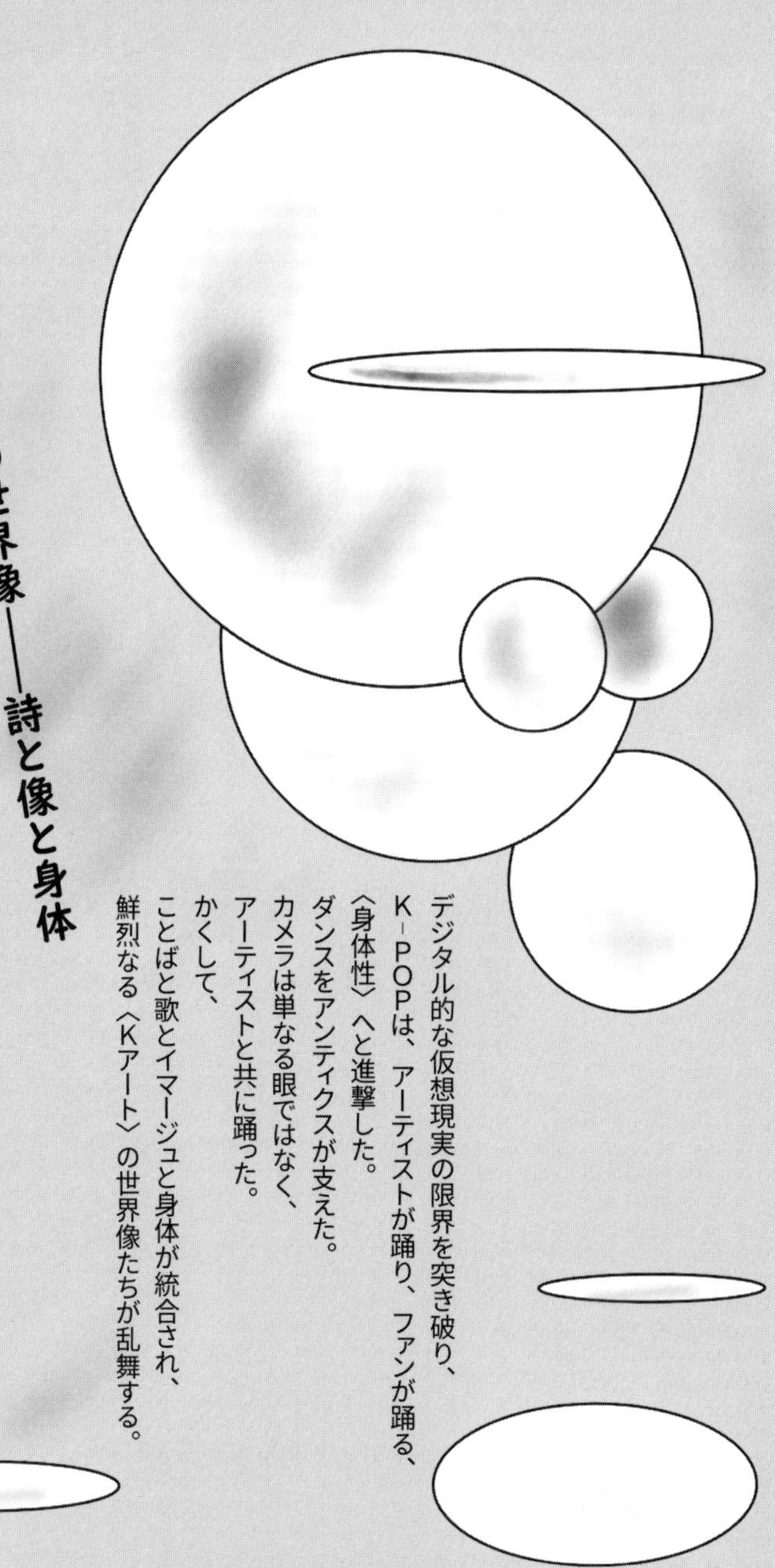

デジタル的な仮想現実の限界を突き破り、
K-POPは、アーティストが踊り、ファンが踊る、
〈身体性〉へと進撃した。
ダンスをアンティクスが支えた。
カメラは単なる眼ではなく、
アーティストと共に踊った。
かくして、
ことばと歌とイマージュと身体が統合され、
鮮烈なる〈Kアート〉の世界像たちが乱舞する。

２－１　それは「世界観」などではない、めくるめく〈世界像〉なのだ

世界観？　カントはそんなこと言ってない――IZTY（イッチ）の曲が教えてくれている

K－POPを語る言説に「世界観」という単語が頻出する。ゲーム論やファンタジー論やSF論などで広く用いられ、K－POP論でも多用されている。今日ではアーティストたちはもちろん、韓国の小学生でも用いる単語になっている。

ちなみに、K－POPの歌詞にも登場する。ITZYという五人の女性のグループの〈Voltage〉というMVの傑作がある。何と韓国語がない、日本語だけの歌詞しかない曲である。初めて耳にしたとき、「世界観のせいだもん」と聞こえる一節があって、凄い歌詞だなと驚いた。自分ではなく、自分の「世界観」のせい？　自分ではない「世界観」が自分にある？　後で歌詞を読むと、違った。〈世界観 Upside down〉とあって、さらに世界観がひっくり返るくらい驚いた。

この〈Voltage〉は、英語こそ混ざっているものの、基本的に日本語であって、韓国語ではないので、いかにもK－POPという印象が希薄である。かといってJ－POPとは随分と距離がある。ただし、〈素晴らしいが、K－POP的じゃない〉と言うより、〈よくぞここまで日

本語でK‐POPを造った〉と言える曲に、仕上がっている。この言わんとするところを含め、ともかく私たちの意識のVoltageががんがん上がる作品なので、まず視聴してから、進もう：

●★ITZY「Voltage」Music Video
●ITZY「Voltage」Special Dance Clip
●ITZY「Voltage」Special Performance Movie (YouTube ver.)

二〇二二年。〈ITZY〉からはハングルではいろいろな書き方が可能なうち、〈있지（イッチ）〉と書かれていて、これだと〈あるよね〉とか〈いるさ〉ほどの意味を実現する。

ITZYのMVはどれも五人のアーティストたちそれぞれの存在感が際立っているが、これはその中でも尖っている。歌詞は日本語と英語、〈24 hours〉や〈Once〉などの美しい曲でも知られた、シンガーソングライター、Mayu Wakisaka（1980–）氏の作詞である。作曲は複数の作曲家が係わっている。なお、今日のK‐POPはこのように、その深いところで、マルチ・エスニックな存在であることにも、再度着目されたい。K‐POPの多声的な性格とも通底する。

主題は冒頭の〈甘くみないで〉ということばに凝縮されている。いわゆる〈ガールクラッシュ〉路線だ。物語を作っていく手法ではなく、詩の断片をぎゅっと詰め込んだような、象徴

詩的作法で、予定調和に陥らず、変化に満ちている。間投詞やオノマトペが多用されているのも、K-POPの重要な特徴である。

曲のビートも刺激的、旋律の高低の変化も激しい。何よりも五人の〈こゑ〉――なぜ「声」と区別して、〈こゑ〉と書くかは、後述する――が圧倒的で、イェジ（YEJI）氏やユナ（YUNA）氏の〈アアゥ〉などという叫び声がF5、つまり〈上のファ＝hi F〉（通常、音の絶対的なピッチ＝高さを、こう名づけている）あたりのハイ・ノート（高音）から私たちの心臓へぐさりと落ちてきて、直撃貫通するごとくである。ダンスも激しい。動線は変化に富み、映像からは身体性をこれでもかとばかりに押し出そうと造っている。そしてこれらを定着させるカメラワークに、注目したい。ハンドヘルド＝手持ちやクレーンを多用し、揺れで私たちの視覚が壊れる限界までを振る。それでいて、アーティストたちの存在感は最大化される。2:38ほど、ローアングルから、五人の行進を、カメラをゆさゆさと揺らしながら追うあたりは、驚異的だ。0:45、イェジ氏が車の割れたフロントガラスに貼り付いて、見せる手と指の造形、そしてイェジ氏の視線、眼差しだけ立ち上る存在感。イェジ氏と対峙している広角レンズの斜めの構図も不安定感という刺激をかき立てる。我等がリュジン（RYUJIN）氏のダンスは速い。そしてラップの存在感は、太くて、ずっしりと響く。ラップはそれでいて、温かく、柔らかいのが、驚きだ。こんなふうにラップをやる人は、K-POPにはいないよ。1:51、気づきにくいが、リア

（LIA）氏の神髄は中低音にあり。〈こゑ〉は存在感に充ちる。時計を模したのだろう、こんなコレオグラフィー＝振り付けも楽しい。そこに捻（ひね）りながら食らいつくカメラのうまさには、もうあっけにとられて、開いた口がふさがらない。

衣装、ヘアメイクも五人それぞれを際立てるよう、違いが工夫されている。舞台背景や色彩の変容も速度感を失わない。

ただ、置物化してしまっているバイクと、バイクのファッションは惜しい。こうした装置で格好よさを、という発想は、どう考えても、二〇世紀のものだ。クリエイターたちがそんなファッションを纏（まと）わせている相手は、誰だ？　Ｋ－ＰＯＰの世界では、子供の時から知られていた、恐れ多くも、チェリョン（CHAERYEONG）氏、イ・チェリョン氏である。ダンスの鬼才である。また異なった魅力を放つユナ氏に、纏わせるのも同様。これだけのアーティスト二人を、ただバイクに寄りかからせておくなど、あまりに惜しい。この貴い時間を、例えば踊ってみせてくれる映像で造形すれば、バイクの何倍もの魅力が二人なら造り出せるではないか。

〈Voltage〉にはＭＶとは別に、〈Special Dance Clip〉〈Special Performance Movie〉が公開されている。ダンスだけでもこれだけの高みに仕上がっている。それらを互いに比べると、このＭＶがいかに全く異なった高みの造形を、創り出しているかが、見て取れよう。

〈日本語K－POP〉の電極

ところで、一般に日本語で歌われたK－POP MVは、韓国語のそれに比して、視聴回数がはるかに少なくなる。ITZYのこれまでの作品も二億だの三億だのを超えるものもあるなかで、この〈Voltage〉は、公開が未だ三カ月前とはいえ、充分多いのだが、一千五百万回ほどに留まっている。もっと世界に知ってほしいなと思うと、ここでもちょっと惜しい。この〈Voltage〉がもしや韓国語でも造られていたら、——そしてバイクのパートが全く異なった美学で造形されていたら、さらに嬉しいが——、おそらく世界のはるかに多くの人々が歓喜したであろう。日本語のK－POPは他言語圏の人々からは、どうしてもワン・クッション置かれた距離にあるからである。

当然だが、K－POP周りには他のどの言語よりも、韓国語に親しんでいる人が、地球上には多いわけだ。そもそも、人々にとって、韓国語で歌われるのが、K－POPだった。

K－POPの韓国語の歌詞は概ね、たちどころにいろいろな言語で翻訳が試みられ、共有されている。なお、これは言語の性質の違いが音やことばに現れ、それを当該分野で他の言語の人々がそれぞれどちらに慣れているか、というだけのことであって、それをすぐにどちらの言語が「いい」とか「悪い」などと「優劣」を言い出すのは、一〇〇パーセント誤りであると同時に、二〇〇パーセント罪深い。

それにしてもこの〈Voltage〉はその名の通り、私たちの感性を高みへ、高みへと、ぎりぎり刺激してくれる。いわば〈日本語K－POP〉の強力な電極の一つだ。こんなふうにいろいろな言語で、〈○○語K－POP〉なんてのがあると楽しそうだけれど、まあ、そんなことをやり始めると、アーティストたちへの負担が大き過ぎるから、やらないで。

世界観とは〈世界の見方〉だ

さてこの「世界観」はドイツ語 Weltanschauung（ヴェルトアンシャウウング）の日本語訳。英語では worldview ほど。哲学者、イマヌエル・カント（Immanuel Kant, 1724–1804）が『判断力批判』（一七九〇年）で用いて、後に哲学の世界に浸透することとなった。と言っても、同書にはさりげなく、ただ一回しか使われていないのだが。

Welt（ヴェルト）は「世界」。anschauen（アンシャオエン）は「見る」の、雅語的なことば。その名詞形 Anschauung（アンシャウウング）には「観想」「見解」「……観」などの訳語も用いられている。an- は〈接近〉の意の接頭辞。schauen（シャオエン）は広く用いられる「見る」の意の動詞で、面白いことに、英語の show（見せる）と同根。-ung は英語の -ing で、動名詞を造る接尾辞。

Weltanschauung は端的に言って、〈世界の見方〉である。基本的にはある個人が世界を見る見方であって、素朴に考えて解るように、その個人の世界観というものを、強いて数えるなら、一つしかないものだ。主体を個人ではなく、集団に取り替えてもやはり、世界を見る見方という点では、変わりがないので、いま、そのときの、世界観は一つとしか言いようがない。一九六〇年代頃は「世界観を変革する」などのようにも用いられた。これは事実上、〈思想を変革する〉という意である。

カントの後は、やはりドイツ語圏の哲学者、ヴィルヘルム・ディルタイ（Wilhelm Dilthey, 1833–1911）が『世界観学』で古今の世界観≒思想を体系的に分類しようと試みている。世界の見方の分類、事実上、思想の分類のようなものだ。私たちのK－POPの考察にとりわけ参照するほどのものは、さしあたり、同書では見当たらない。

世界観？　やっぱりカントはそんなこと言ってない

こうした「世界観」が、今日では「この作品の世界観が」とか、「新しい世界観を作った」とか「今回の世界観は」などと言われるようになった。カント流に考えるなら、作品を作った人の世界観は普通に考えれば、一つなわけで、そのごく一部がある作品に投影されることはあっても、作品そのものが総体としての世界観など持っているわけではないし、そもそも作品が別々の世界観を持つ主体になっているわけでもない。二〇二一年、日本語圏では『デカルトはそんなこと言ってない』（ドゥニ・カンブシュネル著、津崎良典訳、晶文社）という書物が刊行され、その題名に思わずにやりとして、入手した。これに倣うなら：

世界観？　カントはそんなこと言ってない

ということになる。もちろんディルタイもそんなこと言ってない。従って〈Voltage〉の歌詞のように、お前の世界観はひっくり返るんだ、というような志向性での「世界観」の用法は、実に正しい。まさにupside downする＝ひっくり返るようなものが、世界観であるから。だが世に多く言われるような「この作品の世界観」などの用法はいただけない。まあ、本書がいくら〈いただけない〉などと呟いても、それこそ世界を相手に、無駄な抵抗ではあって、一々否定する必要も、また、効果もないけれども。

しかしながら、私たちのK-POP MVの作品論を考えるにあたっては、それこそこうした古い「世界観」とはここで訣別しておこう。

〈世界観〉のコペルニクス的転回は、私たちの美学のコペルニクス的転回でもある

まず鮮明にしよう。ちょっとコペルニクス的な転回を図っておかねばならない：

作品を造る人々が、作品という世界観を造るのではない
作品を造る人々が、その世界観＝思想が、作品を造る
作品が世界観や思想を持つのではない
造られた作品に、私たちが世界観や思想を読むのだ

では作品は世界観ではなくて、何なのだ？　これもちょうどよい術語がある——〈世界像〉である。やはりドイツ語ではWeltbild（ヴェルトビルト）。〈世界の像〉〈世界の絵〉ほどの意。まさに人々が別々の世界像を個々の作品として造り上げるわけである。Ｋ－ＰＯＰ　ＭＶは作品ごとに新たな〈世界像〉を造形する。そうした多くの世界像たちがＫ－ＰＯＰというめくるめく宇宙を構成していく。Ｋ－ＰＯＰの宇宙はどんどん拡大しつつ。本書の美学の根幹でもある。整理しよう‥

人々は、作品という世界像を造る
世界像たちがＫ－ＰＯＰの宇宙を構成し、宇宙が膨張してゆく

造られた世界像＝作品に、私たちが私たちそれぞれの意味を造形したり、刺激を受けたりするわけである。意味も刺激も、人によって異なるものであって、決して同一ではありえない。

作品の意味も価値も、人によって異なるし、ある人には全く意味をなさないことも、大いにあり得る。同じMVにネット上でも様々な解釈のブログや〈リアクション動画〉があることを見れば、こうしたことを第三者の立場から把握できるだろう。

〈ことば〉と〈意味〉の関係から

このことは、言語が実現する際の、〈ことば〉と〈意味〉の関係とよく似ている。しばしば〈ことばは意味を持っている〉と考えられている。しかしながら、現実はそうではない。ことばそれ自体が何か不変の意味など持っていたりするわけでは決してない。私たちはことばを発しながら、その都度、ことばに意味を造形しているのである。そしてことばの〈発話者〉は発話者なりの、〈受話者〉は受話者なりの意味を、それぞれ別々に造形する。だから「私はそういう意味で言ってないよ」などという発話が飛び交うのである：

ことばは意味を持たない　ことばとは音や光の〈かたち〉だからだ
私たちがことばに意味を造形する
そしてことばは人によって意味と〈なる〉のである
そしてことばが意味とならないこともある

ことばに造形される意味は、人ごとに異なっている

ことばに造形される意味は、言語場（げんごば）ごとに異なっている

人の係わりが〈言語場〉や〈音楽場〉を駆動させる

〈言語場〉とは言語が実際に行われる場を言う。誰かが誰かに向かってことばを発したり、受けたりする場である。右の構図は音楽ともとても似ている。これに沿って〈音楽場（おんがくば）〉などと言ってもよい。ただし、〈言語場〉や〈音楽場〉は最初から設（しつら）えられているわけではなく、必ず人がそこに参画して初めて、場が駆動するものである。誰もいない時空間でＭＶが流れていても、それは単なる音や光であって、ＭＶではないし、音楽でもない。つまり〈音楽場〉は未だ駆動していない。人がそれをＭＶと認知して初めて、〈音楽場〉が駆動する。換言すれば、音楽とは私たち人において、完成されるものである。音楽はあなたに出会って、完成する。

〈音楽場〉は〈言語場〉から照らすと、いろいろ見えて来る。私たちが〈音楽を共にし得る〉ということは、考えようによっては驚くべき体験である。どうしてそんなことが可能になるのか？　ある一つの音楽は誰にでも通じるような、普遍的な「意味」や「価値」のようなものを持っているからか？　答えは、私たちがことばを共にし得るという体験から、照らせばよい。なぜ私たちはことばを共にし得るのか？　ことばが不変の意味を持っているから？　違う。全く逆

だ。逆に、同じことばでも人によって意味が異なって現れることが、〈言語の共生性〉の圧倒的な根拠となる。ことばが不変の意味を持っているから、誰もが共有できるのではなく、同じことばに、人によって異なった意味を造形し得るからこそ、ことばを共有できるのである。古典が長く生きるのも、古典が変わらぬ同一の意味を持っているからではなく、人々がそれぞれ日々新たな意味を造形してゆくからに、他ならない。そしてことばに造形する意味は、同じ人でも言語場ごとに変化し得る。人の経験値が異なるからである。昨日読んで何とも思わなかった文章に、今日は心を打たれるなどという経験は、このことによる。音楽も全く同様で、昨日は何とも思わなかった曲に、今日、私たちは涙を流している——全く同じK‐POPの曲が、私たち多くの人々の間で共にし得るのは、その曲に私たちそれぞれ異なった〈情意〉や〈価値〉や〈美〉を造形し得るからに他ならない。そうした情意や価値は言語的な〈意味〉とは限らない。むしろ、ことばでは表せないような何ものか、そしてしばしば大切な何ものかである。

《注》ここでは言語の実現のありようをごく簡単に述べている。言語場論を始め、言語の原理についてのここでの議論は、二〇世紀的な言語学とは全く異なっている。詳しくは、野間秀樹(2018)『言語存在論』第一章~第四章を見られたい。〈言語はいかに在るか〉を問う、言語についての原理論である。音楽や美術、アート、美学を考えることとも、重なっている。「音楽言語」だの「美術という言語」などという、言語と言語でないものが混濁している発想からも、脱皮しなければならない。なお、〈話されたことば〉

や〈書かれたことば〉のそれぞれの具体的な〈かたち〉を〈ことば〉と呼び、ことばを含めた総体や体系を言うときには、〈言語〉と呼ぶ。これらの術語の用法については、野間秀樹（2021b）『言語 この希望に満ちたもの』第一章を見よ。同書は原理論たる『言語存在論』の実践論である。

2－2 仮想現実の夢は三・一一で崩壊した、ではＫ－ＰＯＰはどうした？

二〇世紀は仮想現実の夢を見た

〈仮想現実〉ということばが二〇世紀の末尾を飾った。人々はデジタル世界の仮想現実に熱狂した。新たな世界を得ることができるかのごとくに。ヴァーチャルなリアリティ。それはリアリティであるというより、あたかもリアルそのものであった。しかしながら、二〇一一年、三・一一によって仮想現実の夢はあっさり崩壊した。典型的には、東日本大震災と呼ばれた、地震、津波、そして核の恐怖によってである。

最新鋭の車があっという間に波に呑まれる映像が、世界を震撼させた。存在することが、あれほどまでにごく当たり前のものであったインターネットが、ずたずたに切断された。そして原発＝核の恐怖。世界が恐怖した。福島がフクシマと書かれ、その名が世界へ拡散された。東京から少なからぬ知識人たちも逃げ出そうとした。被害の映像は世界へと伝わった。韓国でも繰り返し、繰り返し、映像が流された。世界から支援が寄せられた。韓国からも同様であった。韓国の中央日報は、「今、私は日本人だ」といった見出しを打った。『冬のソナタ』の俳優、ペ・ヨンジュン氏やＫ－ＰＯＰのグループのKARAやJYJのジュンス氏など、幾人もの韓国のスターたちが義援金の寄付を行なってくれた。およそ「日本」への共感がこれほどまでに湧き起こったのは、史上初であるとまで言われた。

《注》ところで日本の内部では〈頑張れ、東北〉がいつしか〈頑張れ、日本〉というナショナリズムで塗り替えられていった。もちろん世界はそんなことは知らない。こうしたイデオロギー操作の経験を私たちはしっかりと記憶せねばならない。言うまでもなく、原発の危機＝核の危機は、原発を推進してきた既存の体制を、根底的に覆すほどの深刻な問題であったにも拘わらず、体制は巧妙に切り抜けたのであった。その最大の手法が、〈民族排外主義〉という強固な矢を放つことであった。私たちの意識を排外主義に振らせる手法だ。民族排外主義は日本の思想のアキレス腱である。場合によっては、いわば「極右」から「極左」までをも、一撃で射貫ける矢であった。「領土問題」という名で日韓や日中の対立を煽（あお）ってゆく、体制のプロパガンダは、そうした民族排外主義の最先鋒であった。

《注》このころからジャーナリズムやＳＮＳなどで「反日」だの「親日」だのということばが、以前にも増して盛んに流布された。Ｋ－ＰＯＰを語る言説にまで、しばしば流入した。日本語ではそれらのことばの内実が造り替えられ、日本の民族主義、国家主義イデオロギーを強固にする、抜群のデバイスとして機能するようになった。悪いのは、韓国だし、中国だからねと。

ここではっきりと確認しておかねば、私たちは大きな過ちを犯す。韓国語における〈親日派〉（친일파）とは、単に「日本に親しい人」とか、「日本が好きな人たち」などという意味ではない。日本は一九一〇年から一九四五年に至るまで、朝鮮を植民地支配下に置いた。こうした日本の朝鮮侵略の時代に、侵略と支配を自ら支え、擁護した、いわば自民族を裏切る形で生きた人々のことである。そうであるがゆえに、韓国内では激しく糾弾されてきたのである。〈親日〉とはそのように生きること、思想を言う。〈反日〉（반일）は日本が単に嫌いだなどを意味しない。〈親日〉とは反対に、〈反日本帝国主義〉や〈大日本帝国に反対する〉とでも位置づけ得る思想である。つまり侵略や支配に抗する思想である。

要するに、日本人のかなりの方々が、例えば本書を手にとってくださっている方々の、相当な部分の方々が、言ってみれば、〈親日〉ではなく、〈反日〉の方に共感しておられるだろうことを、思えばよい。だから「日本のアニメが好きなくせに、反日的だ」などと非難するのは、全くの見当外れである。〈日本の文化などが好きなこと〉と〈反日〉的な思想を抱くことは、全く矛盾しない。逆に、〈こんな素晴らしい文化を築く人たちが、どうして侵略とかするわけ？〉と訝しがられるかもしれない。

デジタル幻想への危機感と韓国のデジタル革命――ではＫ－ＰＯＰは？

政治的、経済的な動揺の一方で、三・一一のＩＴ被害は深刻であった。企業は情報システムの被害の調査と対策に追われた。ネットワークが崩壊し、人々は携帯電話はもちろん、タブレットやスマートフォンをも既に知っていたがゆえに、危機は体制として隠しようもなく、ＩＴ被害は個人がごく身近にリアルに体感できるほどのものとなっていた。端的に言って、ネットワークの崩壊とは、デジタル幻想の崩壊でもあった。デジタルはいつでもどこでもそこにあるわけではないという、当たり前のことを、人々は骨身に沁みて、知らされた。デジタルの「仮想現実」とはどこまでも「現実仮想」に過ぎないことが、露呈した。要するに、仮想現実の世界に、デジタルの造り出す世界に、私たちが逃避することなど、決してできないことが、嫌というほど解ったのである。そして音楽も。デジタル世界は音楽にバラ色の未来を与えてくれるものではない。人々はそのことを、誰も口に出さずとも、体で知った。

Ｋ－ＰＯＰにとって重要なことは、ＩＴの崩壊は、他ならぬ韓国こそ、その深刻さを受け止めねばなかったという点にある。韓国はまさにデジタル革命、ＩＴ革命の、世界の最前衛として飛躍しつつあったからである。

前述のごとく、YouTubeの韓国での公開は二〇〇八年であった。SAMSUNGのGalaxy Sというスマートフォンが登場したのは、二〇一〇年であった。二〇一一～一二年には電子書籍が大きく言挙げされた。映像技術の革新も著しかった。ＩＭＦ危機と呼ばれる、一九九七年の経済危機を脱し、二一世紀のＩＴ革命こそは韓国経済の進むべき道だった。実のところ、その後長きにわたって、Galaxy は iPhone と並んで、今日に至るまで、世界のスマートフォンを牽引している。既存のテレビに代表される、アナログではもちろん、幻想のデジタルでも生きていけない。もっと地に足のついた、私たちの存在の近しいところにデジタルを位置づけねばならない。手近な例で、スマートフォンが防水になるなどは、もうごく当たり前のことだった。そしてＫ－ＰＯＰもそうだ。これからデジタルの力を得て、単にバラ色の未来をお花畑のごとくに享受しようとしても、簡単に限界が来る。どうしても決定的な何かが必要であった。私たちの存在にもっともっと近しい何かが――

K－POPは〈からだ〉〈身体性〉へと進んだ

ではＫ－ＰＯＰはどうした？　Ｋ－ＰＯＰは〈身体性〉へと進んだ。Ｋ－ＰＯＰはデジタルの仮想現実といった世界を追い求めるのではなく、デジタルを徹底して利用しながら、それとは全く相反する、人の〈からだ〉〈身体性〉を極限まで追い求めた。必要なのは、私たちの存在そのもの、存在そのものと共に生きる、もっと確かな何ものかだったのである。危機、生存における極限の課題は身体であった。その形象化こそが〈身体性〉であった。生身の肉体を用いるわけであるから、〈身体性〉はデジタル的な要素とはいわば対極にある。

これは単なる身体への回帰などではない。それはどこまでも新しいＩＴの時代におけるありようなのであった。だから単に身体そのものに帰ることなどしなかった。ここは決定的な分岐点である。二〇世紀には例えば土方巽（ひじかたたつみ）（1928-1986）の暗黒舞踏のような、〈身体そのもの〉を希求する、アートの圧倒的なモデルが存在した。しかしK-POPは〈身体そのもの〉ではなく、〈身体性の共有〉という〈かたち〉を選択し、実現して行った。ヴァーチャルな映像の上での身体と、現実の身体、存在のありようとしては原理的には全く別物であるはずのそれらを、何とリンクさせるという離れ業が実現する。それを可能にしたのが、私たちの生におけるTAVnetという大舞台であった。

K-POPは、あたかも皆で約束でもしたかのごとくに、誰言うとなく、〈身体性〉を音楽に融合させ、〈K-POP MVアート〉という形でぐいぐいと進化させた。もちろんそれらを美術品のごとくに〈作品〉として孤立させはしなかった。なぜなら既に世界の言語は、そして音楽も、TAVnetの世界にあって、どこかで誰かと必ず繋がっていることを、知っていたからである。

K-POP MVアートは〈身体性〉を極限まで生かし切って、なおかつその〈身体性〉を世界と共有できるような、存在論的繋がりを有する〈TAVnet art〉（タブネット・アート）としての強靱な自己変革を遂げていったのである。TAVnetに基礎を置く、あれやこれやのSNSは、アーティストたちとファンダムの互いを繋ぐ、決定的な装置として働いたのであった。

2－3〈身体性〉という存在のかたちが突き抜ける——ダンスとアンティクス

●★ BTS(방탄소년단) 'We Are Bulletproof Pt.2' Official MV

二〇一三年。初期ＢＴＳの、ほとんどダンスだけのＭＶ。〈bulletproof〉は〈防弾〉。〈俺、見せてやるよ、刀を研いできた分だけ〉。スケートボートからペン、カメラ、帽子まで、あらゆる小道具までもを身体性の中に融合させようとしている。いわば突っ張った画面だ。彩度と明度を抑えた色彩で全編が統御され、身体性を極大化し、ライティングもカメラも、個々のアーティストたちの存在を際立てようと造形している。

〈CLICK〉や〈BANG〉などの英語のオノマトペや〈我等は防弾〉といったメッセージを〈書かれたことば〉としてわざわざ画面上に形象化している。〈話されたことば〉と〈書かれたことば〉がこのように同棲しながら、互いを極大化させようとするのも、TAVnet時代の特徴である。強いビートとラップが重ねられる。なお、ファッションは未だ二〇〇〇年代のそれを残していることが、見て取れよう。ファッションの劇的な進化は身体性にやや遅れて胎動した。

防弾少年団のこうしたマニフェストがそうであったように、K-POP MVアートたちは燎原の炎のごとくに、あちらこちらで身体性へと蜂起したのである。3:36からの、防弾少年団がその足を地に踏み出す姿と、ドーン、ドーンという重量感の溢れる音こそ、光と音によって身体性を形象化し、世界へと歩み出す、新たな時代の象徴である。

〈身体性〉は〈ダンス〉が支柱となり、〈アンティクス〉が周囲から支えた

〈からだ〉を求め、〈身体性〉を希求する、最強の〈かたち〉が〈ダンス〉であり、今一つの〈かたち〉が、アーティストたちの、身体のちょっとした仕草、悪戯（いたずら）、おどけ、じゃれあい、おふざけといった、何気ない〈アンティクス〉(antics)であった。

コンサートで歌の合間、合間などでのアンティクスはもちろん、例えばステージの裏や、オフタイムの宿舎や、移動の途中でなど、ステージとはまた別の場で、アーティストたちがアドリブのごとくにじゃれあったりする数多くのアンティクスが、YouTubeなどでファンと共有されて行った。

TAVnet時代であるからこそ可能な〈アンティクスの共有〉も、K-POPの世界の重要な特徴である。アーティストたちとファンはダンスだけではなく、アンティクスでも繋がったのである。公（おおやけ）のダンス、私（わたくし）のアンティクス。ダンスが完璧に完成された姿で、いわば公の場で

現れ、他方、アンティクスがより自由な姿で、いわば私的な場を中心に、アーティストたちはファンと共に在った。アーティストの寝起きのじゃれあいまでファンは共有した。なお、それが本当に「寝起き」かどうかなどは、ここでは本質的なことではない。もともとカメラを通して〈何かを見せる〉とは、〈別の何かは隠す〉ということだからだ。重要なことは、それが共同幻想であろうとなかろうと、「寝起き」として共有できるようになったという僥倖にある。

アーティストたちが踊り、ファンたちが踊るＫ－ＰＯＰ

ダンスというものの凄さは既に一九九〇年代に米国でマイケル・ジャクソン（Michael Jackson, 1958–2009）が世界に向けて教えてくれていた。TAVnet の時代が切り開かれてゆく二〇一〇年、バンクーバー・オリンピックでは、フィギュアスケートでキム・ヨナ氏が金メダルという形で、音楽と身体性の見事な統合を、Ｋ－ＰＯＰとはまた異なった仕方で、人々の間に知らしめた。YouTube 上でもその優雅にして強靱な姿が繰り返し再生された。

私たちは音楽と共に動く〈からだ〉の美学を改めて知る。Ｋ－ＰＯＰはいよいよ〈からだ〉を求め、〈身体性〉を希求してゆく。〈舞い〉が文字通り前景へと躍り出る。

マイケル・ジャクソンの時代とは大きく異なり、Ｋ－ＰＯＰの〈身体性〉の現出は、二つのありようが支えていた：

①アーティストたちが踊り、②ファンたちが踊る

共有するダンス、共生するダンス──身体性が築く連帯

アーティストたちは孤立して踊っているわけではない。アーティストたちとファンたちのリンク、共振、連帯がハブであり、要である。この点がTAVnet以前と以後を決定的に分かつ。TAVnetが日常のものとなって以来、ダンスとは、大人が踊り、子供が踊り、世界が踊るものとなった。一部の専門家が、映画やビデオを研究し尽くして、などという時代はとっくに過去のものとなった。誰もがYouTubeでダンスを学べるようになった。おまけに、それはほとんどタダだと信じられた。ちなみに、ネットワークもスマホもPCも決してただなのではない。

ダンスの共振、連帯というこの点は、例えばギターのテクニックや、書の筆遣いや、ダイエットのための運動などとも共通している。要するに〈動くからだ〉を、〈身体性〉を、いつでもどこでも──この点が欠かせないのだが〈ことばと一緒に〉──、眼にすることができるようになったのである。要するに知りたいことはYouTubeで学べばいい。少年少女たちのギターのテクニックが劇的に向上した。地球上のあちらこちらで、テクニックが向上してゆくさまそれ自体も、動画としてアップされ、互いに共有された。先進国ではダイエットの専門家が激増した。かくして〈共有されるダンス〉〈共生するダンス〉が世界に実現する。

圧倒的な身体性――カル群舞の登場

Ｋ－ＰＯＰではまずアーティストたちが踊って見せた。一糸乱れぬ、幾人もが指先までシンクロする、〈칼(カル)〉、つまり〈刀〉のように切れるダンス、人々はそれを〈カル群舞〉（칼군무(カルグンム)）と呼んだ。〈カル〉は韓国語では極めて正確であることの比喩に多用される。「あの人の仕事はカル（刀）のように正確だ」といった具合で、日本語の「刀」とはちょっと用法が異なっている。

韓国語圏では非営利性のWikipediaに次ぐ、巨大なwikiサイトとして、営利性の나무위키(ナムウィキ)（namuwiki）というwikiサイトが存在する。Ｋ－ＰＯＰ関連記事も多い。そのnamuwikiによると、〈カル群舞〉の口火を切ったのは、諸説の中で、少女時代〈다시 만난 세계(タシ マンナン セゲ)（Into The New World）〉（二〇〇七年、ＭＶは二〇一〇年）のファンたちであったとしている。同じ二〇一〇年にはINFINITE（インフィニット）の〈다시 돌아와(タシ トラワ)〉が現れ、「群舞ドル」と呼ばれた。同年七月に現れた男性グループTEEN TOP（ティーントップ）がカル群舞ということばを一般化させたと言う。他にも、SUPER JUNIORなどもカル群舞で知られた。二〇〇五年結成時、一二人、のち一三人。歌以外の活躍も多い。EXO（エクソ）、ＢＴＳ……。こうしてカル群舞が完成してゆく。古典となったものを見ておこう：

● Infinite 다시 돌아와 MV

●INFINITE 내꺼하자 (Be mine) MV Dance Ver.

〈인피니트〉[inpʰinit̚]［インピニッ］は〈INFINITE〉の韓国語読み。男性六人のグループ。二〇一〇年。〈다시돌아와（タシトラワ）〉は〈再び帰って来て〉の意。〈もう一度だけ機会をくれ〉と歌う。今日からはもはや古典に属するMVだが、群舞のありようは見て取れる作品である。なお、ギターのカッティングがこれだけ前面に、かつ時間的に長く用いられるのは、K-POPでは珍しい。ロックとエレクトロニクスが融合した、〈ロカトロニック〉という新ジャンルだと、謳い文句となっていた。二〇世紀のロックはギターが主役だったとすると、K-POPは高度な電子的編集がそもそもの前提であり、総譜でもあり、オーケストレイタでもあり、見えない主役であって、そこに必要な楽器を加えるという、全面的な配役交替が起こっている。

　二つ目は、二〇一一年の曲の〈ダンス・ヴァージョン〉。これも古典だ。ダンスだけなので、群舞がよく解る。サビの〈내 거 하자〉[nɛ ˀkɔ hadʒa]［ネッコハジャ］（俺のものにするからな）は二〇世紀的な哀愁も帯びた旋律で、広く知られた。タイトルの〈내꺼하자（ネッコアジャ）〉（俺のもんになれ）はそのサビのフレーズを発音通りにハングルで書いたもの。ハングルは表音文字だが、このように、ごく一部に発音通り表記しないものがある。

● TEEN TOP（틴탑）＿Crazy（미치겠어）MV
● TEEN TOP（틴탑）＿사각지대 (Warning Sign) M/V
● [MV] TEEN TOP（틴탑）＿Love is（재밌어？）

〈틴탑〉[tʰintʰap̚][ティンタプ] は TEEN TOP の韓国語読み。日本語では〈ティーントップ〉。男性五人のグループ。一九九二年から九五年生まれの、平均年齢一六・三歳で、二〇一〇年にデビュー。平均年齢の低さと同時に、「シンクロ率」などということばで評価される群舞で知られた。テレビでは目隠しをして五人で踊って見せるなど、〈カル群舞ドル〉（カル群舞アイドルの略語）などと呼ばれた。

二〇一二年、曲名の〈미치겠어（ミチゲッソ）〉は〈おかしくなりそう〉。MVは同一のタイトルで、街角を背景のダンス中心のものと、一〇代の恋をストーリー仕立てで描くものがある。後者がはるかに見応えがある。告白を断られたが、〈ばか。友達の前で恥ずかしいじゃん〉。登場している女性は、二〇〇九年から二〇一六年まで活動した、4minute という女性K－POPグループのメンバーでもあり、俳優でもあった、權素賢（クォン・ソヒョン）（1994-）氏。

二〇一六年の〈사각지대（サガクチデ）〉は〈死角地帯〉で、〈見えなくなっている空間〉の意。曲は多声的な構成が取り入れられている。二〇一七年の、〈재밌어？（チェミッソ）〉は〈面白い？〉の意。

どれもカル群舞のごく一端が解る。わずか数年の間に映像が劇的に進化していることも、見て取れよう。〈Warning Sign〉の画面は、モノクロームを中心に部分的に加える彩色の効果なども洗練されている。こうした色彩の制御や、身体性を活かそうと、大胆に動くカメラワークは、今日では珍しくないものの、Ｋ－ＰＯＰの世界に始めから存在していたわけではなかった。

2－4　カメラは眼から〈チュムる＝踊る〉カメラとなった

K－POP、新たなる身体性の咆吼――EXOの〈으르렁（ウルロん）（Growl）〉

●★★ 엑소 (EXO) - 으르렁 (Growl) + 늑대와 미녀 (Beauty and the Beast) at 2013 MAMA

ここに、その後伝説となった、象徴的な動画が残されている。EXO（エクソ）というグループの、香港でのＭＡＭＡという名の音楽祭における、記念碑的なパフォーマンスの映像である。ＭＡＭＡは一九九九年以来続いている、韓国の最大級の音楽賞授与式の形の音楽祭である。〈Mnet Asian Music Awards〉の略称。Mnet はＣＪ ＥＮＭの音楽・エンタメチャンネル。

〈으르렁〉［ウルロん］（Growl）と〈늑대와 미녀〉［ヌクテワ ミニョ］（Beauty and the Beast)

のメドレーの舞台である。〈으르렁（ウルロン）〉は虎のような大きく荒々しい獣が、力強く唸ったり、吠えたりする声の擬声語。「ガオ」とか「ギャオ」、あるいは「グルル」といったところ。先にも少し触れたように、こうした擬声擬態語、オノマトペが活躍するのも、韓国語やＫ－ＰＯＰの著しい特徴である。第三講で詳述する。

〈늑대와（ヌクテワ） 미녀（ミニョ）〉は「狼と美女」の意で、フランスの、ヴィルヌーヴ夫人（Gabrielle-Suzanne de Villeneuve, 1685–1755）の手になる物語「美女と野獣」（미녀와（ミニョワ） 야수（ヤス）、La Belle et la Bête）や、それに基づく多くの映画やミュージカル作品などを想起させる仕組みである。もちろん〈La Belle et la Bête〉は頭韻である。

動画前半の、〈으르렁（ウルロン）〉のワン・カメラの仕事は注目すべきものである。これはカメラでEXOを客体的な対象として撮っているのではない：

　EXOと一緒にカメラが共に〈춤（チュム）ってる〉

「チュム」とは「舞い」「踊り」「ダンス」の意。日本語の「踊りを踊る」は、動詞「踊る」の名詞形「踊り」が目的語になっている。こうした仕組みの目的語＝対象語を、〈同族目的語〉と呼ぶ。日本語の「歌を歌う」や「舞いを舞う」、英語の〈dance a beautiful dance〉〈dream a strange dream〉なども同族目的語。韓国語でも同じで、「춤을 추다」（踊りを踊る）という構造における춤（踊り）は、추다（踊る）の名詞形である。日本語圏ではK－POPのようなダンスについて、「踊りを踊る」とはあまり多用されないだろうけれども、韓国語の춤は、現在も「ダンス」の意で、広く用いられている。춤は、日本語なら和語に相当する、古くからある伝統的な固有語であって、漢字語（日本語の漢語に相当）や外来語ではない。〈チュムる〉は本書での造語。

〈いま・ここ〉からメタるアーティストたちと、メタるカメラ

アーティスト、ルハン氏がカメラへ向かって指示する。カメラはまるで美女と化し、視線を次々に移してゆく。カメラの顎も今度はカイ氏によってしゃくり上げられる。なるほど、カメラにも顎があったのだ。ほとんど無彩色の舞台と統一された衣装に、ただ一つ映える紅い帽子。受け渡される帽子が、視線の指示子である。モノトーン主体の舞台背景、画面と対照的に、多彩な歌声とリズム。太鼓から低音のブラスに、高音のギターのカッティング。繰り広げられる群舞。コーラス。EXOのダンスとカメラのこの修練が際立つ。これぞカル群舞である。

ちらりと観客とカメラの影を写し、さりげなくメタ（meta）るのも、忘れない。そう、私たちは今、共に在るのだよと。私たちの身もまたいつしか律動を共にしている。ある次元から、

さらに高次の次元へと跳び出すことを、〈メタる〉と言う。この術語については、ちょっと記憶に留めていてほしい。

二〇一三年のこの舞台とその映像は、EXOの栄光と共に、K－POPに画期を拓き、聳え立つ記念碑として、人々の心に焼き付けられることとなった。単に歌って踊るのではなく、EXOが造り上げた場には、デジタル世界の中で私たちが忘れかけていた、圧倒的な身体性が沸々と滾っていたのである。そしてデジタルへの入り口であったはずのカメラまでもが、何と、逆に〈身体性〉を共にする装置となった。カメラは踊る身体と化した。カメラが単なる道具であることを超えた。

歌う人を捉え、踊る人を捉える、それが既存の眼＝カメラの役割であった。ダンスはというと、常にダンスそれ自体がダンスの内部において完結しているものであった。カメラは常に、歌い踊る人のいま・ここの外部に存在していたのであった。

しかしながらこの映像のかたちは、内部で完結するはずのダンスのありようを、歌い踊る人自身が、ダンスの外部世界へと瞬間的に跳び出す＝メタることによって、楽々と破砕し、歌い踊る人と眼＝カメラとの関係性を打ち砕く。カメラは単に見る眼なのではない。かくしてカメラ自身が踊る身体と化すのである。

そしてダンサーとカメラの古き関係性をこのように破砕することによって、もともと〈歌い、踊る、いま・ここ〉よりもさらに高次の、外の世界から眺めていたはずの私たちが、歌い踊る人の吐息さえも触れ得んばかりの、内部へと連れ込まれるのである。手首の仕草でカメラを降らせ、カメラの視角を変容させるなどは、今日当たり前のことになっている。しかしながら、〈歌い、踊る、いま・ここ〉というＫ－ＰＯＰの世界では、まさにこの瞬間こそが革命であった。カメラは単なる眼＝装置ではなくなった。

　ところで、ニコンやキヤノンなど一眼レフカメラメーカーの名は韓国でも二〇世紀から広く知られていた。面白いことに、今日のＫ－ＰＯＰの世界では、撮影者が身体に装着して撮る、スタビライザー（安定器）を備えたステディカム（steadicam）と呼ばれる大きな撮影機器や、その商品名のローニン（Ronin）などという名までが、韓国のYouTubeのファンの書き込みや放送で用いられるようにまでなっている。なお、ローニンはドローンで有名な中国広東省深圳（シェンチェン）のメーカーＤＪＩのものである。歌番組のステージを撮る撮影監督へ、アーティストのファンたちが「ローニン、素敵に撮ってくださいね」と、エールを贈ったりもしている。ファンたちの気遣いと知識にも驚くべきではないか。他にも지미집（チミジプ）（Jimmy Jib）という名の、クレーン付きの撮影機器などもしばしば言及される。アーティストが猛烈に動くからこそ、〈動くこと〉に向き合える、新たな時代の踊るカメラが要求されたのである。普通は目に触れる機会もないので、その姿を想像することさえ難しい、水平を維持するための、ジンバル（gimbal）

という立体的な回転軸を持つ羅針儀が、歌の撮影に必要となる。そんなことを過去には誰が予測し得たであろう。

EXOの〈으르렁(ウルロん)〉によって今日のK－POPの栄光がどのように創られたか、ありありと見える。〈으르렁(ウルロん)〉という擬声語は、世界に対する、新たなるK－POPの咆吼であった。それは〈으르렁(ウルロん)〉の歌詞さながらに、その〈こゑ〉さながらに、荒々しきものとなり、既存の視覚世界を打ち砕いた。

ほとんど無彩色の中にわずかな紅い帽子と靴がそっと光る、MAMAのこの映像とは別に、後に公開された〈으르렁(ウルロん)〉のダンスの映像もまた、ワン・カメラの視線で撮られ、カメラが共にチュムっていたことは、言うまでもない。モノトーンの映像が身体性を際立てている‥

● EXO 엑소 '으르렁 (Growl)' MV (Korean Ver.)

〈으르렁(ウルロん)〉には未だなかったもの

なお、今日の観点からは、MAMAの映像について、例えばカメラのポジションが人の目の高さだけに限定されてしまっているといった指摘などは、いくらでも可能であろう。〈으르렁(ウルロん)(Growl)〉と〈狼と美女〉という設定がそうさせていたわけで、床すれすれのローポジション

からも、ローアングルでこの群舞をぜひ見てみたい、そう思うのは、あらゆる視角を渉猟してきたK‐POPの、多様なカメラワークに親しんでいる、現在の私たちなら、自然なことだろう。ローアングルからなら、もっともっと〈荒々しさ〉が生きるだろう。だが、錯覚してはならない、今見ているこれは、驚くべきことに、一〇年も前のものなのだ。本書で扱っている〈K‐POP MVアート〉では既に古典として語られている作品にして、こんなことをなしていたのである。

曲名になっている、「늑대와 미녀」［ヌクテワミニョ］（狼と美女）というモチーフは、明らかに、カメラをメタらせる契機となったろう。「そうだ、カメラを〈美女〉の役にしよう！」と。同時に、例えば〈カメラ＝美女の視角〉という、そうした位置づけは、カメラ＝眼が有するはずの視角から、〈解き放たれた身体としての、カメラの視角〉をも縛ってしまう。カメラはそこでは「美女」ということばで縛られた役割を、負わされているからだ。そうした役割は映像から今日、透けて見えている。したがって、視角は「美女」つまり人の高さに留まり続けている。自由となったはずのカメラであれば、例えば舞台の床ぎりぎりのローポジションなどといった、さらに遥かに自由な視角を得ることも、技術的な課題さえ克服できれば、いくらでも可能であったろう。だがおそらくは、〈「美女」の役割〉といった全く不要な位置づけが、カメラという眼＝身体の自由さを縛ってしまった。

作品は〈ことば〉で名づけられる何かを「表現」などしない

　カメラの自由さを奪うといった作品のこうした限界は、いわば作品を造る美学の、根幹の姿勢がもたらすものである。こうした限界は今日の多くのMVでもしばしば露呈する。つまり「これこれを表現しよう」という志向性、「〇〇を表現する」という方向こそが、限界を招来するのである。内にあるものを、ex-（外へ）press（押し出す）のが、expression（表現）だという表現論である。「この作品は何を表現したのですか」などといった形で問われるのは、全てこうした表現論に基づいている。

　そこで決定的な問題は、内にあるとされるその「〇〇」が、〈ことば〉で語られるものとなっている点だ。作家の主観的な思い込みで「〇〇を表現する」という形で作品が造られることはあるし、あるいは作家が後付けで「これは〇〇を表現しました」などと語ることはある。映画監督がインタビューで「この映画では〇〇を表現しました」などと語ることはある。それはことばでしかサービスできないから、やむなくそう語っているだけだ。人を動かさないと、映画は作れないから。けれども、作品は決してその「〇〇」を表現などしない。全く逆だ。作品に触れる人々が、その作品に、例えば「〇〇」という〈ことば〉で語られるものを、必要なら、造形するのである。感動を言語化するかどうかも、作品ではなく、私たちが決めるのである。音楽作品であれ、美術作品であれ、映画であれ、アートと表現の仕組みの美学の根幹は、かくのごときものである：

> 作品は〈ことば〉で名づけられるものを、「表現」などしない。逆に、作品に触れる私たちが、もしかすると、そこに何ものかを見出し、あるいはそれを〈ことば〉で造形したくなるかもしれない、それが表現の仕組みである

「〇〇を表現する」などという、転倒した発想は捨てねばならない。「〇〇を表現したい」のであれば、「〇〇」という〈ことば〉で形にすればすむ。「〇〇を表現する」ために造られたものが、世界像なのではない。造られた世界像に、ある時は例えば〈ことば〉を宛がって、ある時は例えば〈ことば〉を宛がうことさえできぬままに、私たちが突き動かされるのである。それが、作品という世界像をめぐる私たちの、〈表現〉や〈感動〉のありようである。

しかしEXOの〈으르렁（ウルロん）〉についてのこうした批評は現代のK-POP MVに見慣れた私たちの、ないものねだりの、後付け批評に過ぎない。

重要なことはこうだ。EXOの〈으르렁（ウルロん）〉とそのカメラは、間違いなくK-POPを共有する方法の、革命であった。繰り返すが、カメラは単なる装置であることをやめ、踊り出し、K-POPは〈からだ〉〈身体性〉へと大胆なる進撃を開始したのである。

私たちはもうブルース・リーや大山倍達（おおやまますたつ）＝崔永宜（チェ・ヨンイ）を知ってしまっている

　ところで、こうした〈メタるカメラ〉によって新たに立ち現れた関係性は、メンバーが舞台で武道の演武を始めた瞬間に、いとも簡単に壊れてしまう。〈演舞を撮る〉という、伝統的なカメラのありようへと戻るからである。客体としての演舞、それを撮るカメラ。演舞を挿入するこの演出は、素晴らしいものだとは言えない。演舞は決して下手なわけではない。それなりにできている。しかしながら、演舞によって、「ああ、これは武道だ」という想念を私たちにいとも簡単に抱かせてしまう。

　私たちは、ブルース・リーや大山倍達＝崔永宜以降、映画や漫画の中であっても、もう武道がいかなるものであるかを、嫌というほど知っている。それは敵の戦闘能力を奪うような、場合によっては生死を掛けるような突きであり、蹴りなのであって、武とは決してダンスなどではないからである。そもそも「ダンス空手」は「フルコンタクト空手」の反対語だったではないか。骨と骨がぶつかって、軋（きし）むのが武道である。相手の身に当たりもしない突きも蹴りも、カル群舞の熱量には到底及ばない。それが証拠に、直後の同じ二人によるダンスの方が、はるかに精緻で力が漲（みなぎ）っている。カンフーにせよ、空手にせよ、テコンドーにせよ、それは〈見るもの〉〈見せるもの〉となった瞬間に、武であることを失う。

《注》二一世紀の今日のK－POPスターたちの世代からは、もはや前世紀の神話のごとくに霞んでいるかもしれない。ブルース・リー（Bruce Lee, 1940–1973）は、中国名、李小龍（李小龙、ピンインではLǐ Xiǎolóng）として知られる武術家、俳優。『燃えよドラゴン』などで世界中に中国武術を知らしめ、絶大な影響を与えている。韓国では「이소룡」という韓国語読みの名でも広く知られており、映画などにも影響を与えている。ブルース・リーに憧れる、クォン・サンウ氏扮する高校生が、カンフーとヌンチャクで闘う映画、『マルチュク青春通り』（말죽거리 잔혹사、ユ・ハ監督、二〇〇四年）はその一例。カンフーなど武闘映画では後にジャッキー・チェン（Jackie Chan, 1954–）（成龍、成龙、ピンインではChéng Lóng）など少なからぬスターたちが現れるなど、日本映画はもちろん、タイ映画やベトナム映画などまで広い影響を与えた。

　我等がK－POPでは、NCT 127 に、〈영웅（英雄；Kick It）〉という、マーシャル・アーツを生かす形で、二一世紀的な感性で造形したMVが、二〇二〇年に現れていて、頼もしい。さすがに〈Performance Video〉にはないが、MVにはちらとヌンチャクも出て来る。背景の該当の電飾文字では〈無限的我〉（「無限の我」の意の中国語式表現を韓国語の音で読ませている）という二〇一七年の名曲の名をさりげなく見せ、歌詞も〈昨日の自分を倒して叫べばいいさ〉と前向きな宣言となっている。詞にはブルース・リーが現れている。〈NCT〉の発音については一七三頁を見よ。

《注》大山倍達（1923–1994）は日本を中心に活躍した空手家。民族名は崔永宜（최영의）として知られる。生存中に漫画『空手バカ一代』（梶原一騎原作、つのだじろう、影丸譲也作画、一九七一年から一九七七年まで連載）の主人公として描かれた。極真会館を創設、日本のみならず、世界に空手を広め

た。寸止めではなく、顔面など以外は素手、素足で実際に打撃する〈フルコンタクト空手〉として知られる。韓国でも崔永宜として漫画や映画の主人公となっている。「倍達」は韓国語では「배달（ペダル）」と発音。朝鮮民族の美称である。「倍達民族」（배달민족）［ペダルミンジョク］などということばもある。

他方、漫画にこそなっていないけれども、中村日出夫（1993–2013）も日本で活躍した、朝鮮民族の空手家として、しばしば伝説のごとくに、並び称されたりもしている。民族名、姜昌秀（강창수（カン・チャンス））。いわゆる〈沖縄空手〉などを始め、日本語圏で語られる、武道や格闘技、またスポーツやエンタメなどの世界には、このように様々な人士の、マルチ・エスニックな存在が見えて来る。

2－5　プレK－POPからK－POP古典段階へ

K－POP世代論──第一世代、第二世代から第三、第四世代へ

ちなみにこのMAMAの音楽祭、EXOの〈으르렁（ウルロン）〉の客席にはG-DRAGON（ジードラゴン）氏や少女時代のソヒョン（서현）氏とヒョヨン（효연）氏の姿がみえる。二〇一二年にデビューしたEXOからは、これら三人は大先輩にあたる。

G-DRAGON（지드래곤、1988–）、權志龍（권지용（クォン・ジヨン））氏こそは〈King of K-POP〉と言われ、二〇〇六年にデビューしたBIGBANG（빅뱅（ピクペン）、ビッグバン）という圧倒的な男性五人（後に四人）のグループにあって、多くの曲を手がけ、歌い、踊った、文字通りK－POPの基礎を築いた

人物であった。ファッションのアイコン的な役割も果たした。このMAMAでもそうであったように、数々の音楽賞を受賞、多くの記録を残している。

一方、二〇〇七年にデビューしたグループ、少女時代（GIRL'S GENERATION）もまた、K-POPの代名詞のようなグループである。女性九人（後に八人）。略称のSNSDは韓国語のローマ字表記〈SoNyeoSiDae〉［ソニョシデ］の頭文字。略称〈ソシ〉も多用されている。

BIGBANGや少女時代は、BTS以前の巨星だと言える。これらを先頭に、二〇〇四年の五人組（現在は二人組）東方神起（とうほうしんき）（TVXQ!, Tong Vang Xien Qi, 동방신기（トンバンシンギ））以来、二〇一〇年頃までにデビューした、SUPER JUNIOR, Wonder Girls, KARA, 2NE1（トゥエニィワン）、SHINee（シャイニー）、f(x)（エフエックス）、ソロ歌手IU（アイユー）氏などが、K-POPの〈第二世代〉と称されている。

第二世代は韓国語圏をはるかに超えて、日本語圏でも広く知られた。第二世代が勝ち取った地平は、韓国における二〇〇八年のYouTubeの開始を重要な契機として、次の第三世代によるTAVnet型の活動を切り拓いた。今日のK-POPの隆盛こそ、これら第二世代のアーティストたちがそのモデルを示してくれたのである。本書が扱っているのは、主として第三世代、そして現在の第四世代のアーティストたちである。

韓国歌謡の音楽革命――ソテジワアイドゥル

世代論に触れたので、ここで韓国の現代大衆音楽史の一部を簡単に見ておこう。

韓国歌謡の音楽革命は、音楽についてのあらゆる言説が異口同音に述べているように、一九九二年から九六年まで活躍したソ・テジ（徐太志、서태지、1972–）氏、イ・ジュノ（이주노、1967–）氏、ヤン・ヒョンソク（양현석、1970–）氏という三人の鬼才たちからなる、ソテジワアイドゥル（서태지와 아이들）によって始まった。ソ・テジ氏の社会に対する影響力は絶大であり、その進退は、日本で言えばＮＨＫの夜のニュースに相当するニュース番組の、トップニュースで扱われるなどということもあったほどである。ヤン・ヒョンソク氏は、九六年にはＹＧエンタテインメントを設立し、その後のＫ－ＰＯＰの巨大な設計図を引いた、泣く子も黙る、かのヤン・ヒョンソク、その人である。

音楽革命には、九三年に現れたDEUX（デュース）が呼応した。ソテジワアイドゥルの革命的な位置は、文字通り万人が認めるところであって、多言を要しない。一方で、歌って、踊り、ラップを聴かせる、DEUXという二人組の功績は決して過小評価されてはならない。日英語も操る、長身のラッパー、キム・ソンジェ（金成宰、김성재、1972–1995）氏と、後にソロでも活躍した、イ・ヒョンド（李賢道、이현도、1972–）氏である。

ソテジワアイドゥルやDEUXら革命家たちの音楽革命によって、韓国音楽の世界にラップ

（랩、rap）が巨大な位置を占めることとなり、ダンスが欠かせないものとなった。

韓国の音楽革命はヒップホップ革命でもあった

ヒップホップ（힙합、HipHop）も、急速に人口に膾炙した。ラップやブレイクダンス、バケットハットや太いゴールドチェーン、ダボダボのデニムなどのストリートファッションや、壁への絵画＝グラフィティなど多様なヒップホップカルチャーが、韓国社会では子供たちさえ誰もが知るところとなった。タトゥーも徐々に広まった。併せて、USヒップホップを通して、英語の俗語なども曲名や歌詞にも好んで用いられていった。韓国社会で広く受け容れられないのは、いわゆる「ギャング」関連のあれこれくらいのものである。この点では、さらにK－POPとなると、いわばフィルターで濾されたヒップホップを受け容れていったとも言える。いずれにせよ韓国の音楽革命は、ヒップホップ革命とでも呼ぶべき性格を、濃厚に有していた。ヒップホップをめぐる様相は、例えば日本の社会とは、ずいぶん違いがあったと言える。

ラップとダンスは韓国音楽を、K－POPという全く新たな次元の、地球上が共有する音楽へと造り替えたのであった。ラップについては、第三講、三―一で詳述する。言うまでもなく、ラップを押し進めた革命家たちなしに、今日のK－POPは存在し得ない。後のBTSも出発はヒップホップを志向するグループであった。

なお、音楽革命の出発時のダンスと比較すると、今日のダンスは、高度に編まれた構成主義的なダンスなどを始め、極めて多様になっている。技術的にもほとんどの今日の曲が、言ってみれば、ダンスの超絶技巧練習曲のようなものだ。

第一世代のアーティストたち

男性五人組、H.O.T.（エイチオーティー、High-five Of Teenagers）はポスト・ソテジの時期の流行の最先端となり、構成主義的な要素も多く取り入れたダンスを踊り、やがてアーティストたちが楽曲も作った。ラップが重要な位置を占めていたことは、言うまでもない。題名にも現れている通り、〈We are the future〉などは、主張性の濃厚な曲であった。

H.O.T.が所属するＳＭエンタテインメントは、今日、ＨＹＢＥ（ハイブ）、ＳＭ、ＹＧ、ＪＹＰと並び称される、四大事務所＝四大企画社の一つである。なお、日本語圏では「事務所」ということばが一般的だが、韓国語では「四大企画社（サデキフェクサ）」や「大型演芸企画社（テヒョんヨニェキフェクサ）」のように、「기획사（キフェクサ）」（企画社）ということばが多用されている。七〇年代のフォーク歌手として知られた이수만（イ・スマン）（李秀満、1952-）氏が、一九八九年にSM企画を、さらに一九九五年にはSMエンターテインメントを設立した。ＳＭはその後、事実上、Ｋ－ＰＯＰを牽引する圧倒的な中核であり、旗印でありつづけた。この点でイ・スマン氏の名は不滅である。

このSMのイ・スマン氏、またYGの양현석（梁玄錫、ヤン・ヒョンソク、1969–）氏、JYPの박진영（朴軫永、パク・ジニョン、1971–）氏と、HYBEの방시혁（房時爀、パン・シヒョク、1972–）氏の名は、四大企画社の企業人に留まらず、K‐POPという壮大な文化の〈四大企画者〉として歴史に残るだろう。以下、巻頭の〈K‐POPの歴史の図〉を参照。

ソテジワアイドゥルのイ・ジュノ氏がプロデュースした、男女混成の五人組、ヨンタクスクラブ（영턱스클럽、Young Turks Club）の登場もまた、一九九六年であった。現在のK‐POPの曲は、カラオケで誰もが容易には歌えない、複雑で高度なメロディーからなっていることが、非常に多い。けれどもヨンタクスクラブは、サビから始まる、あたかも六〇年代的演歌メロディーがそのままダンス曲になったような、〈Affection、정〉（情）のヒットで知られた。YouTube上にも多くの映像が残っている。いかにも二〇世紀的なダンス、懐旧的な詩と旋律とに刺激される仕組みであった。

一九九七年には、Sea（바다）氏＋Eugene（유진）氏＋Shoo（슈）氏という、才気溢れる女性三人からなる、S.E.S.（エスイーエス）が現れ、日本でも知られた。また、지누と션、YGエンタテインメントから初めて同年に現れた、男性二人組のJINUSEANは、女優でもあり歌手でもあったオム・ジョンファ（엄정화、1969–）氏とコラボで名曲〈말해줘〉（言ってくれ）を残した。オム・ジョンファ氏の〈초대（Invitation）〉（招待）は、二〇世紀のMVの傑作の

一つである。

一九九八年の男性六人組、神話（신화、SHINHWA）、〈해결사（Resolver）〉は、メロディとラップの組み合わせ、そして揺れる振り子の上で歌い、踊るMVも、印象的なものであった。なお、神話は現在まで活動しており、長寿グループとしても知られる。

九八年にはユ・スンジュン（유승준、後に Steve Yoo, 1976–）氏の〈nanana〉も猛烈にヒットした。教生＝教育実習生の女性への男子高校生の愛といった、物語性を鮮明に押し出したMVは、七分を超える作品だったが、韓国のテレビの歌番組でも最後まで放映していた。教生役で登場した女性は、後に『冬のソナタ』（二〇〇二年）で知られることとなる、かのチェ・ジウ（최지우、1975–）氏であった。ちなみにMVの新任教生紹介の場面では黒板にハングルで「教生チェ・ジウ」と書いている。教生がドイツ車アウディを乗り回しているのも、当時の韓国ドラマ風の構図である。MV末尾ではニュース報道を模して、主人公が将来、世界的な人物になることが示唆されている。これはまさに今日BTSが受け継いで、実現してくれている。ユ・スンジュン氏は兵役拒否問題で、この〈nanana〉はほとんどなかったことにされているけれども、このMVも間違いなく時代を謳歌した、二〇世紀の傑作の一つである。二〇一四年にアリ（Ali）氏が「不朽の名曲」（Immortal Songs）でカバーしている。アリ氏の名唱にかかると、ほとんどの歌は元の曲よりはるかに素晴らしくなるのだが、さすがにこれだけはMVの物語性が造

る抒情と、速度感において及ばなかったか。〈nanana〉も〈招待〉も、ぜひＤＶＤで見たい。大きく分けて、二〇世紀までは胎動期、プレＫ－ＰＯＰの時代、前段階だと言える。

日本でも知られたソロ歌手、BoA（ボア、1986–）氏のデビューは、二〇〇〇年であった。歌い、踊り、才気溢れる、快活な一四歳の少女であった。日本ではまだ、韓国の歌も食べ物も、もちろんハングルも、多くの人が知らない時代であった。親善大使などということばがあるが、文字通りBoA氏にこそふさわしい。BoA氏こそ、今日のＫ－ＰＯＰを切り開いたアーティストである。現在まで第一線で活躍している。二〇二二年には中国の刘雨昕（リウ・イシン）（Liú Yǔxīn, Xin Liu, 류위신（リュ・ウィシン）、1997–）氏と共に〈Better（対峙）〉のＭＶで中国語で歌っている。BoA氏らの登場から、YouTube登場以前までの二一世紀はＫ－ＰＯＰの古典段階だと言えよう。

　これらのアーティストたちは一般に〈第一世代〉にカテゴライズされている。第一世代はYouTube以前のグループである。第一世代になると、随分限定されるけれども、第二世代くらいになると、動画もYouTubeにはそれなりに上がっている。

　このように過去を現在と一緒に見ることができる点でも、YouTube、TAVnetは私たちの時間感覚をすっかり変えてしまった。TAVnetは目と耳で、そして私たちが時を制御しながら、現在と過去を同時体験する基礎を、大々的にもたらした。時間に関するこの変容は、私たちにとって、後に決定的な重さをもって迫って来るであろう。第五講で再述する。

　ここで駆け足で見たごとくに、K－POPの歴史を振り返ってもわかるように、二〇一三年のMAMAにおけるEXOの〈こゑ〉こそは、新たなる第三世代の時代を告げる、鬨(とき)の声でもあったのである。時代を予見するかのごとく、こう歌われている――〈さあ、少しずつ猛々しくなる〉。

《注》ところで、著者が一九九六年から九七年のソウル滞在から帰った翌年、一九九八年のことである。コンビニエンスストアで、とても懐かしいR&B的な香りのする、韓国歌謡らしき曲が流れている。この頃既に韓国音楽は、R&B的な感性や、ヒップホップ的な感性を、半ば自家薬籠中のものとしていた。だがこの曲は新しい。それに何と歌詞は日本語である。英語も混ざっているけれども、日本語的な英語ではない。また韓国語的な英語でもない。英語の話者でもあるのか？　何で日本語で韓国歌謡をやってるのかな、こんな凄い歌手がいたか？　いったい誰だろう？　店の若い店員さんに尋ねた。彼は近くの別の店員さんに確認している。未だその名が広くは知れ渡っていなかったのだろう。「これ、宇多田ヒカルだよね」――これが天才少女、宇多田ヒカル（1983–）氏のデビュー曲〈Automatic〉との出会いであった。そんなわけで、全くの個人的な体験なのだが、本書の著者にとっては、宇多田ヒカル氏の曲たちは、韓国音楽から――当時はまだK－POPということばが一般に広く使われてはいなかった――そう遠くないところにある。

　その後、コンビニでS.E.S.のCDを売っていたのにも、驚いた。なぜコンビニで売っていたのかは、知らないけれど、ヒップホップからいわば毒気を抜いたような曲が、脚光を浴びていたから、日本語圏でも共感されるだろうと思った。二一世紀への衣替えで、時代はとても忙しくしていた。第一世代のアーティストたちの名を、日本の学生たちの口から聞くのも、珍しくなくなっていった。

《注》当然のことながら、韓国語圏の大衆的な歌にはＫ－ＰＯＰの流れだけがあったわけではない。その源流を辿ると、また異なった〈Ｋムーブメント〉と言うべき、いくつかの太い水流が見出せる。

一つは、日本で言う〈演歌〉である。韓国語では〈트로트〉[t^{h}urot^{h}ɯ][トゥロトゥ]と呼ばれる。元来は英語のtrotで、馬の早足を言う。日本語の外来語なら〈トロット〉である。その四拍子のリズムの擬声語から〈뽕짝〉[^{ʔ}pon^{ʔ}ʧa^{k}][ポんチャク]という俗語も用いられている。演歌に特徴的な、ドレミファソラシドの音階から四度（ファ）、七度（シ）を抜いた、いわゆる〈ヨナ抜き〉の五音音階（ペンタトニック・スケール）も好まれ、解放前からもトロットの伝統が色濃く存在していたと言える。一九三四年、イ・ナニョン（李蘭影）氏が歌った〈木浦（モクポ）の涙〉や、一九五四年、朝鮮戦争における離別が歌われた、ナム・インス（南仁樹）氏の〈別れの釜山停車場〉などはトロットの古典的な名曲として知られる。日本でも知られているチョー・ヨンピル（趙容弼、1950–）氏は、演歌だけでなく、ポップスを幅広く歌っている。

二つ目は、解放後の米軍の進駐とも係わって大量に流入した、米国式のポップスやジャズがそれである。ポップスの音階もリズムも大量に流入した。長調の音階から三度（ミ）を半音下げると、短調になるが、それをブルースなどでは長調でも行う。三度や七度を半音下げるこうした〈ブルー・ノート〉(blue note) なども一般化する。バンド系の音楽やＫ－ＰＯＰの前身はこうしたポップスだと言える。キム・ゴンモ（金健模、1968–）氏などはこのフィールドの代表格の一人。このさらに末裔にディヴァ、アリ(Ali, 1984–) 氏がいる。パンソリやバイオリンも学び、さまざまな分野の歌をこなす、歌唱の鬼才。名はモ

ハメッド・アリに倣ったという。「不朽の名曲」(Immortal Songs) などの番組でその力量の幅が解る。최백호（チェ・ベコ）氏と共にした〈낭만에 대하여（ナンマネ テアヨ）〉(浪漫について) や、〈고추잠자리（コチュジャムジャリ）〉(赤とんぼ)、〈아침이슬（アチミスル）〉(朝露) などのナツメロのカバーを聞いてみよう。

三つ目は、ソウル大学美術学部出身のキム・ミンギ (金敏基、김민기、1951–) 氏や西江大学文学部出身のヤン・ヒウン (楊姫銀、양희은、1952–) 氏の歌に代表される、〈民衆歌謡〉である。〈朝露〉(아침이슬) [atʃʰimisɯl] [アチミスル] などは、広く知られた、天下の名曲と言ってよい。〈民衆歌謡〉の中核はプロテスト・フォークソングである。学生運動、労働運動で広く共有された。延世大学社会事業学科卒のアン・チファン (安致煥、안치환、1965–) 氏はその次の世代の代表的な歌手である。

四つ目は〈国楽〉と呼ばれる、伝統的な音楽や民謡にまたがる大衆的な歌がそれである。この分野からは「国楽少女」と呼ばれたソン・ソヒ (宋素喜、송소희、1997–) 氏が現れている。

こうした大きな流れの後に、前述のK-POPの前段階の韓国歌謡が花開いたわけであった。

参考までに述べておく。韓国語圏では、〈民衆歌謡〉と呼ばれるプロテスト・ソング、プロテスト・フォークが、反体制運動の現場でも広く歌われた。労働運動、学生運動、民主化運動など、反体制運動を韓国語では〈運動圏〉(운동권（ウンドンクォン）) ということばで呼ぶことがある。日本語には見られない、非常に貴重なことばだ。要するに反体制運動圏である。

〈民衆歌謡〉の反対語は〈健全歌謡〉ということばであった。「非健全な」民衆歌謡は、しばしば〈朝露〉のようにすぐに発禁となり、CDなど誰も見たことがないけれど、誰もが知っている歌となった。

日本でも海賊版がカセット・テープなどで出回った。詩人・金芝河（キム・ジハ）氏の詩を曲にした〈金冠のイエス〉というレコードは当時の、在日韓国青年同盟が作ったものだったと記憶する。金珉基氏の曲、楊姫銀氏の歌がたくさん収められていて、複製に複製を重ねたような、雑音だらけの音源であったが、貴重だった。なお、その後、金芝河氏は事実上の思想的ないわば転向に近い形で人々に知られ、その後二〇二二年五月に亡くなったのであった。金芝河氏のこうした思想的な転回は日本語圏ではそう広く知られているとは言えない。韓国の運動圏では金芝河氏の評価は著しく低く、歴史についての言及ではややもすると黙殺され、逆にしばしば右派言論が高く評価するといったありようである。そうだとしても、二度にわたる死刑判決を受けた、一九六〇年代〜七〇年代における金芝河氏の闘いが、なかったことにはできないだろう。むしろそうした思想的な転回、変容をいかに位置づけるかが、歴史にとっては問われることになろう。歴史は、〈終わりよければ、全てよし〉などという単純なものではないからだ。死だけが人生を決定などしない。まず問われるのは生である。音楽史も同じだ。圧倒的な共感をもって明らかに在ったことと、それが忘れられることとは、全く別のことである。

ソウル大学の図書館で本を読んでいたおりに、〈朝露〉の歌声が聞こえてきた。一九九六年であったから、ひどく懐かしい思いに駆られ、キャンパスを見遣ると、二〇〇人弱ほどの学生たちが集会を行い、歌っているではないか。なお、こういう際にすぐに人数を目測で数えにかかったり、ヘルメットの色を確認しにかかるのも――なお、韓国ではメットは着用していない。日本ではメットの色と線で、党派を区別した――、かの時代の人々の習性のようなものだ。なお、このあたりの記述まで読むと、〈こいつのメットの色は〉などと、身構える人も少なくないだろうが、身構えずとも、大丈夫ですから。これ、K‐POPの本ですから。とりあえず、安心して、ご読了ください。

急ぎ図書館から出たところ、大学のキャンパスの真ん中で行われている集会の真上に、今度は何と警察のヘリコプターが飛んで来る。映画に見る、ベトナム戦争の米軍のヘリコプターの恐怖がよぎる。へリコプターはいきなり赤、青、黄色の粉状のものを学生たちの上に撒き始めた。金泳三（キム・ヨンサム）大統領の時代であった。

反体制運動の現場＝運動圏で歌われるK－POP

なお、K－POPと運動圏との係わりでは、一つ象徴的な出来事があった。それは二〇一六年、梨花（イファ）女子大学における闘争の現場で、かの少女時代の、二〇〇七年の歌〈다시（タシ） 만난（マンナン） 세계（セゲ）（Into The New World）〉（再び出会った世界）が歌われたという出来事である。民衆歌謡が主であった運動圏で、K－POPが歌われたわけである。このことは社会的にも認知され、驚きで迎えられた。

歌詞に言う、〈この世で繰り返される悲しみ、もうさようなら〉——そう、悲しみが繰り返されてはならない：

● Girls' Generation 소녀시대 '다시 만난 세계 (Into The New World)' MV

《注》なお、ここで日本の運動圏について言及する際は、とりわけ一九六七年、一〇・八、いわゆる〈羽田闘争〉以降の運動圏を想定して語っている。それ以前の、例えば〈歌声運動〉などは、本書のリアリ

ティの及ぶところではない。ちなみに、世間でよく言うように、一九六八年としていないことも、許されたい。国際的な運動圏の象徴性という点では、一九六八年とも言えるけれども、日本の運動圏のリアリティからは、圧倒的に一九六七年こそが、決定的な時間である。〈羽田闘争〉と呼ばれた闘いとそこにおいて失われた命は、学生、労働者、農民はもちろん、高校生や時には、中学生にさえも、衝撃を与えたのであったし、間違いなく、日本を覚醒した。

ついでながら、全共闘運動を始めとする、日本の運動圏の闘争を、「学生の運動」として運動主体を矮小化する言説には、注意せねばならない。「高度経済成長のもとで、学生たちは暇をもて遊んで、運動して、みんなちゃっかり就職した」などという言説も、危ない、危ない。半分は大嘘だ。

実のところ、日本のこの運動圏における闘いは、実に多様な人々が、あらゆる差別や抑圧に抗するものでもあった。もちろん現実が全く追いつかないことはしばしばあった。勝ち取られた成果も、極めてわずかだったかもしれない。ひどい形の転向などもざらであった。振り返れば、逆にひどいことだけが、記憶されていることもあろう。しかしながら、少なくとも運動を真摯に担う人々の間では、その遠くにであれ、見遣る理念は、あらゆる差別や抑圧に抗するものであった。運動圏の内部にさえ蠢（うごめ）く、民族差別や女性差別など、あらゆる差別を切開しようと、様々な差別のただ中に生きる人々が、多様な場において希求し、しばしばその時、その時の、存在を掛けたことだけは、忘れてはなるまい。

同時に、日本ではいわゆる〈内ゲバ〉と呼ばれた〈党派闘争〉などによっても、おそらく数百を数えるほどの、多くの人々が亡くなり、あるいはまた自ら命を絶つ人々があり、またさらに多くの人々が傷ついた。これもまた私たちは記憶せねばならない。多くの犠牲を払って民主化を勝ち取った、解放後の韓国の運動圏では、驚くべきことに、党派闘争による、日本でのような犠牲はなかった。この点、日本の運動圏は、韓国の運動圏から、その根幹において学ばねばなるまい。歴史とは、忘却などされるべきものではなく、記憶され、しばしば頭を垂れて、学ぶべきものである。

日本におけるプロテスト・ソングは運動圏と隣接したり、交わっている音楽場で歌われたと言える。コンサートや、あるいは新宿フォーク・ゲリラなどと呼ばれた音楽の場で。日本のフォークは集団の闘争そのものの歌というより、個がその思いを形にするという形で、歌われたことになる。多くの人が共にしても、それは集団の闘争の場の歌ではなく、いわば個の集合の意志であった。

日本の運動圏は、基本的に、革命歌、労働歌の世界であった。集会の最後には肩を組んで、〈インターナショナル〉を歌い、デモへ出発する、といったありようであった。〈ワルシャワ労働歌〉なども知られた。いわゆる旧左翼で歌われていた〈国際学連の歌〉なども一部新左翼でも歌われた。

なお、プロテスト・ソングと運動圏の相関性についての日韓の違いは、〈良い悪い〉といった価値判断とは、直接的な係わりはない。

2－6　〈こゑ〉とことばとイマージュと身体、鮮烈なる世界像たちが乱舞する

登場する新たな世界像たち――我は歌わん

かくしてK－POP　MVアートの前衛たちは、第一世代から第四世代、さらにその後へと

K-POPの鼓動が脈々と打ち続ける中にあって、〈TAVnet art〉(タブネット・アート)としての強靭な自己変革を遂げた。ことばと、〈こゑ〉、イマージュ、そして身体が乱舞する、鮮烈なる世界像が、次々に造られた。世界像たちはあるいは輝く恒星たちとなり、あるいはまた光速で駆け抜ける彗星となって、K-POP宇宙はいよいよ膨張しつつある。

では、どのような姿で世界像たちは現れただろう。

●★★ BTS(防弾少年団)'Airplane pt.2 -Japanese ver.-' Official MV

アーティストたちが踊る身体性を、デジタル画像のうちでいかにして生かし切るかという、Kアートの一つの到達点である。BTS、二〇一八年。MVは日本語版だが、ここでは歌詞は韓国語版の音源を参照し、言及する。

冒頭のジョングク(정국(チョングク)、JUNG KOOK)氏の声は常にこの上なく柔らかい。K-POPの男性の歌手たちの声が、鋭角的で、優しさを装っても、どこかでひりひりと感性を焼いてくることが多い中にあって、BTSの男声は稀有なる声たちだ。そして歌う。〈どこだっていい、音楽がやりたかった、ただただ歌〉。こうした自己言及的な内容の歌詞が多いことも、今日のK-POPの詩の特徴である。明らかにこれもヒップホップの影響である。

承けるジミン（지민、JIMIN）氏の声も、そうだ。柔らかく私たちを抱くような〈こゑ〉だ。続くＶ（뷔、日本では本名김태형から音をとって、テテのあだ名でも親しまれている）氏はわずか四小節ほどのうちに、youとyouとbutという単語の直前に声門閉鎖（↓一五四頁）をさりげなく用い、気づかぬほどの緊張感をまぶしながら、これも優しい。そしてジン（진、JIN）氏とＲＭ（알엠、김남준、アールエム）氏のマイクスタンドを小道具に取りながらの、高音と低音の掛け合い。1:00になると、ＲＭ氏がカウンター越しに語る、ここでも自己言及的なラップだ。ＲＭ氏のラップはことばも、そして〈こゑ〉が際立つ。この場面は残念ながら、日本語ヴァージョンではＲＭ氏のラップのことばの快感が激減する。音の密度が薄まってしまうからだ。この場面だけでもぜひ韓国語版で聞きたい。

1:13あたりからの七人が揃って踊る場面を見よう。〈ロンドンからパリへ〉〈トーキョー、ホンコン〉いくつもの都市名が連呼される。そして〈ブラジル〉。

それぞれが異なった衣装に身を包んで、踊る。センターに立つジミン氏が際立たせる身体性を見よ。身体性が鮮明に立ち現れるダンスだ。そして驚くべきはカメラである。まるでジミン氏に唆されたとでも言わんばかりに、何と、天井で回る大きな扇風機の羽根越しに皆のダンスを撮っている。こんなことは普通は避けることだ。常識的にはダンスへの視線を遮って、邪魔になると思うからだ。だが、どうだろう。見事に生きている。1:16あたりでローアングルから天井の扇風機も一緒に撮る。扇風機も回っているからねと、伏線を張る。ジミン氏らを正面と上部から把握した後、今度はカメラを斜め上に引き、羽根越しにダンスを撮るのである。七人の影とともにまるで扇風機までもが踊っている。うまい。

カウンター上で奔放に舞った後、J-HOPE（제이홉（チェイホプ）、ジェイホープ）氏が床に降り、三人で床を水平に移動し、さらにカメラを反対側へと招くあたりは、体が騒ぐ。振り付けが素晴らしい。さらに〈깔깔깔깔（カルカルカルカル）〉（かんらかんら）などという笑い声を交えて心胆から驚かせてくれるSUGA（슈가（シュガ）、シュガ）氏のラップの後では、また屋外的な舞台設定での七人の群舞を、あたかも南米的な黄色の光の下で堪能できる仕掛けである。衣装も七人七様に映えている。

〈이 세계 어디서라도 난 노래하리（イ セゲ オディソラド ナン ノレハリ）〉（この世界いずこたりとも我は歌わん）。ネット上での多くの日本語訳ではあまり関心を抱いていないようだけれども、文末の〈노래하리（ノレハリ）〉は単なる〈書きことば〉的な文体であることを超えて、今日の日常の文章でも用いないような、非常に格調の高い、意志を表す文語的な文体となっている。敢えて日本語にするなら、〈歌わん〉。この最後の締めくくりを、こうした文語体的な文体で歌っていることが、画面との対照を一層際立たせてくれる。日本語の「ですます体」「だ体」のような文体が、韓国語では日本語以上に多様だと言えるのだが、韓国語の文体のそうした多様性は、こんなところにも生かされている。

この〈AIRPLANE PT.2〉は何よりも曲が傑作である。ラテン的な性格を取り入れている点では、K－POPでは少数派に属する。さらにK－POP MVアートとしても、かくのごとく最高傑作である。ちなみに他の映像でもこの曲の良さは如何なく発揮されている。

音楽祭でも際立つ身体性

特記すべきは、二〇一八年、香港でのMAMAにおけるこの〈AIRPLANE PT.2〉である。曲名とMAMAの文字列だけでも探せるだろうから、検索して見てほしい。皆が白い衣装に身を包み、ステージで歌い、踊る。出だしのジョングク氏、ジミン氏、そしてV氏、それぞれの存在感がこれでもかとばかりに生かされている。光に輝いてそれぞれの姿が美しい。

それにしてもマイクの前でラップを行うRM氏を見ると、この人がBTSにとって、いかに重要な存在であるかがひしひしと伝わってくる。七人を七人それぞれに際立たせてくれる、独歩的な一人なのである。

そして七人のダンス。七人のうち、他の六人がスーツのように比較的固めの生地の衣装を纏(まと)っているのに対し、ここではジミン氏だけがとりわけ薄く柔らかい衣装である。否が応でもその身体性は際立つ。あたかも筋肉の流動であるがごとくに肩を、胸を、衣装が流れる。

おそらくこのステージのダンスは、膨大なBTSダンス動画史上、ゆうに五本の指に入る傑作中の傑作であろう。二〇一三年に同じMAMAでEXOが見せてくれた、あの研ぎ澄まされたカル群舞と、また全く異なった姿の、そして全く新たな時代の、美しきエロティシズムの群舞が、ここに在る。

なお、〈Airplane pt.2〉には〈Summer ver.〉と名づけられたヴァージョンが二〇二〇年に公開されている。これはプールサイドの、七人のほとんどアンティクスだけで見せるMVで、韓国語版ではあるけれども、ここに挙げた〈Japanese ver.〉とは全く別のテイストである。その他には正式に公開された韓国語版の〈Airplane pt.2〉MVというものは、存在しない。

身体性が踊り、〈こゑ〉が舞う

●SHINee 샤이니 'Sherlock・셜록 (Clue + Note)' MV

●★★SHINee 샤이니 'Don't Call Me' MV

前者は二〇一二年。シャイニー。群舞をシャーロック・ホームズ風のちょっとしたストーリー仕立てに造り込んだMV。曲の盛り上がりと、群舞の身体性が生かされている。こうした佳品を踏まえ、やがて後者、二〇二一年の〈Don't Call Me〉のような最高傑作が結実する。

始まりのキーはDmか、そして中ではD7からいきなり〈Don't call me〉のGm Dm Ebm

へと上がって行く。〈終わったよ、お前の愛〉のDm D7ははっとさせられる。感情を直接に刺激してくる。そしてGm D7からGmへと部分的に転調するのか、参った。おそらく最高難度のダンスにあって、テミン（태민、Taemin）氏が私たちを見つめながら、左手の人差し指を構えるのに合わせ、カメラが寄るあたりは、SHINeeとは、そしてK－POPとはいかなるものかを、このわずかな時空間だけで見事に教えてくれる、衝撃の構図。カメラが、アーティストたちの存在感を摑（つか）んで離さない、と言うより、客体的な対象としてアーティストたちに向かうのではなく、やはり共にチュムって＝踊っている。

《注》Dmなどの符号はコードネームと呼ぶ。コード（chord）＝和音につけられた名称。CDEFGABはそれぞれ日本語ではハニホヘトイロ、ドレミファソラシに相当。韓国語ではド・レ・ミ・パ・ソル・ラ・シ。例えばCのコードはド、ミ、ソの三音からなる。Gm（シー・マイナー）はド、ミのフラット、つまりミが半音下がった音、そしてソの三音からなる。大衆音楽はほとんどこうしたコードを用いて構成されていて、その動的な展開をコード進行と言っている。主旋律はコードを構成する音を主にして造られ、伴奏も当該コード音のどれかを基本に造られる。逆に言うと、旋律に対して、オリジナルとは異なったコードを割り当て、やや異なった印象の楽曲に造ることもできるわけである。

二〇世紀の韓国歌謡の時代までは、ポップスであれフォークであれ、楽譜が直ちに公開されたり、ヒット曲集となって出版されたりと、入手、購入も容易だったのに対し、K－POPの世界は、楽譜とは相対的に距離が遠い。ギターやピアノの弾き語りなどで、個人がそもそも容易に真似できないような、高度に編集された音楽造形が、Ｋ－ＰＯＰには圧倒的に多いからである。何と言っても、ビートのようなリズムセクションからして、ギター一本やピアノ一台では、おいそれと再現しにくい曲だらけである。ジャズなどではスタンダード曲の楽譜を一〇〇一曲集めた『1001』（せんいち）などと呼ばれる本があったりして、ジャズ好きは重宝したのだが。まあ、楽器など、一人でしこしこ勤しんでいないで、皆で楽しく踊ろうよという方向へと、Ｋ－ＰＯＰは歩んで来たとも言える。

参考までに述べる。Ｋ－ＰＯＰの「作曲」も、もはや二〇世紀的な作曲スタイルのかけらもないと言える。木陰でメロディーを口ずさみ、五線譜に書き留めてとか、ピアノの前に座って旋律を作りながら、五線譜に記して、といった牧歌的な姿は、古き良き時代のそれである。現在の「作曲」は完全なデジタルの世界で、概ね徹底した集団作業、それもしばしば国際的な分業化が進んでいる。ビートを作るbeat makerがいて、それに乗せていわゆる主旋律を作るtop linerがいる。rapperはまた別だ。作詞家はもちろん別で、海外の作曲家のために英語に翻訳して作曲を依頼するなども行われていることが、他ならぬYouTubeでも知れる。アーティストにパートを割り振るのは、多くは国内のクリエイターの仕事であり、それらをプロデューサーが統括する。編集は決定的に重要だ。全て基本的に机の上で行う、ＤＴＭ（デスクトップ・ミュージック）であって、ビートなどはデジタルなサンプルからの切り貼りをＤＡＷ（ダウ）（Digital Audio Workstation）と呼ばれるソフトウェア上で行う。Cubase や Macintosh 専用の Logic Pro といったソフトが韓国では圧倒的な主流と言われる。二一世紀初頭のＤＡＷソフトははなはだ使い勝手が悪く、かつソフトごとに得手不得手があって、使ってはみたものの、正直なところ、ソフトウェア中でも非常に不便で高価であった。単純な作業一つとっても、二一世紀初頭のソフトは褒められたものではなかった。けれども、現在ではさまざまな面で格段に進化している。ちょうど、ＤＴＰ

（Desktop publishing）の世界で、二〇世紀には QuarkXPress という、とんでもなく高価なソフトが組版を独占していたのだが、一九九九年に出現した Adobe の InDesign が廉価で多機能で、日本語圏も韓国語圏も、二〇一〇年代にはたちまち出版市場を変革してしまったのと、よく似ている。Adobe の Photoshop という写真のレタッチソフトが、トータルな画像編集のソフトウェアとして成長し、一般化され、英語では photoshop が「フォトショップする」つまり〈画像をデジタル加工する〉という動詞としても日常的に用いられるようになったことを、思ってもよい。音楽の世界においても出版や画像、そして映像の世界と同様にこうした猛烈な進化が進んだわけである。韓国語ではこれらはソフトウェアの、시퀀서（シクォンソ）（sequencer, シークエンサー）と呼んでいる。入力するのにも、打ち込みや、作曲家が直接歌いながらマイクからパソコンへ録音するなどといった方法がとられる。国際分業と言ったが、それを可能にしたのも、ことばと音と光が自在に変容し、インターネット上を瞬時に駆け巡る、TAVnet という全く新しい存在様態が可能にしたのであった。もちろんこうしたソフトウェアを学ぶことも、YouTube のような TAVnet が劇的に容易にした。韓国でもＫ－ＰＯＰのアーティストを目指す人々だけではなく、ＤＴＭを行う、DTMer と呼ばれる人々が、二一世紀には劇的に増大している。

さて〈Don't Call Me〉に戻る。キー（키、Key）氏、オンユ（온유 [onju オニュ]、Onew）氏、ミンホ（민호 [min(h)o ミノ]、Minho）氏、そしてテミン氏、それぞれが際だって異なっている〈こゑ〉と、その〈こゑ〉たちの交差が存在感で時空間を満たす。サビ、そして最後へと私たちを導く。1:28–1:57 あたりの歌もダンスも魂を撃つ。圧倒的な身体性による存在の熱

量、共にチュムる動的なカメラワークの絶技。3:20からのピアノも私たちの感情への刺激装置である。MVドラマツルギー（作劇）の極北である。

なお、SHINeeのMV衣装は、いつも感じるのだが、アーティストたちの魅力をもっともっと引き出せるのではないだろうか。

〈感じてみろよ、お前は最悪だよ〉。なるほど、ここまで激しく歌われると、こんなことばがまるで反語のごとくに昇華するのか。お前を忘れられないと。そう、私たちはこの曲を忘れられない。曲が終わっても、〈ディンディンディン……〉と長い間心に鳴り響いていることだろう。この〈Don't Call Me〉はK-POP MVアート、名作中の名作。

●ENHYPEN（엔하이픈）'Blessed-Cursed' Official MV

●ENHYPEN（엔하이픈）'Blessed-Cursed' Dance Performance Video

今一つ、二〇二二年のMVアートを見てみよう。グループ名は韓国語風に発音すると、「エナイプン」、日本語式なら「エンハイプン」ほど。「エナプ」とも。七名の男性。

感染症の時代を反映してか、あちこちでのロケなどはなしで、ほとんどがわずかな舞台装置、カメラとカメラワーク、ライティングだけで七人を描いている。ここで特徴的なのは超広角レンズと魚眼レンズの使用である。このタイプの造りはもう数え切れないほどあるので、ともすると、アーティストたちの魅力だけに寄りかかり、凡庸なＭＶとなって、多くの作品のうちに埋没してしまう。しかし本作は曲と、カメラと、色彩変化と、そして何よりも〈こゑ〉の展開が支えきっていて、身体性や、アーティストたちの魅力を生かすことに、ぎりぎりのところで成功している。

イントロのギターは二〇世紀に別れを告げる、前世紀のロック調の曲なのかと一瞬思わせておいて、冒頭から〈眼を覚ませ〉と。惰眠を貪っている自らの〈偽りの祝福〉を、強烈なダンスと共に撃つ。〈マリオネットの視覚の中で〉で低音から跳ね上がる〈こゑ〉には驚愕。ニキ(NI-KI)氏。何とニキ氏は日本語圏で育った人のようだ。他にもジェイ(JAY)氏などは英語圏から。〈俺を閉じ込める境界線〉。Ｋ－ＰＯＰを閉じ込める境界線も超えられるのだ。ジョンウォン(JUNGWON)氏やソヌ(SUNOO)氏のファルセットへの転換や、コーラスなど、〈こゑ〉の聞きどころは多い。キーはEmでずっとＥ(ミ)の音を中心に据えながら、全編、よくもこんな旋律を造ったなと思えるほどに、音の跳ね幅が容赦なく大きく、また、詩は韓国語と英語が高速で混在していて、おそらく歌唱も最高難度に属するだろう。コンサート映像を聴くと、さすがに難しそうだが。このＭＶにおいては、音を自在に操る、アーティストたちそれぞれのアジリティ(agility)＝機敏さが曲に見事に計算し尽くされ、抜群に活かされた造形となっており、ことばと音と光と、そして身体までもが融合し、カル群舞どころか、カルアートに達している。

この曲にはMV公開の五日後、二〇二二年一月一五日に〈Dance Practice〉という動画も公開されている。このダンスの俊敏性と力から身体性の魅力は充ち溢れる。とりわけダンスの点ではいかに力量のあるアーティストたちであるかが、また別の視角から解る。優れたMVと並ぶ、近年のＫ－ＰＯＰでも屈指のダンス映像だろう。別に〈Choreography ver〉という動画も翌一月一六日に公開されているが、不思議なことに、カメラが固定されているこの〈Dance Practice〉の方が群舞力が際立つ。ファッションと背景のせいか。と思ったら、一月一八日に〈Dance Performance Video〉という動画がさらにあって、ライティングと背景の効果か、これが一番好ましい。

小道具たち（props）も一緒に踊った

少女時代の〈LOVE&GIRLS〉のDance ver.（二〇一三年）などは、明るい色に満ち溢れた画面を、カラフルな衣装の一〇〇〇人の女性たちが、最初から最後までひたすら踊りまくる、これでもか、とばかりの、ほとんど問答無用といった作品であった。コレオグラフィーは、とりわけ腕を用いた小技の連続が、目を引く。

ダンスが構成主義的な緻密さをもってデザインされていくようになる中で、様々な小道具もダンスに取り入れられた。小道具たちは単なる装飾や視覚的なワンポイントなどではなく、どこまでも身体性を補強し、身体性を極大化する仕方で用いられていることが、様々なMVでも見て取れる。

同じく、二〇一三年、GIRL'S DAYの〈Expect（기대해）〉のMVやEXOの〈Christmas Day〉の舞台では肩からのサスペンダーが用いられている。

● [MV] SEVENTEEN（세븐틴）_ VERY NICE（아주 NICE）

サスペンダーと言えば、連想ゲームのようで何だが、これだ。二〇一六年、男性一三人のグループ、SEVENTEEN（세븐틴）、日本語では〈セブチ〉という可愛い名前で呼ばれているが、一九九五年から九九年生まれの、二〇歳台のアーティストである。米国や中国からのメンバーも。

このMVでは純情恋物語的なドラマ仕立ての中で、他の様々な小道具と共に、茜色と黒のサスペンダーが視覚的にもさりげなくダンスに生かされている。ちなみに、MVではよく解らないけれども、この曲のダンスはなかなか高度だ。このMVは、このところ、突っ張っている表情のMVばっかりでちょっと、という方にも、大いに推挙される。

ＭＶ中、表情が絶妙の女性は、モデル、イ・ハウン（이하은、1996-）氏。ドラマ『スパイ～愛を守るもの～』（二〇一五年）で主人公キム・ソヌ（JYJ のキム・ジェジュン氏が扮する）の妹役で輝いた人。

バトルから、祭りから、かくのごとく、青春の〈挫折〉だって、〈癒やし〉だって、Ｋ－ＰＯＰにはとにかく何でもある。

背景の隅々の小物まで、明るい色彩の配色で統一されたＭＶ、アーティストたちが歌っているごとく、아주（アジュ）（とっても）、NICE。こんなの初めて見た、胸の弾け方も純情可憐、最高だ。驚きの、世界一億回超えＭＶである。はっきり言って、こういうＭＶには、もう勝てない。

● B.A.P（비에이피）－POWER M/V

六人組、B.A.P（ビー・エー・ピー）の名は、Best（最高の）、Absolute（絶対的な）、Perfect（完全な）からと言う。

二〇一二年とは到底思えない、造り込みの密度と迫力と強靱なメッセージだ。周期的なビートの造り出す律動。それにも係わらず、旋律の美しさも組み込んでいる。今年の新作だと出されても、コレオグラフィーはさすがに時代を感じさせるけれども、これに比肩し得るＭＶは、

そう多くないだろう。

「不条理なる社会に憤怒せる六人の戦士B.A.P.（비에이피（ピエイピ））の激しい警告！」などと銘打った、アルバムのタイトル曲がこの〈Power〉である。イントロは〈Fight for Freedom〉（自由への闘い）。その歌詞には、〈皆がyesって言やぁ、俺たちはnoって言うね〉。このＭＶでは〈もうこれ以上はない、正義はない〉〈俺が来た、俺たちが来た〉〈俺たちはこの世で新しい風を起こして〉。近未来的な機械装置に、水や砂煙や炎をあしらう。

もの凄い気合いに、拡声器でのゼロ（제로）氏の高速ラップ。グラフィティに多用されたスプレー缶で、壁に絵を描いて、満足などしない。世界に振りまくのだ。スプレー缶までが踊っている。画面の色彩も主にアンバー系とマリンブルー系に仕分けられて、色彩による律動が構成されている。

突っ張り感溢れる、デビュー作〈Warrior〉はより知られている。ＭＶも造り込んでいる。これもゼロ氏のラップが素晴らしい。なお、B.A.Pは二〇一九年に活動を終えている。

小道具では椅子やカウチ、ソファーの類もしばしば用いられる。二〇一四年、若きＢＴＳの〈Just One Day〉（하루만（ハルマン））は、柔らかな旋律に、背景から衣装まで、ほぼ全編が鳥の子色や練り色の淡い色調でまとめられた、美しいＭＶである。夕方の日差しのような、斜めからの光

が生かされる。紅い薔薇一輪も効いている。

　身体性を補強する形での、こうした小道具の例としては、女性グループAOA（七人組から現在は三人組）の、サフランイエローの画面が印象的な〈흔들려《フンドゥルリョ》（Confused)〉（二〇一三年）のMVや、SEVENTEENの〈예쁘다《イェプダ》 - Pretty U〉（二〇一六年）の〈Dancecal 'LOVE ver.'〉におけるダンスでも効果的であった。後者はロングの、わずかに前後する、ほとんど固定カメラなので、群舞、全員の動線の美を視認できる。

● SISTAR(씨스타) - Give It To Me (HD Music Video)

二〇一三年。賑やかな背景装置の前のダンスで、椅子に加え、投げられる帽子、杖なども用いた、SISTAR(씨스타《シスタ》)の〈Give It To Me〉のMVは、曲、ダンス、そして抜群の歌唱が造り上げている。これだけの名作も、K-POPの世界では既に古典的な風貌を纏《まと》う。チーム名のSISTARは誤植ではない。Sister（姉妹）とStar（星）の合成語という。冒頭、ソユ（Soyou）氏とヒョリン（효린、Hyolyn）氏のハスキーヴォイスの存在感は圧巻。後半でダソム（다솜、Dasom）氏の歌とボラ（보라、Bora）氏のラップが聴ける。二〇一七年に解散。なお、ヒョリン氏はソロ歌手として相変わらずの〈こゑ〉を聴かせてく

れているし、またダンスもさらに凄くなっている。ダソム氏は俳優として映画やドラマで活躍している。

伝統的な舞台と小道具

●ONEUS（원어스）「월하미인（月下美人：LUNA）」MV
●ONEUS（원어스）「가자（LIT）」MV

舞いと小道具なら、これらを落とせない。前者は二〇二一年。

ONEUS（원어스、ワナス）は六人組男性グループ。二〇一九年デビュー。現代と時代劇風の背景装置を混在させ、扇や布などもダンスに取り入れ、身体性を支えている。なお、群舞をシルエットにするのは、惜しい。個々のアーティストたちの存在感が集団の図形と化してしまうからだ。

ONEUSの伝統路線の結晶が後者。二〇一九年。背景装置や、小道具類の造り込みが凄い。単色と細やかな多色を往復する、変化に富むファッションは、深みのある重厚さで刺激してくれる。衣装を白で統一していながら、さりげなくそれぞれの質感を変え、あるいは一人だけ薄

いグレーを纏うなど、ともかくこのMVは細やかな配慮に溢れ、ダンスを活かしている。〈風楽を奏でよ、笛を吹け〉と始まる。曲も良い。歌詞にも韓国語の間投詞など、伝統的な味をたくさんまぶしてあって、興味は尽きない。題名のハングルの方は「行こう」の意。

伝統路線と書いたけれども、単に昔のものを引っ張り出して並べているわけではない。この点が真にKアートたり得るか否かの、試金石となる。この伝統的な美学は、全て二一世紀のコレアネスクと言うべき高みにメタモルフォーゼされ、現代の美学で仕上げ、綿密に配してある。舞台背景装置、衣装、絵画などはもちろん、小道具、画面の隅々までが、眼に耳に心地よい。

コレアネスクについては四―三で詳述（↓二六二頁）。

ONEUS の〈A Song Written Easily〉（二〇二〇年）ではこれらとは全く異なった曲と映像の美しさを見せてくれる。

なお、伝統との係わりといった観点からは、二〇一八年、MMA（Melon Music Awards）における、BTS〈IDOL〉の舞台は注目される（舞台ではなく、MVは↓二四〇頁）。国楽の要素を大々的に取り入れ、ファッションもまた、新たな時代の〈伝統〉を見せてくれた、エポック・メイキングなステージとなった。

伝統的な要素を衣装に取り入れる試みは、もっともっとなされていい。チョゴリ（上衣）を着ると、BLACKPINK の真似だなどと言われるほどに、BLACKPINK の〈How You Like

That〉（二〇二〇年）（→二〇四頁）の伝統服＝韓服を生かしたファッションは鮮烈であった。しかしながら伝統服は誰が着てもいいはずだ。今日の〈生活韓服〉と呼ばれる衣装などに非常に魅力的な作品が存在することを見ても解るように、デザインの観点からは非常に豊かな可能性を秘めている。K‐POPでは是非とも大らかな眼で見ようではないか。あれほど誰もが着た、ヒップホップのファッションを真似と言わずに、チマ・チョゴリだけを真似だと言うのでは、あまりに小さい。要は個々の着衣のデザインとその着こなしなのだ。

伝統を言うなら、さらに二〇二一年には、Stray Kids の〈소리꾼（Thunderous）〉という傑作が現れる（→二七四頁）。

●★ KAI 카이 'Peaches' MV

二〇二一年。EXO のカイ氏とダンサーたちが伝統的な味わいの溢れる衣装で踊る。まさに桃のごとくに優しい旋律に溶け合って、〈こゑ〉と身体と衣装が舞う。色彩も柔らかに抑制してあり、全編が心地よく統制されている。衣装は単に伝統服を持ち出しているだけでないことに注目したい。どこまでも現代の感性で変容を施している。伝統服のこれからの可能性を十二分に見せてくれる佳品。

進化するMVアート

● [MV] 이달의 소녀 (LOONA) "PTT (Paint The Town)"

● [MV] 이달의 소녀 (LOONA) "Flip That"

前者は二〇二一年。グループ名〈LOONA〉は〈今月の少女〉とも。一二人の女性のグループ。MVはダンスに物語風の象徴的な作劇を混ぜる。力のこもった曲。〈こゑ〉の魅力にも充ちている。ラップへの転換がいい。ただ、もっと聴きたい。色彩も面白い。秘教的な象徴性を配置する造り。宗教反乱のようでありながら、末尾がややミリタリズム的に流れそうになる。

後者は二〇二二年。これもLOONAだが、全く異なった色彩である。植物に飾られる列車の車内や森の中の空間など、花の饗宴だ。MVでアーティストたちの印象がこれだけ変わる。映像の大部分は明度の高い色で統御してあって、歌と共に透明感が溢れる。

● fromis_9 (프로미스나인) 'Stay This Way' Official MV

二〇二二年。fromis-9(プロミスナイン)。九人の女性。一見すると、海辺の芝生や砂浜で歌い、

踊っているだけなのだが、実はなかなか凝っていて、映像の色彩の統御は高度で、しばしば驚くほど印象深い配色に出会う。〈こゑ〉の変化、曲の変化が現れる部分が、印象的だ。涼しげな夏。

●STAYC（스테이씨）'RUN2U' MV
●STAYC（스테이씨）'RUN2U' MV Performance Ver.
●STAYC（스테이씨）'RUN2U' Dance Practice

二〇二二年。STAYC（ステイシー）。六人の女性。ジェイ（J）氏のラップで、低音から〈dodo〉と、すっと抜くあたりは、ああ、ラップでもこんなことができるのかと、心を騒がせる小さな驚き。シウン（SIEUN）氏を始め、メンバーたちの声門閉鎖（↓一五四頁）があちらこちらで生かされて、〈こゑ〉の変容の面白さが聴ける。メインのＭＶの映像も良いが、〈Performance Ver.〉を見ると、色彩のコーディネイトと〈こゑ〉の絡みがこれも一見、既視感に充ちているようでいて、高明度でありながら、彩度は抑えており、衣装の配色と、コラージュ性の強いデザインは意表を突いていて、実は意外に新しい。白い背景に舞う、〈Dance Practice〉に見えるコレオグラフィーも綺麗だ。適度な速度感とビートが心地よい。

ことばとイマージュと身体、鮮烈なる世界像たちの最前衛

●★ EVERGLOW（에버글로우）– FIRST MV

●★ [스폿라이트] [4K] EVERGLOW（에버글로우）– FIRST ｜ Stone PERFORMANCE

二〇二一年のMV、後者はそのダンス映像。ローマ字のグループ名も造語。「エバーグロー」なのだが、カナなら、「エバグロ」の検索でも充分に利く。六人の女性のグループ。熱量と力、密度、速度感が圧倒的だ。〈この世のどこにも光はないという嘘に／騙されるな、私たち共に／見たこともない夢を見るんだよ／遮る壁を壊して、私は線を越える〉〈希望という鍵を摑(つか)み〉、〈見せてあげるから、見たこともない First〉。歌詞は力が漲る。

MV、マスクの色と造りが一瞬ミリタリズムを想起させ、この出だしの数秒だけは好みではないけれど、北斗七星からの落雷が到達する、夜の埠頭らしき場面に、アナーキーな出で立ちのアーティストたちが、音楽と共に立ち現れる。よし。

埠頭においては二〇世紀のヒップホップ的な現場感を凝縮しながら、イユ（이유、Σ:U）氏の手招きに出会う。このMVでは常に隅々まで〈手〉が生きている。その伏線でもある。眼の光と髪の色もライティングに映える。息もつかせぬうちに、ダンスの身体性とCGの組み合わ

せ、歌とラップで速度感をもって、場面は次々に展開し、さらにはドラマチックに宇宙空間へと飛翔する。こうした予測不可能な場面展開こそ、K－POPの真骨頂だ。宇宙のイマージュはあたかもK－POP宇宙を象徴するかのごとくである。

映像では煙や光などの人工的な加工体が、指先にまでぴりりと貫徹した身体の動線に、巧妙に溶け込ませてある。こうしたCGの細工が全く違和感を抱かせないあたりは、秀逸。

カメラがチュムっていることは、言うまでもない。凡庸になりやすい、鮮やかなオレンジ色に身を包んだ、海岸でのダンスさえ、カメラは恐れなく動き回って、未来派的に悠々と止揚する。渾身のカメラワークだ。

アーティストたちの〈こゑ〉は高速なダンスの身体性にぐいぐいと絡みついて、存在感は重厚である。とりわけアシャ（아샤、AISHA）氏やミア（미아、MIA）氏やイユ氏、イロン（이런、YIREN）氏の中低音の〈こゑ〉の量感が、シヒョン（시현、SIHYΣON）氏やオンダ（온다、ONDA）氏らの鮮烈な高音への転換を支えきっている。

アーティストたちの髪の色や質感の変化、衣装の色彩やテクスチュアの変化、視覚的な美学は緊張感に溢れ、弛緩せず、身体性はほとんど極限まで生かされる。〈こゑ〉のユニゾンや和音が造る聴覚的な厚みは、圧巻。曲も編曲も編集も良し。EVERGLOWの絶品。なお、アーティスト名の欧文表記には、表記が可能な動画などでは、ラテン文字にギリシャ文字を混ぜている。

●★ EVERGLOW（에버글로우）– LA DI DA MV

● EVERGLOW（에버글로우）– Promise(for UNICEF promise campaign) MV

前者は二〇二〇年。映像は白黒とカラーとの組み合わせが生きている。曲は変化に富んでいて、イユ氏のラップ、アシャ氏の低音、シヒョン氏の高く歌い上げる〈こゑ〉、ミア氏の濡れた〈こゑ〉など、アーティストたちそれぞれの〈こゑ〉のしっとりとした存在感の変容が味わえる。〈こゑ〉の対比、変容は〈Pirate〉（二〇二一年）でも際立っている。

後者は二〇二一年。EVERGLOW の他のMVとは印象が異なる。少女の映像以外は、ほとんどが草原でのダンス。ちょっとした衣装の変化とライティングとカメラワークだけで見せている技量に注目したい。アーティストたちに加え、このクリエイターたちの力量も特記すべきだ。

〈こゑ〉と身体性の極北——aespa の存在感

●★★ aespa 에스파 'Savage' Camerawork Guide for Creator

●★ aespa 에스파 'Savage' MV

aespa（에스파、エスパ、æspa）は、カリナ（카리나、KARINA）氏、ウィンター（윈터、WINTER）氏、日本からのジゼル（지젤、GISELLE）氏、そして中国からのニンニン（닝닝、NINGNING）氏の四人の女性グループ。皆、二〇〇〇年から二〇〇二年までの生まれである。二〇二〇年に登場した。

〈Savage〉のＭＶが後者。いずれも二〇二一年。前者の作品はカメラワーク・ガイドなどと名づけられている。クリエイターたちは自信もあったのだろう。それだけの自信に値する、素晴らしい出来である。

カメラは正面から固定されるのではなく、自在に動き回る。思い切り、アーティストたちに寄りもするし、引きもして、ローアングルも、ハイアングルも駆使する。心臓の鼓動まで伝わってくるかのようだ。青や紫の背景を基調にしたライティングも素朴だが深い。

ＭＶでは充分に見えなかった、コレオグラフィーも充分に堪能できる。ダンスに合わせて、カメラは手先にも寄り、引きながら四人を追う。指先から髪の流れまでが余すところなく、映像に生かされている。組まれた指の間からウィンター氏が現れる。驚くべき技法の集積だ。Ｋ－ＰＯＰ史上に密かに輝く、〈チュムるカメラ〉＝〈踊るカメラ〉のほとんど極限の姿である。〈こゑ〉が互いに際立っていて、歌の展開は次々に新鮮な驚きに満ちる。ウィンター氏の立ち上がる中低音、ニンニン氏のそれ、圧巻である。ジゼル氏のラップも、カリナ氏のヴォーカルも素晴らしい。ビートと速度感の変化のうちに四人それぞれの〈こゑ〉が、何一つ失われることなく、生かされきっている。数多くのMVがアーティストたちの良さを潰してしまっている中で、このaespaの四人のアーティストたちは幸せだ。

さらに注目すべきは、四人が鮮明に際立つよう、設えられた、それぞれのヘアメイクと衣装である。比べてみるがよい。ヘアだけでも、ファッションだけでも区別されていて、なおかつ四人全体の統一性まで失わない。四人が組んでも、離れても、身体も衣装もその美学を失わない。一人一人の衣装が凡庸ではなく、それぞれが際立つ色と形とテクスチュアの違いで造られている。それにしても、全てのMVがこのようであったら。最後の最後までパフォーマンスを四人だけで完遂しているのは、四人それぞれの存在感が圧倒的だからだ。そう、今ここでは、この四人以外に誰も要らない。

私たちはあれこれイメージを詰め込まれたMVに慣れきっている。しかしながら、aespaのこの〈Savage〉の動画を前に、そうした凡百のMVは吹き飛んでしまう。カル群舞でさえ、必ずしも大勢が必須ではないことが、この一本の動画で鮮明に解る。

aespaを始めて見る人も、この動画に一度目を遣ったら、きっと最後まで見て、今一度見たくなるだろう。MVの動画の方も相当な水準なのだけれど、この動画は〈こゑ〉とダンスとカメラによってMVをはるかに超えた。存在感が溢れまくっている。K－POPの至宝である。

デジタル幻想は不要である

なお、aespaのMVには「アバター」と称するCGの人物が登場するのだが、そんなものは全く要らない。〈これがaespaのコンセプトなのだから〉という考えはもちろんあっていい。首肯はできる。しかしながら、コンセプトが身体と共に十全に造形されてこその、MVである。また「コンセプト」と称して提起される「アバター」は要するにファンとの一種〈遊び〉の愉しみとして打ち出されているものだ。その昔の、EXOのメンバーがそれぞれ「超能力」を有しているという設定のようなものである。愉しんでほしいと提示されているだけのものであって、誰もリアルに信じているわけではない。EXOが好きなのであって、「超能力」が好きなわけではない。aespaの魅力は、間違いなく、そうした愉しみなど不要で、アーティストたちの力量と存在感にある。そのことをこの動画がはっきりと教えてくれている。繰り返すが、デジタル幻想、仮想現実は、三・一一で既に崩壊した。ヴァーチャルもメタバースも、aespaの前では、ちょっとした愉しみに過ぎない。そこにのめり込むことは、一種の幻想である。そんなことはもう皆知っているのだ。それを「コンセプト」の名であまりに全面に掲げ過ぎると、最も大切な存在＝アーティストたち自身が見えなくなる。圧倒的な〈身体性〉がもたらす存在感の前では、つまらない幻想は不要である。aespaのこの〈Savage〉は、K－POPが進むべき道を、最も解り易い姿で、照らしてくれている。

●★ aespa 에스파 'Next Level' The Performance Stage #2

もう一本 aespa を挙げておこう。二〇二一年、〈Next Level〉の非ＭＶ版。この四人がどれだけ凄いアーティストであるかが、ここでも解る。

始まってすぐ、0:22 あたり、カリナ氏に寄ったカメラはそのままほとんど接写と言ってよいほどに、カリナ氏の右の靴先にまで寄り、何と、カメラをそのまま顔へと擦り挙げる。この視角の急激な変化にまず度肝を抜かれる。これには、3:15 あたりでウィンター氏が蹴り上げる足底に寄るシーンが呼応を見せていて、いよいよ憎い。ＭＶでも同様になされているのだが、周囲の造形に目が奪われて、こうした点に注目しきれないわけである。

それにしてもニンニン氏の〈こゑ〉は絶品である。1:47 からを聴こう。そしてそれに続く、ウィンター氏の〈こゑ〉も。このニンニン氏の〈こゑ〉は、ちょっとやそっとの力量では後ろをとれない。歌唱の力量差と存在感の差が鮮明に出てしまうからだ。とれるのは、このウィンター氏しかいない、そのことをウィンター氏の歌がまた見事に証明している。この編制が、私たちにこうした体験の記憶を刻印するのだ。カリナ氏と、ジゼル氏が受け渡し合う、ラップの造形も素晴らしい。

ちなみに、四人の視線は基本的に常にカメラを見ている。つまりずっと私たちを見てい

る。それがほとんど唯一離れるのが、1:11あたりの「ラララ……」というコーラスだけである。同時に、ここのみが小さなパーカッションだけの伴奏となる。四人の「ラララ……」の旋律がすとんと古風に落ちてしまうあたりに、現代的な高速の変化を聴かせる旋律に慣れている私たちは、逆に意表を突かれる。こんな風に何から何まで、クリエーターたちの力量も余裕も滲み出る。「どうだ、これは」とにんまり微笑んでいる姿が、見えようというものではないか。

聴覚のこの「ラララ……」に驚き終わらないうちに、四人を見せてくれていたカメラが、いきなりジゼル氏のバスト・ショットへと転換し、今度は視覚で驚かせてくれる。この編集もうまい。

1:27ほどで四人が離れて舞う蝶のように、柔らかに振る腕（かいな）の、この〈身体性〉が見せる美学、これは注目したい。人はこういうものを〈美しい〉と名づけるのだ。2:37あたりで今度はカリナ氏を中心に四人の腕が組み合う振り付けが、差し込まれる。離れる際の腕の描く軌道が、また絶妙と言うべきか。

コレオグラフィーに見える、四人のフォーメーションの移動にも目を離せない。私たちを飽きさせないし、私たちに簡単に先を読ませない。この姿勢、K－POPの模範と言うべきである。

この動画でももちろん、四人のヘアもファッションも、互いが互いを際立てるありように造形されていて、一切の妥協がないことが解る。

ここには非MV版を挙げたけれども、MVの方も、CGやVFX（visual effects, ビジュアル・イフェクツ）を多用した、未来派的な造形が凝縮されており、とても愉しめる。同時期の多くのMVよりはるかに高水準の完成度である。

ただ、ここでもアバターなどは要らない。なお、アバター自体の技術的、映像作品としての完成度は、なかなかに素晴らしい。おそらくもっと異なった仕方で、アバターを造ったこのクリエイターたちの力量を生かすことができよう。と、ここまで書いていたら、何と、aespa クリエイターチームは、ちゃんとその路線を形にしてくれた。

アニメーション＋実写＝〈アニリアル〉〈애니리얼〉動画の曠野（クァンヤ）へ

●aespa 에스파 'ep2. Next Level' – SM Culture Universe

二〇二二年。全編がウェブトゥーン式の漫画、アニメーション、CG、実写などで造られた、動画作品。曲〈Next Level〉が中心に置かれているわけではない、独立した短編実写アニメーション。aespa の四人が主人公の設定。Kアートでもおそらく稀有な試みである。絵造りの水準は高い。しばしばはっとするような画面に出会う。MVではないけれど、こうした世界像もあってよい。もちろんこれまでもアニメーションが利用されることは、たくさんあった。けれ

どもそれらはどこまでも実写に従属しているという姿がありありと見えていた。

この作品は、ある意味では、K－POPから進化したKアートの世界に、〈アニメーション＋実写短編映画〉、ここで名づけておくなら、애니메이션（エニメイション）(animation)＋리얼（リオル）(real)、つまり〈애니리얼（エニリオル）〉〈アニリアル〉とでも呼ぶべき分野を、開拓しつつあるようなものだ。〈アニライブ〉よりは感じが出る名づけだろう。そう、「アバター」などでMVの邪魔をさせず、こういう造形の仕方をせねばならない。aespaはKアートのワンダー・ウーマンとして、やがて子供たちにまで浸透するかもしれない。前進していい。動画ではこう語っているではないか——〈振り返るな〉。

aespaの力量は次々に驚かせてくれる。英語ヴァージョンしかないが、二〇二二年の〈Life's Too Short〉には注目したい。音響編集の技も含め、〈こゑ〉の絶妙の魅力が聴ける。歌詞も考えようによっては、泣ける。手の指示でカメラを振らせるのも、完全に一般化した。

物語への造形——夢を捉（とら）えよ

物語的な造りを追求するMVも、もちろん進化している。物語の造形とその〈こゑ〉で特筆すべきグループ、Dreamcatcher（ドリームキャッチャー）の一連の作品群だ。グループは現在七人の女性で構成されている。ここでも歌詞と同様、象徴性の高い造りをとっている：

●Dreamcatcher（드림캐쳐）'데자부 (Deja Vu)' MV

●Dreamcatcher（드림캐쳐）'BEcause' MV

前者は二〇一九年。美しいバラード風の導入から。象徴詩と、象徴性の高い、物語的な造りの映像。清冽なダンスも配している。互いに異なった〈こゑ〉が次々に立ち現れるのが、Dreamcatcher の味わいどころだ。傑作。なお〈デジャヴ〉というタイトルの曲は佳品が多い。男声の ATEEZ 二〇二一年の傑作などとも比べてみよう（↓一七五頁）。

後者は二〇二一年。アップテンポの中に〈こゑ〉の変容がぎっしり詰まっていて、予定調和を排した展開である。例えば、スア（SUA）氏の直截に響いて来る〈Ocean View〉と歌う〈こゑ〉、ジユ（JIU）氏が〈BE. cause〉と空白を入れてはき出す〈こゑ〉、シヨン（SIYEON）氏、ハンドン（HANDONG）氏、ユヒョン（YOOHYEON）氏のファルセット、ダミ（DAMI）氏の低音のラップ。飽きない。色彩も深みがあり、映像は美しい。後に同曲の言語について触れる。

●★ (ENG) Dreamcatcher（드림캐쳐）'MAISON' MV

二〇二二年。近未来的な映像。環境破壊を素材にしている。力に満ちる。MVの色彩、映像

の美学には、しばしば息を呑む。

シヨン氏の高音と中低音、ガヒョン（GAHYEON）氏とハンドン氏の中低音、そして全く異なったジユ氏の〈こゑ〉、ここでもダミ氏の低音のラップは出色。

なお、バンドとのスタジオでの歌唱、演奏を聴かせてくれる〈it's Live〉といった YouTube チャンネルで、生歌を聴いても、七人の歌唱の力量と、〈こゑ〉の存在感がよく解る。

MVではないが、二〇二〇年、Dreamcatcher のファースト・アルバム〈Dystopia〉収録の曲も聴いてみたい。〈Red Sun〉など音の跳ねかたが尋常ではなく、力量がいよいよ解る。多様な〈こゑ〉で組み上げられる造形が、Dreamcatcher の醍醐味である。

中でも〈Jazz Bar〉は隠れた珠玉の名品。ジャズ風味の曲がＫ－ＰＯＰには非常に少ない中で、貴重だ。冒頭でシヨン氏がちょっとしたアドリブをやっている動画などもある。４ビートのスウィングのベースランニングに乗せて、アドリブを六四小節くらい、がんがん聴かせてほしい。力量に満ちた人たちなので、間違いなく、きっと凄いものに出会える。なお、ステージやラジオ録音映像などで、メンバーたちがじゃれ合うアンティクスも、楽しそうだ。抑えた〈こゑ〉で奏でられる、こうした曲も大いにあってよい。メンバーたちが曲作りに参加している：

●★ Jazz Bar (Jazz Bar)・Dreamcatcher

第三講　K-POPのことば——랩（レプ）とラップの間

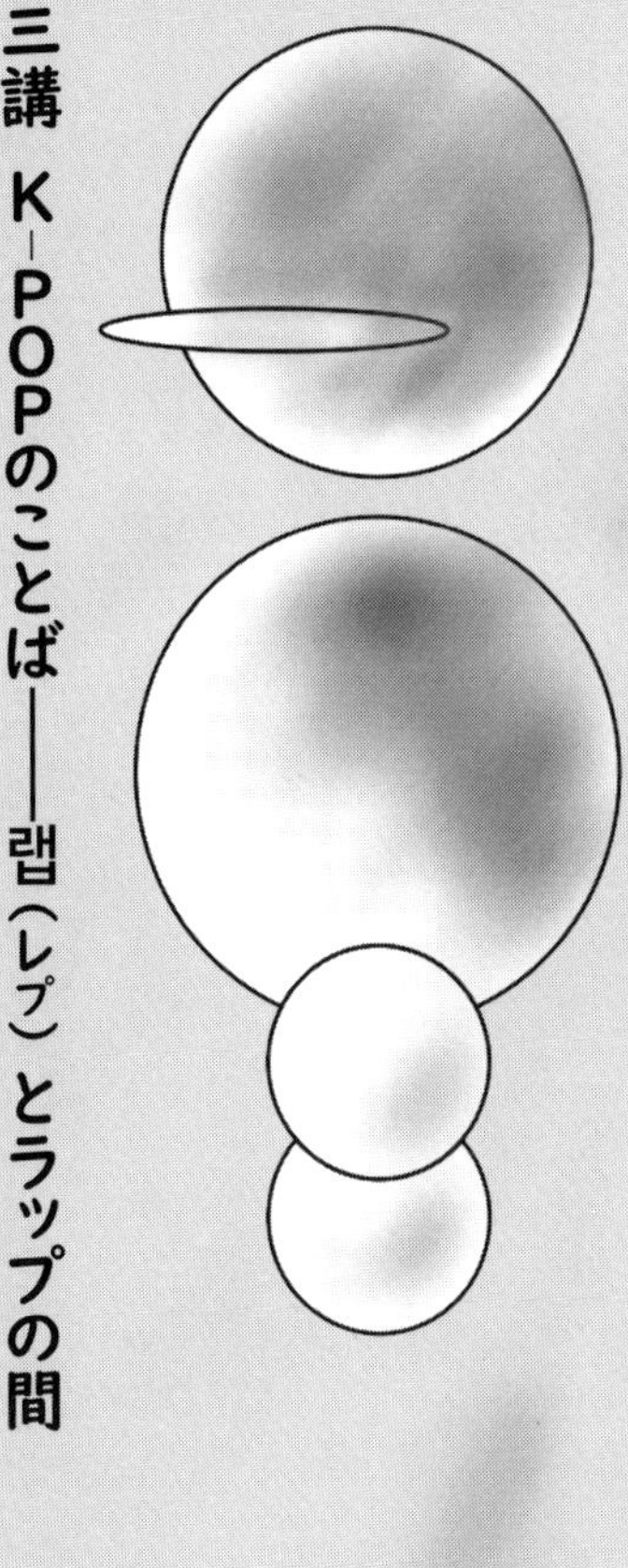

韓国語という言語そのものに着目するなら、
音韻論的には、音節の構造の特徴が、
また音声学的には、
七種の音節末子音が全て閉じるだけで、開かないという特徴が、
さらにまた声門閉鎖と喉頭の緊張による〈見えない音符〉の駆使が、
K-POPの歌には際立っている。
語彙論的にはオノマトペと間投詞の造語、多用が顕著である。
チームをなしつつ、〈こゑ〉がいかに際立つかが、存在感の核をなす。

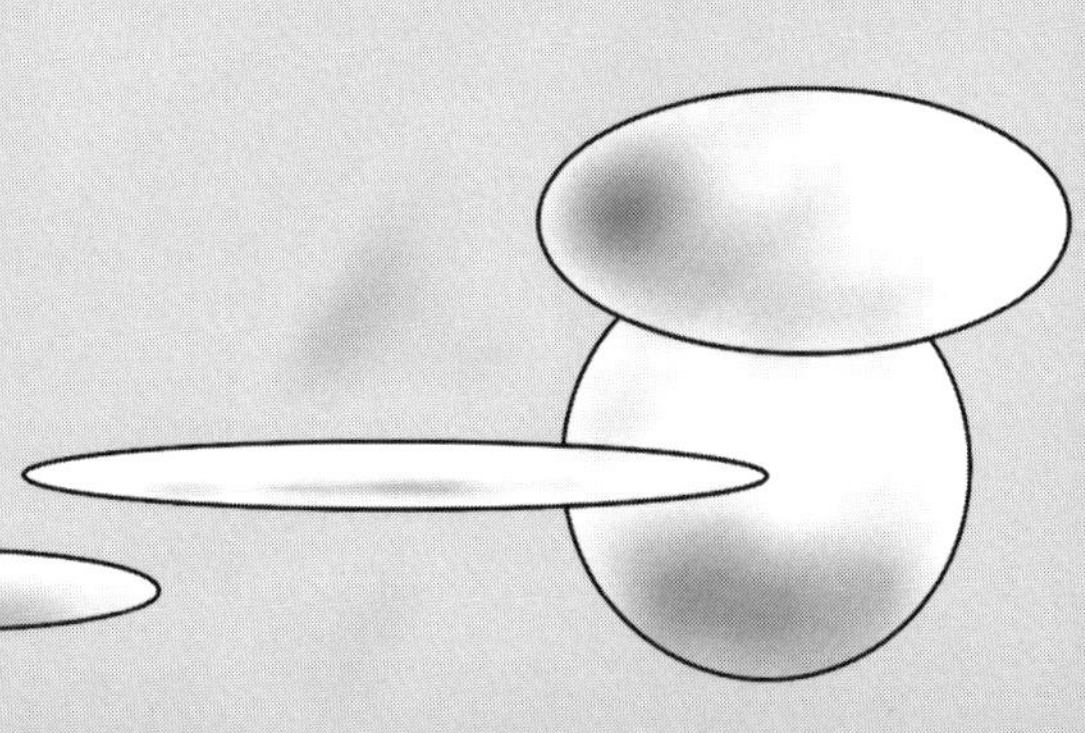

3－1 なぜ韓国語のラップは刺さるのか

ラップとは英語のことであった

〈なぜ韓国語のラップは刺さるのか〉、この問いはおそらく韓国語のラップに触れた、地球上の多くの人々が抱く問いであろう。まず、ひとつだけ、聴いてみよう：

●★ 오프닝 퍼포먼스（Opening Performance）―（여자）아이들 컴백전쟁：퀸덤 0화

二〇一九年。M-netが公開している、〈クイーンダム〉という番組のオープニング、六人（のち五人）の女性グループ〈(G)I-DLE〉（ジー・アイドゥル）のソヨン（SOYEON）氏のラップから始まる。

さて、人々はもう既にラップの本拠地である英語圏で、ラップは十二分に味わっている。ラップとはヒップ・ホップそのものであり、アメリカであり、エミネム（Eminem, 1972–）であり、それは何よりも英語である。もちろん他の言語圏でも試みられている。でもそれらは英語圏のラップから見たら、好意的な印象を抱く人たちでさえ、〈まあ頑張っているな〉ほど

だというのが、正直なところであろう。それほどまでにラップの神髄とは、英語そのもののことであった。

韓国語圏の音楽革命とラップの出現

韓国語圏にラップが出現したのは、前述のごとく（→九三頁）、一九九〇年代初頭の、ソテジワアイドゥル、デュースたちの革命によってであった。韓国語では不可能とも言われたラップが、韓国語圏には瞬く間のうち、燎原の火のごとくに広がった。

おそらく音楽の一つのスタイルがかくのごとく急速に、そして広汎に、さらにその言語の最も深いところまで浸透した例は、地球上でも稀有な出来事であったろう。日本語圏でのありようを見れば、すぐに解るとおり、ビートルズも、ジャズも、音楽のスタイルとしては驚異的な浸透を見せたけれども、日本語圏においてもそれなりの時間をかけて、ゆっくりと進行したのであったし、英語という言語そのものの深部に到達し得ていたとは、到底言えないだろう。グループ・サウンズも、ジャズ・ヴォーカルも、日本語で歌われはしても、日本語そのものの最も深いところまで、英語の言語そのものの何らかの要素が染み渡ったとも言えそうにない。なぜ韓国語はラップなのか？　韓国語圏におけるこうした不思議な事態に肉迫するには、どうしても韓国語という言語の性質を見据えねばならない。

地球上には数千の言語が存在する、でも言語ごとの境界は朧(おぼろ)だ

　世界には数千の言語が存在するという。七〇〇〇という数字などが挙げられている。米国に基礎を置く、キリスト教系の国際的な非営利組織であるエスノローグでは世界の言語の統計を公開しており、今日では広く言及されている。二〇二二年、第二五版では、七一五一言語という数値を挙げている。世界最大の言語学辞典である、亀井孝・河野六郎・千野栄一編著(1988-1996)『言語学大辞典 第一巻~第六巻』(三省堂)では約八〇〇〇以上の言語に言及し、前書きでは三五〇〇の言語を扱ったと述べている。いずれにせよ、数百と言った数字ではなく、数千という単位である。

　ただし、ここからここまでがこの言語、というふうに、言語を厳格に境界づけ得る根拠は、少なくとも言語内部には存在しない。言語と方言を区別立てることは、言語の性質そのものからは、実は不可能だからである。日本語や英語、韓国のように、「〇〇語」と呼ぶ習慣は、言語自体の性質よりも、地政学的な条件、政治や経済や、歴史や力関係といった、主として言語外の諸条件によって規定されている。言語の数が不分明なのは、調査されきっていない未知の言語が多い一方で、何よりもこうした理由による。

《注》琉球語を見れば、そのことは鮮明に知れる。一四二九年から一八七九年、四五〇年間に及ぶ琉球国は、薩摩藩の侵略と、それを承けた日本の侵略の上塗りによって、日本の統治下に組み入れられ、様々な事態を経ながら、何とそのまま今日に至っている。王国が存在すれば、言語はまず間違いなく、琉球語と呼ばれただろう。今日では日本語の沖縄方言という名称が広く用いられている。なお、言語の性質そのものから見たとき、言語学では、琉球語と日本語は同系の言語と見なされている。要するに親戚関係にある言語という位置づけである。日本語と韓国語は同系ではなく、系統不明とされる。

方言と言ったけれども、方言間の区別もまた鮮明なものとは限らない。「東京山の手方言」「東京下町方言」とするか、あるいは「東京方言」「川崎方言」「横浜方言」とするか、はたまた「京浜方言」とまとめてしまうかなど、ほとんど自由自在である。二〇年も経てば、分布も大きく動く。アクセントか、母音の性質か、語彙の偏差か、一体どこに着目して分類するかによっても、いくらでも変容し得る。微視的に見ると、家族の間でさえ、しばしば言語は異なりを見せる。

要するに言語とは、個にその存在の根拠を置くものだからである。その一つの証左に、ある言語が消滅する時とは、最後の個が地球上から失われる時である。言語とは、究極的には、私のものであり、あなたのものなのだ。

韓国語＝朝鮮語が日本語に最も近しい言語だ

かくのごとく、地球上に数千あるとされる言語のうち、日本語と最も近しい言語は、琉球語を除けば、何と言っても韓国語＝朝鮮語だというのが、大方の言語学者の観察である。

日本語では、今、〈韓国語＝朝鮮語〉と書いた。これを見ても解るように、日本語におけるこの二つの名称は基本的には同一の言語を指す。韓国は韓国語で、朝鮮民主主義人民共和国は朝鮮語というわけではないことに注意したい。

ただし、それぞれの〈韓国語＝朝鮮語〉におけるそれぞれの国家の言語名の自称は、韓国は「한국어（ハングゴ）」で、日本語の字体の漢字で書くと「韓国語」、共和国は「조선어（チョソノ）」で「朝鮮語」となる。それぞれの呼称が異なるのは、もちろん国家体制の違いによる。

本書ではこの言語を〈韓国語〉と呼んでいるけれども、その内実は、〈韓国語＝朝鮮語〉というわけである。そうは言うものの、南北の標準語は、もともと基礎となる方言が異なる上、社会体制の違いなどもあって、今日、いささか違いが見られるようになった。しかし例えば、ソウルと平壌の言語の違いは、ソウルと釜山の言語の違いよりは、はるかに小さいほどである。

韓国語＝朝鮮語と日本語は、構造は似ていて、音は似ていない

韓国語と日本語を対照して観察すると、この二つの言語それぞれの特質が鮮明に浮かび上がって来る。その性質をごく大雑把にまとめると、次のように言える：

韓国語と日本語は語彙の仕組みや文法的な仕組みは非常によく似ている
言語音は随分異なっている

《注》似ているとか違うといった尺度は、さらに他のどの言語を引き合いに出すかによっても、大きく変容するし、そもそも曖昧なタームだ。ここでは概念的な把握に止めておかれたい。

「昨日、新大久保で一緒にお昼を食べていた友達は、昔、私がソウルの学校で一緒に学んだ人だった」などという文も、頭から順に韓国語に置き換えれば、概ね、通じる韓国語ができあがる。「食べ＋て＋いた＋友達＋は」（먹(モク)＋고(コ)＋있던(イットン)＋친구(チング)＋는(ヌン)）などという、細かな内部まで、仕組み＝構造はほとんど同じである。英語や中国語ではこうはいかない。もちろん、いつでもこううまく行くわけではない。ネット上の機械翻訳でもしばしばとんちんかんな訳がたくさん現れるほどだから。それにしても、日本語と文法的な構造はそっくりだ。しかし、発音は随分違う。語彙や文法の構造を支える音それ自体が、何かと異なるのである。

右のまとめをさらに次のように換言することができる：

韓国語と日本語は、構造は似ているけれども、構造を担う音は、似ていない

だからもし韓国語を学びたければ、どうしなければならない？　最初の発音を——それはたいてい、文字＝ハングルと共に教えられる――丁寧に、一所懸命にやるのがよい。

では韓国語の音は、日本語とどう違うのだろうか。それがいったいラップや歌とどう係わってくるのだろうか。なお、こうした議論を歩むには、常に、言語音＝音の次元と、文字＝光の次元は、常に区別しておかねばならない。

● G-DRAGON - ONE OF A KIND M/V

二〇一二年。これは古典的な作品。BIGBANG のジードラゴンのラップで、韓国語の音の感じを味わっておこう。目まぐるしく変わる衣装、0:41 あたりからのさりげない高速ラップも。

音節言語＝韓国語と、モーラ（拍）言語＝日本語

言語をゆっくり切って発音すると、おおよそ〈音節〉という音の単位にたどり着く。例えば日本語の「やったんだ」は、「やっ・たん・だ」のように、三つの音節からなると考えることができる。

他方、日本語では「やったんだ」を「や・っ・た・ん・だ」と五つのリズムに区切ることもできる。こうした数え方を〈拍〉（mora, モーラ）という。俳句や短歌の数え方は、〈音節〉

よりも、概ねこの〈拍〉に基づいていることが多い。このように音節よりも、拍という単位が話者にとって重要な役割を果たす言語を、〈モーラ言語〉と呼ぶ。なお、同じく「拍」でも、音楽で言う〈ビート〉とは異なることに注意。

韓国語は日本語のようなモーラ言語ではなく、音節に基礎を置く、〈音節言語〉だと言える：

音節言語＝韓国語、モーラ言語＝日本語という違いが、ラップや歌に大きな違いをもたらす

音節の内部構造を調べると、さらに面白い。「やったんだ」を、/yat tan da/のごとく表記しておくと、三つの音節は、それぞれ、「子音＋母音＋子音」「子音＋母音＋子音」「子音＋母音」という構造になっている。子音と母音とにこんなふうに着目すると、日本語の音節の多くは「子音＋母音」という構造になっていて、「小さいツ」で表記される促音「ッ」や、「ン」で表記される発音「ン」は、少数だということが、解る。さらに決定的なことに、子音終わりの音節はこの二種類しかない。

ちなみに上の「音節言語＝韓国語……もたらす」の一行の文は四〇音節からなると見ることができるが、うち、「ッ」で終わる音節は一カ所、「ン」終わりの音節は五カ所である。日本語

は四〇音節のうち、計、六カ所が子音終わりだけれども、その性質は、それらが一つの拍を形成するため、日本語母語話者からはその六カ所は子音終わりと言うよりは、子音だけで音節に近い拍という単位を形成していることの方が、はるかに強く認知されやすい。

韓国語はどうだろう。どこまでもごく一例に過ぎないけれども、同じ文を韓国語に訳してみて、検討しよう：

音節言語＝韓国語、モーラ言語＝日本語という違いが、ラップや歌に大きな違いをもたらす

음절언어＝한국어 모라언어＝일본어라는 차이가 랩이나 노래에 큰 차이를 가져다 준다

韓国語をハングルで表記すると、いろいろに音が変化しても、基本的には文字の数と音節の数は変わらない。この文は二九文字、二九音節である。まずこの音節の数の少なさには注目して良い。音楽であれば、例えば四分音符に一音節を乗せると、日本語は四〇個の四分音符、四分の四拍子なら、一〇小節分の長さになる。韓国語は二九個、八小節、それも最後の小節の三拍分は休止符である。音楽にとっては、これは言語の注目すべき違いだ：

同じようなことを表すのに、韓国語は日本語より少ない音節数＝音符数で造形できる

これは良いとか悪いの問題ではなく、互いの言語の音の性質がそうなっているということだ。ここで一つ問いが立つ。音節数に違いがあるのに、文字の数ではなぜあまり変わらないのか？答えは簡単だ。日本語の上の文字表記は、日本語の〈複数の音節を一つの漢字で表す〉漢字表記を用いているからである。「ちがい」を「違い」、「うた」を「歌」のように。これは日本語の固有語＝和語の音を漢字に貼り付けた、〈訓読み〉という離れ業による。日本語におけるこの訓読みの文字数短縮機能は抜群で、「こころざし」なんていう五音節も「志」という漢字一文字で済んでしまう。ただし、これは音の世界内部の出来事ではなく、文字＝光の世界の出来事であることに注意。

音の密度に注目しながら、例えば次のラップを聴いてみよう：

● Outsider – Loner 아웃사이더 – 외톨이 [테이의 꿈꾸는 라디오] 20160418

二〇一六年。ＭＢＣのチャンネルから。Outsider（1983–）氏の高速ラップ。〈외톨이〉[wet^{h}ori]［ウェトリ］は〈独りぼっち〉。〈ぐっと堪えてた涙がしきりに溢れ出るよ〉。韓国語の

音節言語らしさが、よく解る。音節構造の高密度さが、ほとんど極限まで活かされている。

ところで韓国語でも漢字を用いて表記することができる。ただし、中国語圏における漢字と同様、韓国語圏においても、漢字一字は常に一音節となる。古代の韓国語＝朝鮮語には、万葉仮名の原形のようなものがあり、〈訓読み〉が行われた形跡があれこれ残っているけれども、現代韓国語では日本語のような〈訓読み〉はしない。従って、漢字一字は必ずハングル一文字となる。漢字を交えて書いても、文字数が変わらないことが、解る：

音節言語＝韓国語、モーラ言語＝日本語という違いが、ラップや歌に大きな違いをもたらす

음절언어 = 한국어 모라언어 = 일본어라는 차이가 랩이나 노래에 큰 차이를 가져다 준다

音節言語 = 韓国語 모라言語 = 日本語라는 差異가 랩이나 노래에 큰 差異를 가져다 준다

言語の音節の内部構造が、歌の音符一つ一つの内部構造を造る

今度は音節の内部構造に分け入ってみよう。ラップや歌にとっては大切な点だ。形態素や漢字語形態素ごとに音節単位にまず区切ると、子音終わりの音節は、ハングルで羅列して示せば、〈음절언한국 언일본는랩 큰를준〉（ここでは文字数だけ見て、発音は気にしないでよい）の

一三個ある。母音終わりは、〈어어모라어 어라차이가 이나노래에 차이가져다 다〉二一個である。

ただし、韓国語には、例えば〈밤＋이〉（夜＋が）を[pam.i]［パムイ］ではなく、必ず[pami]［パミ］と発音する、〈終声の初声化〉という現象がある。終声、つまり音節末の子音が、次の音節の初声、つまり音節の頭音になって発音されている。文字ではそのままで、発音だけが変化する。韓国語では終声と呼ばれる音節末の子音が、次の音節の母音が直接隣り合うと、前の音節の終声子音は、次の音節の頭子音＝初声として発音されるわけである。

この〈終声の初声化〉という現象は、子音終わりを減らして、母音終わりの音節を増やす仕組みである。この〈終声の初声化〉の結果で造られる発音によって、音節単位に区切ると、子音終わりの音節は、〈음절한일는 큰를준〉と八個になる。

ここで注目すべきは、音節末子音の種類と、その位置である。/m 1 n 1 n n 1 n/と、三種が立っている。位置としては、助詞や語尾など、右の日本語で言えば、「違いを」「日本語という」「大きな」のような、文節の切れ目、即ち文節の末尾の位置に立っている音が、韓国語では母音ではなく、子音なのである。

韓国語と日本語のこうした言語の音の性質の違いによって、当然のこと、詩と旋律、歌詞とメロディーにまで、大きな違いが〈かたち〉となって現れるわけである。

《注》個別言語や複数の言語に共通する言語音の性質を調べる言語学の分野を〈音声学〉(phonetics)と言い、言語音によって特定の言語に造られる構造的＝機能的な性質を調べる言語学の分野を、〈音韻論〉(phonology) と言う。〈音節〉(syllable) は実は、言語ごとに異なる、音韻論の単位である。

二〇世紀音韻論の基礎を打ち立てたトルベツコイ (1933) は、言語をしゃべるときに、「じっさいに発音するところのもの」が音声学であり、「発音しているつもりのもの」が音韻論であるという、面白い性格付けをしている。

音声学の単位は、言語音。その物理的、生理的、心理的な性質を調べる。一方、音韻論の単位は、単語の意味を区別し得る最小の音の単位で、これを〈音素〉(phoneme) ないしは〈音韻〉と呼ぶ。音韻論では言語ごとに異なった音素の体系が描かれる。

韓国語の音声学、音韻論、さらには形態音韻論と呼ばれる分野の基礎を知るには、文字と発音の基礎を学んだ後に、野間秀樹 (2007abc) を見よ。音楽との係わりで、日本語など、音声学の基礎を知るには、斎藤純男 (2006) がいいだろう。

《注》今述べたように、単語の意味を区別し得る最小の音の単位を〈音素〉(phoneme) と呼ぶ。この音素に対して、それ自体で意味を実現しうる音の単位を、〈形態素〉(morpheme) と呼ぶ。「あめ」(雨) とか、「食べる」の「たべ」などは形態素である。これらは語彙的な形態素である。「食べる」の「る」などは文法的な形態素と言う。「あめ」(雨) のように、形態素一つで独立して現れ得るものは、それ自体で既に単語である。単語はいくつかの形態素の組み合わせからなることもある。「あめ＋かさ」が「あまがさ」(雨傘) となったり、「食べ＋させ＋られ＋ない」のように、文法的な形態素が組み合わされたりもする。どちらも一単語である。また、「音楽」「基本」「学校」のように、漢字の音読みを基礎に造られる語彙を〈漢字語〉と呼ぶ。「基本」の「キ」（基）や「ホン」（本）のように、これら漢字語における漢字の一つ一つの音は、漢字語を構成するにあたっては、形態素に準じる役割を果たしているので、〈準形態素〉とでも呼び得る。

単語の内部構造を見る分野を、〈形態論〉(morphology)、単語の外の係わり、単語が他の単語とどう係わっているかを見る分野を、〈統辞論〉(syntax) と呼ぶ。形態論と統辞論は文法論の二大分野とされる。音楽になぞらえれば、一つ一つの音の高さや長さなどの〈かたち〉は形態論、それら音を連ねてメロディーを構成していく〈かたち〉は統辞論と、言えなくもないけれど、比喩にしては遠い。

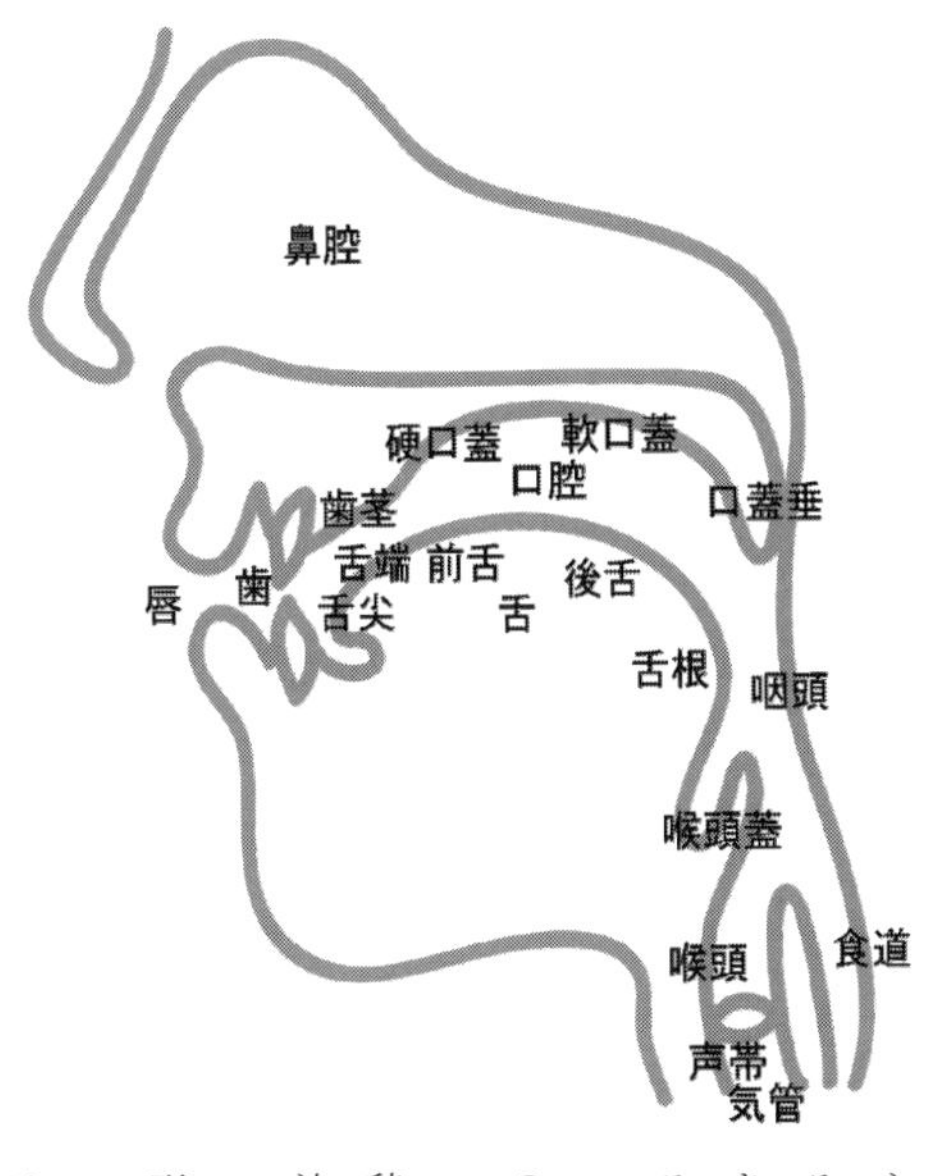

【図】発音器官の名称

● 아웃사이더 (Outsider) 의 킬링벌스를 라이브로! ─ 외톨이、주변인、주인공、Better Than

Yesterday, 연인과의 거리, 슬피 우는 새、D.M.F 등

二〇二一年。dingo のチャンネル、Killing Verse に出演した Outsider（アウトサイダー）氏、高速ラップの極限。いくつかの曲をメドレーで。ハングルの字幕がついている。

韓国語の音の特徴——英語とも日本語とも違う醍醐味！

韓国語の音にはさらに面白い特徴がある。第一に、声門閉鎖と喉頭の緊張が多用される点、第二に、音節末子音が全て非開放子音であるという点である。この二つは、英語や日本語とも大きく異なり、K－POPの歌唱法では決定的に重要な役割を果たしているので、少し丁寧に見てみよう。このあたりまで肉迫できれば、なぜ韓国語の歌や〈こゑ〉が日本語とはこれほどまでに違って聞こえるのかが、解る。そして何よりも、歌唱法の醍醐味を味わうことができる。場合によっては、日本語の歌に取り入れることもできよう。

有声音と無声音、そして母音の無声化

声門（glottis）は声帯のいわば声の出口である。首の喉に外から軽く指先をあてたまま、「あー」と声を出してみよう。微かに震えていることが解る。これが声帯の振動である。声帯

は一対になっているひだ上の器官で、これが閉じたり開いたりし、振動する。

この母音のように、声帯の振動を伴う音を〈有声音〉という。上下の歯の間を空気が通る摩擦で造られる/s/などのように、振動を伴わない音は〈無声音〉である。

韓国語の母音は基本的に有声音である。日本語東京方言の母音は、単独で発音すると、有声音だけれども、「あります」の語末の[ɯ]や、「おひさしぶりです」[oçisaʃiburidesɯ]の発音の、「ひ」の母音[i]や「す」の母音[ɯ]などは、声帯が振動しない無声音となることが、しばしば起こる。これを〈母音の無声化〉と呼ぶ。無声音に挟まれて、あるいは無声音の影響で、有声音のはずの母音が無声化するわけである。京浜地方の日本語は母音の無声化が激しい言語である。ちなみに著者が日常で言う「おひさしぶり」など、無声化どころか、母音も脱落して、「おっさしぶり」[oˀsaʃburi]のようになっている。ソウルことばはこうした母音の無声化ははるかに少ない。

韓国語の子音のシステム

今度は、「あー」[a]という長い母音を、唇や舌を使わずに、喉だけで切って発音してみよう：

[aːʔaːʔaːʔ]

「あー、あー、あー」といった具合である。この「あー」という母音を断つのに使われている箇所が声門である。声門を閉鎖して、母音を切っているわけだ。こうした閉鎖を〈声門閉鎖〉と呼ぶ。発音記号では[ʔ]という記号で示している。この声門閉鎖の際には、声門の付近の喉頭と呼ばれる器官が著しく緊張する。このような声門閉鎖と喉頭の緊張が、子音の音素の特別なグループを形成するのに、係わっている。それが〈濃音〉と呼ばれる子音群である。

韓国語では、p、t、k、ʧという無声音の子音に、平音、激音、濃音という三種の子音群が独立して存在する。それぞれハングルでも書き分ける。せっかくなので、現代の韓国語の子音と子音字母を左頁に一緒に示す。

《注》ハングルは、一五世紀に『訓民正音』(훈민정음)という書物で公にされた。Stray KidsのMVにもさりげなく登場している(→二七四頁)。〈訓民正音〉は書物の名であり、文字体系の名でもあった。ハングルという名称は近代になって、周時経(1876-1914)という言語学者が名づけたものである。訓民正音では、子音を発音する発音器官の形から、五つの基本となる字母を造り、それらから形を派生させて子音字母を造っている。例えば唇で発音するpの系列の音は、全て口の形を象った[ㅁ]の字母から形を派生させて造っていることが、解るだろう。語学の学習書ではないから、ここでは字母のおよその形のシステムと音との対応を味わっていただければよい。ハングルには音の〈かたち〉が棲んでいる。

【図】韓国語の音節の頭＝初声に立つ子音とそれらを表す字母一覧

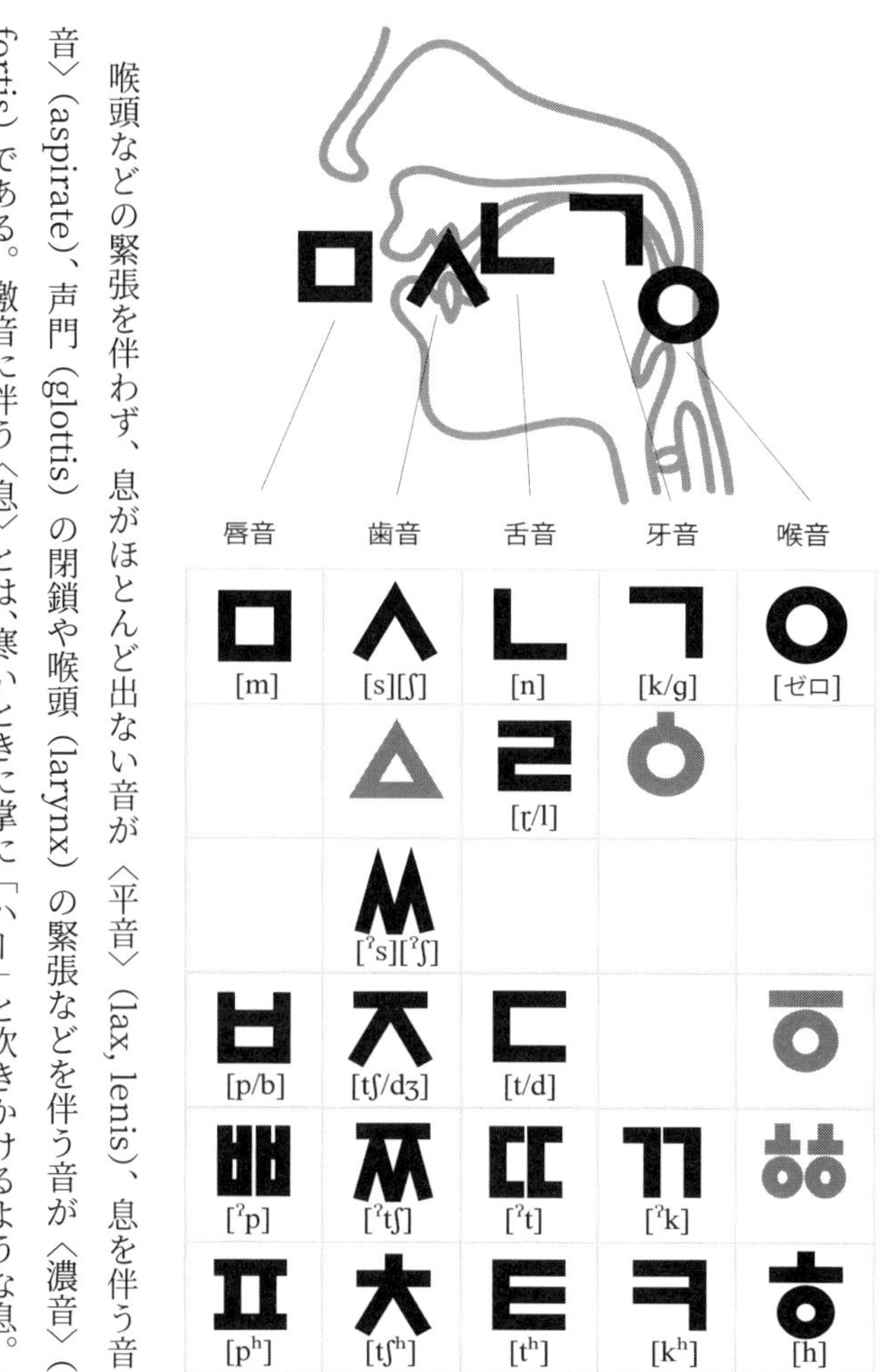

＊「唇音」（脣音）「歯音」……などは訓民正音の名称。
グレーの字母は15世紀の訓民正音創製時に用いられたが、現代では音が消失したので、用いられない。

喉頭などの緊張を伴わず、息がほとんど出ない音が〈平音〉(lax, lenis)、息を伴う音が〈激音〉(aspirate)、声門（glottis）の閉鎖や喉頭（larynx）の緊張などを伴う音が〈濃音〉(tense, fortis) である。激音に伴う〈息〉とは、寒いときに掌に「ハー」と吹きかけるような息。ティッシュを口の前に垂らして、例えば [$k^{h}a$] のような、激音で始まる音節を発音すると、ティッシュが大きく揺れる。平音や濃音では揺れない。この激音は中国語などの〈有気音〉に概ね相当する。摩擦音（fricative）である s には平音と濃音のみがあるが、s は上下の歯の間の摩擦で息が出るので、激音に分類してもよいほどである。摩擦音 h は激音に分類される。なお、これらの他に、鼻音（nasal）と r 音などの流音（liquid）と呼ばれる有声子音のグループがある。

つまり韓国語の子音群は、有声音か無声音か、有気音か無気音か、喉頭の緊張を伴うか伴わないか、鼻音かどうか、などの基準で分類されるシステムとなっている。

例えば、〈平音＋母音 a〉の ka、〈激音＋母音 a〉の $k^{h}a$、〈濃音＋母音 a〉の $^{\text{ʔ}}ka$ の三種が、それぞれ別の子音として用いられる。日本語母語話者にはこれら三種は同じように「カ」に聞こえて、区別はできない。逆に、日本語では「カ」と「ガ」は厳密に区別している。つまり〈無声音 k ＋母音 a〉と、〈有声音 g ＋母音 a〉は、区別する。韓国語ではこの区別はない。無声音 *k* は語中の有声音に挟まれると、全て自動的に有声音 g となってしまう。ただし韓国語母語話者は、ここにおける無声と有声の区別はほとんど意識しない。

また、韓国語には右に上げた平音の有声音で始まる単語はない。つまり「ガ」だの「ド」だの「ビ」などで始まる単語は存在しない。もし発音していたら、それは全て英語や日本語など、他の言語を発音していることになる。ＢＴＳは韓国語式では「ピティエス」[$pit^{h}iesɯ$]、英語式なら「ビーティーエス」[biti:es]である。韓国語では音節末がsで終わることはなく、基本的に後ろには必ず母音が現れる。

二〇世紀の長母音もあっという間に短母音化した

なお、韓国語のソウルことばでは、二〇世紀には存在していた長母音が、事実上崩壊して、皆、短母音となっている。一九八〇年代でも長母音はオノマトペ以外の通常の単語では、第一音節くらいにしか残っていなかった。既に圧倒的な短母音化傾向にあったと言える。「ピティエス」と短くなるのは、これによる。他にも例えば、二〇世紀には、長母音で発音する「ヌーン」[nu:n]（雪）と短母音の「ヌン」[nun]（眼）を区別していたが、今日ではいずれも「ヌン」と短く発音されている。「おばーさん」と「おばさん」の区別がなくなったようなものだ。

ことばが実現する際には、通常は単語だけで語れず、ことばによって示される文脈(context)もあり、かつ必ず言語場があるので、この長母音の短母音化によって混乱を来すことは、韓国語の言語生活ではほとんどない。

声門閉鎖と喉頭緊張という〈見えない音符〉

さて、声門閉鎖と喉頭の緊張が解った。だが歌にとってはここからである。濃音に声門閉鎖や喉頭緊張が現れるのは、いわば韓国語の特定の子音自体が有する性質であるから、ごく自然な出来事である。ところが、Ｋ－ＰＯＰの歌唱には、こうした声門閉鎖や喉頭緊張を、濃音以外の位置にも、自在に埋め込んで用いている。要するに、普通ならそんな声門閉鎖や喉頭緊張を行う必要がない位置で、行っている。他の言語でもこうした唱法は現れ得るのだけれども、韓国語のＫ－ＰＯＰの歌唱では比較にならぬほど、多用している。

この声門閉鎖や喉頭緊張を何と六人もがそれぞれに、見事に生かし切っている名曲、名唱がある。IVEの〈LOVE DIVE〉である。

●★IVE 아이브 'LOVE DIVE' MV

二〇二二年。アイヴ。二〇二一年にデビューした、六人の女性のグループ。冒頭の「イェ」という間投詞の頭にも、もう小さな声門閉鎖が隠れている。ユジン（YUJIN）氏の続く〈네가 참〉[ʔniga ʧʰam]［ʔニガ チャム］（あんたがとっても）の出だし[ʔni]や、〈이거면 충분해〉[ʔigɔmjɔn ʧʰuŋbunɦɛ]［ʔイゴミョン チュんブネ］（これなら充分）の出だし[ʔ ɨ]などが典型的な声門閉鎖。通常の発話でも、もちろん歌でも、韓国語ではこんなところに声門閉鎖を入れる必要など、全くない。明らかに意識的に導入しているわけである。

〈쫓고 쫓는〉［チョッコ チョンヌン］（追って追う）の語頭はいずれも濃音による喉頭の緊張が現れている。続くレイ（REI）氏の〈이끌림〉[ʔiʔkullim]［イックルリム］（惹かれること）や〈묘한 너와〉[ʔmjohan nɔwa]［ʔミョアン ノワ］（妙なあなたと）の語頭の /m/ の前の声門閉鎖など絶品である。/m/ は唇音だよ、唇で造る音だ。それも鼻音。その直前に声門閉鎖だと？ 唇音は唇、つまり発音器官の先端で閉鎖を行う技、声門閉鎖は喉の一番奥で、つまり全く距離が離れた位置で行う、二つの技を密接させて聞かせているのである。恐るべき修練だ。ちなみにこのレイ氏は日本語母語話者だという。ここまで己を鍛え上げるか。

「ウウウー」の後の、今度は、ウォニョン（WONYOUNG）氏、あなたもか！〈눈동자 아래로〉[ʔnunʔtondʒa arero]［ʔヌントンジャ アレロ］（瞳の下へと）とここでも [ʔnun]、舌音でかつ鼻音だよ。ああ、何と言う人たちだ。〈감추고 있는〉[ʔkamtʃʰugo innun]［ʔカムチュゴ インヌン］（隠している）の頭にまで隠して。もう濃音になる手前の限界まで声門閉鎖を聞かせてくれる。

注意深く聴いてみれば、歴然としているだろう。[n] の前はちょっと難易度が高いので、先程の母音 [a] でやったように、母音 [i] の前で、声門閉鎖を置かない [i] と、声門閉鎖を置いた [ʔiː] を、自分でも比べてみよう：

声門閉鎖を置かない「イー」　[iː]
声門閉鎖を置いた「ʔイー」　[ʔiː]

IVEの「LOVE DIVE」で縦横に駆使されている声門閉鎖、喉頭緊張の唱法の例を挙げる：

네가	[ʔniga]	[ʔニガ]	君が
이거	[ʔigɔ]	[ʔイゴ]	これ
묘한	[ʔmjɔhan]	[ʔミョアン]	妙な
눈동자	[ʔnunˀtondʒa]	[ʔヌントんジャ]	瞳
감추고	[ʔkamtʃʰugo]	[ʔカムチュゴ]	隠して

確認するが、今言及しているこれら声門閉鎖は、韓国語の濃音と呼ばれる子音そのものに付随している声門閉鎖ではない。それらとは別に、わざわざまるで一つの子音が別に存在しているかのごとくにまで、音符の頭に据えているのである。もちろん目的意識的な、それも極めて高度な唱法としてである。

こうした緊張感を、続くガウル（GAEUL）氏の、逆に思い切り緩めた〈난 그 마음을〉「ナンクマウムㇽ」（私はその気持ちを）と対比させている。そしてウォニョン氏の詩の中の極限のキーワード、〈Narcissistic〉（自己陶酔的な）に現れる摩擦音のエロティシズムが、既出の声門閉鎖群との対比によって最大化される。理詰めで構成され、かつ繊細な技である。見事な造形だ。直後の〈서로를〉[ʔsɔrɯl]「ʔソロルㇽ」（お互いを）ではまたしても声門閉鎖をこれでもかと置いてくる。ああ、たまらんな。リズ（LIZ）氏もレイ氏もまただ。

音の時間的な性質にも注目したい。これら声門閉鎖は、極めて短い、空白とは言えないような空白をそこに現出せしめるのである。もちろん空白などではない。それは韓国語の、音素としての子音ではないけれど、韓国語の音にはもともとあった性質だけを取り出して〈かたち〉に搗き固めたような、明らかに〈こゑ〉なのだ。例えば八分音符の頭にまるでシンコペーションのごとくに、そっと、それでいて極めて鋭く、置いてある。声門閉鎖はいわば見えないけれども、確かに〈こゑ〉としてそこに存在する、見えない音符なのである：

声門閉鎖 [ʔ] は〈こゑ〉が造る〈見えない音符〉だ

驚くべきは、こうした技法を六人がいとも簡単にやってのけているという点である。サビの

あとのウォニョン氏の、〈마음은〉[ʔmaumun]［ʔマウムン］（心は）の頭の唇音/m/の直前に置かれた声門閉鎖など、ほとんど神業と言ってもよい美しさである。ユジン氏や未だ一五歳のイソ氏も巧みで、かつごく自然に行っている。幾度も続けて現れる〈숨 참고〉[sum ʧʰamˀko]［スムチャムコ］（息を止めて）、そのささやきを聞け。〈こゑ〉の華麗なる七変化を見よ。技法の百科全書のごとくではないか。〈숨 참고〉（息を止めて）、〈숨 참고〉（息を止めて）……？　ああ、なるほど、声門閉鎖こそ、まさに〈숨 참고〉（息を止めて）というわけだ。確かに声門閉鎖では息を止めているよ。憎い。

なお、IVEのこのＭＶの映像自体は、膨大なＫ－ＰＯＰ ＭＶの中では、とりわけ素晴らしい出来というわけではない。出だしの邸宅の前の下向きのピンクの矢印など、冗談かと思ったではないか。あちこちに見え隠れする、わざとらしい「少女」趣味は無用。既成概念で造形してはいけない。しかしところどころにアーティストたちを中心に配した、非常に清新な映像があって、配色も独自で、それらは一級品。

コレオグラフィーは絶品。動きの柔らかさが生かされ、美しい。全てを楽々と舞ってくれているのが、頼もしいが、終盤に至っての、身体の描く軌道の奔放さを見ても、実は難易度も高いと思われる。とりわけ音と身体の動きとの絡みなどが絶妙だ。ともかく、ＭＶではアーティストたちの力量が圧倒している。

卓越したアーティストたちの、まるで肺腑から湧き出でるがごとき、こうした声を、人の声一般と区別して、本書では〈こゑ〉と表記している。一九世紀ロマン主義的な物言いをここだけ許していただけるなら、いわば魂から染み出る〈こゑ〉である。そう、K－POPにあって、私たちは〈こゑ〉が〈うた〉になる瞬間に出会える。

〈こゑ〉が〈うた〉になる瞬間がいかなるものかを体感するには、例えばBLACKPINKの東京ドームでのコンサート映像などは最適な一つだろう。

●★ IVE 아이브 'ELEVEN' MV

二〇二一年。IVEのMVでは、色彩のコーディネイトや衣装の変化、舞台背景装置などが多彩で、かつ妙な「少女」趣味も排してあって、この〈ELEVEN〉の方がはるかに面白い。〈こゑ〉ではウォニョン氏の〈피어나는 blue〉[p^{h}iɔnanɯn]［ピオナヌン］の部分の旋律の飛躍と、ファルセット、裏声への転換の妙技、これぞIVEの真骨頂である。かくのごとく、アーティストたちの〈こゑ〉と唱法の多彩さはこの〈ELEVEN〉も際立つが、ダンスも含め、完成度は〈LOVE DIVE〉の方に惹かれる。

なお、同じ〈ELEVEN〉の日本語ヴァージョン（二〇二二年）の映像は美しすぎる。

ここまで来て、声門閉鎖と言えば、あるいは耳の記憶が蘇った方がおありかもしれない。本書、〈前奏〉で触れた、BTSの絶品、〈血、汗、涙〉である。

●★★ BTS（방탄소년단）'피 땀 눈물 (Blood Sweat & Tears)' Official MV

0:58ほど、ローポジションからのカメラが七人に寄り、中央のジミン氏が絞り出すように発するあの〈こゑ〉こそ、この声門閉鎖が描き上げる、極限のエロティシズムであった：

내 피 땀 눈물　[ʔne p^{h}i ^{ʔ}tam nunmul]　[ʔネピタㇺヌンムㇽ]（僕の血汗涙）、
내 마지막 춤을　[ʔne madʒima^{k} tʃ^{h}umul]　[ʔネマジマㇰチュムㇽ]（僕の最後の舞いを）

내（ネ）[ne]（僕の、私の）、二〇世紀中頃までは[nɛ]と、口の開きのやや広い「エ」で発音されていたのだが、現在のソウルことばでは口の開きが狭い「エ」で発音されている。この/n/はもちろん鼻音である。その直前に声門閉鎖[ʔ]を置いている。それももうこれ以上ないほどの短い時間で/n/に移行する。何と言う俊敏、何と言う繊細にして強靱な〈こゑ〉か。〈다（タ）가져가（カジョガ） 가（カ）〉（皆持って行け、行け）と続く。そう、私たちは、내（ネ）[ne]（僕の、私の）の直前に

存在している声門閉鎖[ʔ]の時空間をも持って行くよう、誘われるのである。この後も幾度も現れる声門閉鎖という見えない音符を。

題名の〈血、汗、涙〉だけ見れば、ほとんどスポコンドラマではないか。それが右のように、〈最後の舞いを〉というフレーズを、〈눈물〉[nunmul ヌンムル]（涙）、〈춤을〉[tʃʰumɯl]［チュムル］（舞を）のごとく、脚韻もここぞとばかりに、ジミン氏のこの声で冒頭から聞かせられると、スポコンなど消し飛んで、たったこれだけで、もう全く新しいBTSの世界へと誘い出されるわけだ。これがBTSの底力である。そう、日本語には[ㄹ]で終わる音節なんてない！　おゝ、我等に〈ʔ마지막 꿈을〉[ʔmadʒima^{k} ^{ʔ}kumɯl]［ʔマジマクムル］（最後の夢を）！

この作品の良さは、単に言語の性質そのものに寄りかかっているわけではない。MVとしてのあらゆる要素が、まさに〈Kアート〉として統合されている点こそが、注目される。身体性を凝縮したダンスと個々に際立った衣装、それを追うカメラ、七人それぞれの魅力を余すところなく映像に吹き付けた造形、重要なことは、七人を集団として扱うのではなく、七人それぞれを生かしているという点だ。場面転換の編集。導入のジミン氏のアップからダンスの場面への転換など、巧妙である。ポップ・カルチャー的な音からクラシカルな音の荘厳さまでをも鏤めて、大胆な変容で飽きさせない。この時点でのBTSの音楽はヒップホップの時代の枠組みをはるかに突き抜けている。

様々な美術品と、色彩の曼荼羅。MVはこの稀有なる七人の青年たちの存在感をぎりぎりと塗り固めてゆく。歌われる詩は、象徴詩の断片のように造られている。ことば、音、光、身体……BTSというアーティストたちは、そして彼らと共にするクリエイターたちは、かくしてMVの一つの究極の〈世界像〉をK-POPの宇宙に現出せしめたのであった。

鬼才たちが集ってバンドというスタイルで音楽を聴かせる言語場(げんごば)=音楽場(おんがくば)から、画面の隅々まで、魂を尽くしたMVへ。蠢(うごめ)く事態として音楽を共に体験する言語場=音楽場へ。これが今日のK-POPのありようである。

この後、〈血、汗、涙〉へのオマージュは、多様なアーティストたちの、さまざまなMVに現れたのであった。

三拍の〈ラップ〉と一音節の〈랩〉[re^{p}]［レプ］が、全てを語っている

韓国語の音の、第一の面白い特徴として、声門閉鎖と喉頭の緊張が多用される点を見た。次に、今一つの、音節末子音が全て非開放子音であるという点に、分け入ってみよう。

韓国語の音節末には七種の子音が立ち得る。/a/という母音の後ろに、この七種をつけてみる：

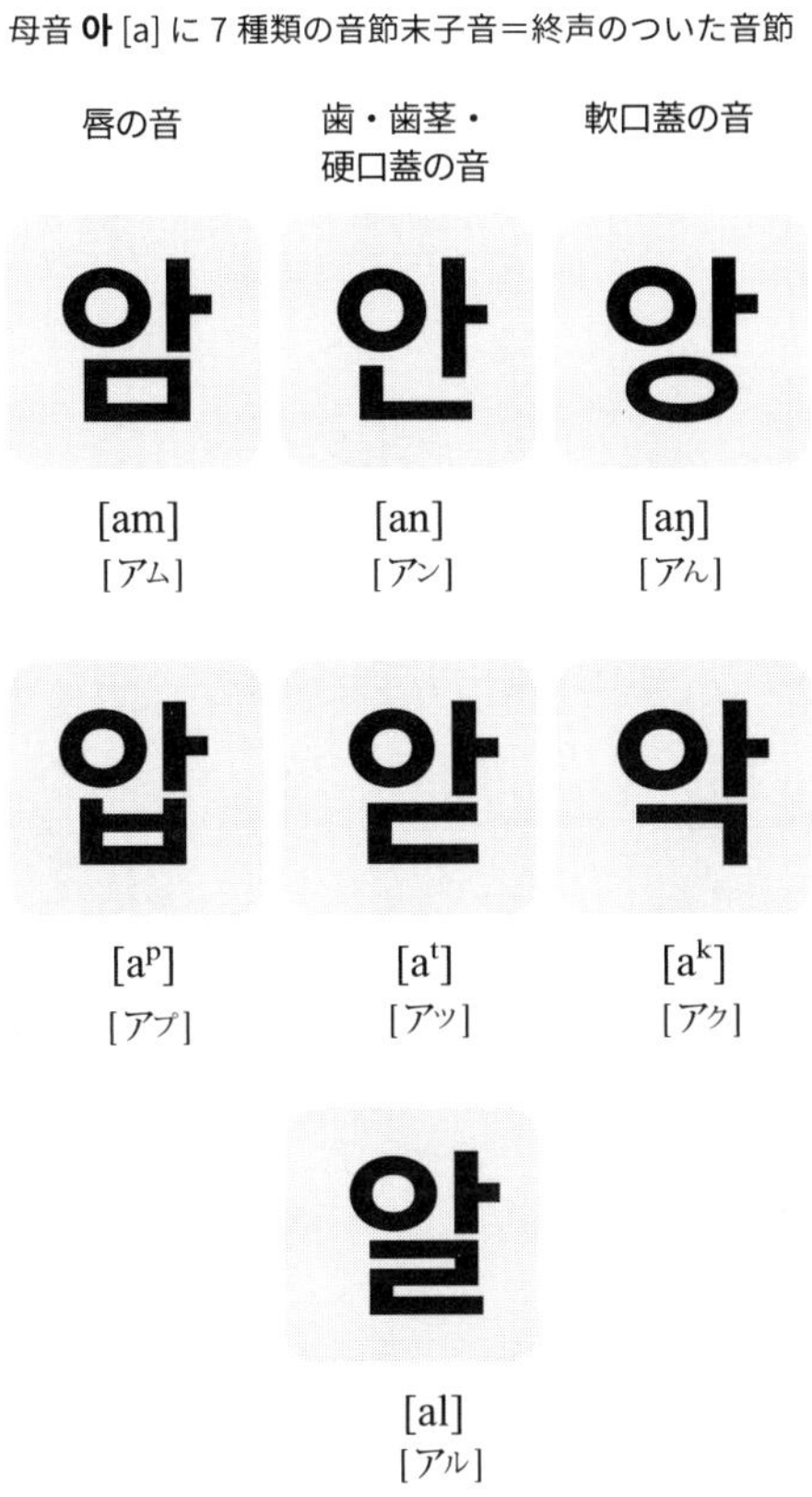

【図】韓国語の音節末には七種の子音が立ち得る

母音 아 [a] に 7 種類の音節末子音＝終声のついた音節

唇の音	歯・歯茎・硬口蓋の音	軟口蓋の音
암 [am] [アム]	안 [an] [アン]	앙 [aŋ] [アん]
압 [aᵖ] [アプ]	앋 [aᵗ] [アッ]	악 [aᵏ] [アク]
	알 [al] [アル]	

そして韓国語の音節末子音は、英語やフランス語やドイツ語などと違って、すべて閉鎖するだけで、開放しない。例えば「ラップ」のことを、〈랩〉[rɛᵖ]（ソウルことばでは多くは[rɛᵖ]）という。英語の発音は発音記号では[ræp]と表記される。英語も韓国語も一音節の単語である

点では、変わりはないのだけれど、末尾の/p/が韓国語では/^{p}/と、肩に小さく記してあることが解るだろう。あるいは[rep̚]のような記号を用いることもある。これは上下の両唇を閉じて/p/を造って終わるということを示す。英語などでは両唇を閉じてから、わずかに開く、つまり開放する。開放してわずかに息が口から外へ漏れる。韓国語はこの開放がない、徹底して非開放であることが、七種全てに共通する特徴である。なお、日本語では開放し、/プ/[pɯ]のごとく、後ろに母音/ɯ/がつき、さらには三拍となって、/ラップ/のように発音されるのが、普通である。

　これを音符に載せると、次のようになる。要するに韓国語の言語上のこの特徴に、全ての秘密が隠れているとも言える：

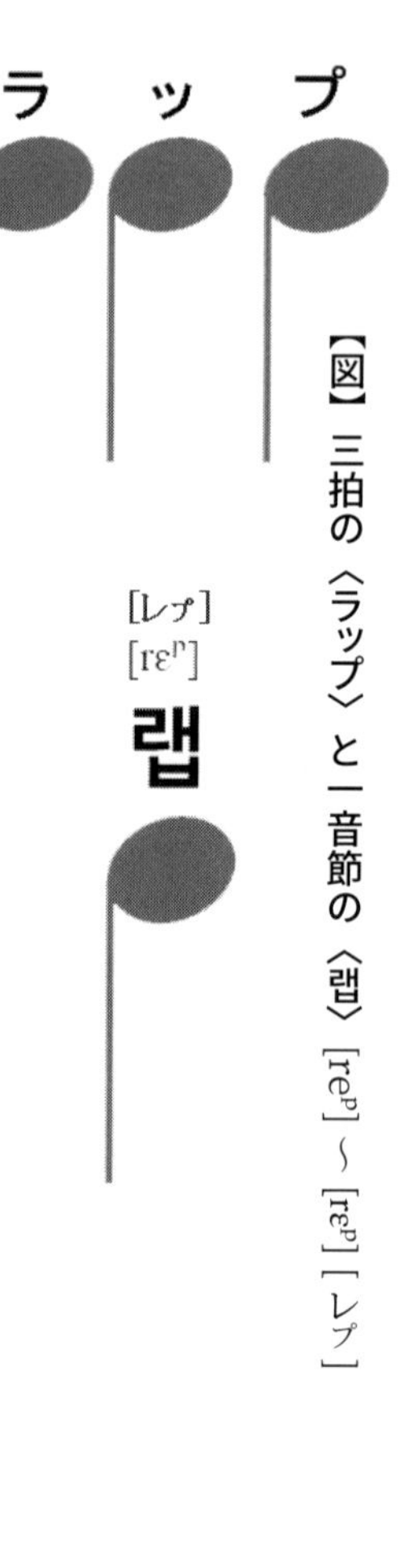

【図】三拍の〈ラップ〉と一音節の〈랩〉[re^{p}]～[ɾɛ^{p}][レプ]

音節末子音は、話す際に息も漏れないので、韓国語話者は普通に聞き取れるけれども、韓国語話者でないと、非常に聞き取りにくくなる。日本語話者では韓国語の音節末の子音は、聞き取れないのが普通である。これは音節末に立つ全ての子音に共通している。

例えば、「ピビンパ」という食べ物がある。韓国語では비빔밥[pibim^{ʔ}pa^{p}]［ピビㇺパㇷ゚］である。最後は/p/なので、上下の両唇を閉じる音である。閉じただけで、破裂しない。それゆえ、この単語に初めて接する日本語話者は、普通、ほとんど聞き取れない。従って日本語に韓国語からの外来語として容れる際には「ピビンパ」ほどになってしまって、最後の音節の末尾の/p/はなくなってしまっている。

/n/が音節末に立った場合なども、言語ごとに大きな違いが現れる。舌の先を上の前歯の裏や付け根につける音なのだが、/ten/ /pan/などに現れるように、英語は舌を上につけた後でわずかに放している。フランス語は凄い。わずかどころか、思い切り放している。Cannes（カンヌ）映画祭というものがある。この都市の発音は[kan]、つまり/n/で終わる単語である。ところが/n/の後で舌を放すので、日本語話者にはまるで［カンヌ］のように聞こえるというわけである。「カン映画祭」ではなく、「カンヌ映画祭」。Wikipediaの英語版などでCannesを検索し、音声を聞いてみると、母音/a/も前寄りのアなので、［キャンヌ］ほどにも聞こえることが、よく解るだろう。

la Seine [sɛn] も /n/ で終わるのに、日本語では「セーヌ河」だ。なお、フランス語では、文字の上で -n で終わる単語の多くは、発音上は /n/ で終わらず、その直前の母音字との組み合わせで鼻母音を表す約束である。従って、綴りの上で -n で終わる単語は、発音上は基本的に母音終わりの単語なので、ここには該当しない。

ちなみに、韓国語の「カンヌ映画祭」は、칸 [kan]［カン］映画祭、「セーヌ」河は센 [sen]［セン］河である。もちろんこれらの /n/ も開放しない。

要するに、音節の末尾に立つ /p t k m n ŋ l/ という七種類全ての子音が、閉鎖するだけで、開放しない。当然、聴覚印象は、他言語の話者ごとに、非常に鋭い閉鎖と聞かれるか、まったく聴かれないといった次第となる。

音節末子音が全て非開放である——매니악［メニアク］(maniac)

韓国語の、この音節末子音非開放という特徴が、見事に現れている素晴らしい楽曲がある：

●★ Stray Kids "MANIAC" M/V

Stray Kids（ストレイキッズ）、愛称、スキズとも呼ばれる。二〇一八年にデビューした、

八人の男性アーティストのグループである。この〈MANIAC〉は二〇二二年。これを含むミニ・アルバム〈ODDINARY〉は Billboard 200 で驚きの一位となった。多くの曲を自分たちで作っているところも、頼もしい。

0:58 ほどにフィリックス（Felix）氏が、低音で〈maniac〉ということばを発している。その後も幾度もこのことばが繰り返される。どれも、韓国語式に発音されている。語末の /k/ の音を聞いてみよう。閉鎖されるだけで、全て例外なく、綺麗に非開放の [k̚] である。ハングルで表記すると、매니악、発音は [mɛnia^{k}]～[mɛnia^{k}][メニアク]。英語では二重母音で [méɪnɪæk] ほど。日本語ではご存知「マニアック」である。これを英語式に発音したら、どうだっただろう。末尾の [k] は破裂する、つまり開放されてしまって、韓国語での鋭角さ、緊張感は失せてしまう。地球上の人々が韓国語に熱狂する秘密の一つが、間違いなく、この音節末子音の非開放という性格にある。ハン（Han）氏の〈욕해도(ヨケド) 다(タ) 먹금(モククム)〉と脚韻を踏む、チャンビン（Changbin）氏の〈크게(クゲ) 다짐(タチム)〉の最後の /m/ なども、唇を閉じて、もちろんぴしっと非開放。

ついでに、ハン氏とチャンビン氏が幾度も繰り返す〈돌아버리겠지〉[toraborige^{tʔ}tʃi][トラボリゲッチ]、これを逐語訳すると、「回っちゃいそうだろ」だが、気持ちなどが「おかしくなっちゃいそうだろ」の意。この돌다(トルダ)「回る」＝「おかしくなる」にかけて、フィリックス氏が電動ドライバーでがりがり回しているわけである。〈ネジが外れたみたいに〉の歌詞も見える。

先にK－POP MVにおける小道具のことを述べた。ほとんどの小道具や大道具は、視覚的な装置や身体的な係わりへの装置として用いられるだけであって、音楽それ自体とは直接の係わりがない。ところが、この〈MANIAC〉が画期的なのは、電動ドライバーの回転音、〈がりがり〉とか、〈ぎゅううん〉という、回転音そのものも、曲を構成する音としてあちこちで組み込んでいるという点である。音がするわけだから、ピッチ＝音の高さを合わせて、リズムを合わせれば、可能なわけだ。編集はかなり高度だろうけれども、これは憎い。添え物や装飾として音が鳴っているのではない、回転音そのものがベースやパーカッションと同じようにビートを造り出す楽器と化しているわけである。忘れないでほしい、それも歌詞への隠喩としてである。ことばと音と光が統合されている。ここが隠された前人未踏なのだ。鬼才たちの感性的な、そして知的な高みが解る。

そもそもK－POP MVの小道具、大道具は、お決まりのものに溢れている。車、ヴィンテージものの古そうなアメ車、いつもドリフト走行か、燃やしたり爆破したり、そしてあいも変わらず二〇世紀的なオートバイ、可愛い天使の羽根、あるいは傷つき折れた天使の羽根、アダムとイブのリンゴ、美術館の彫刻に絵画、イメージの貧困もここに極まれりと慨嘆したくなるほど、どれももうK－POP MVでは幾度も見飽きたものばかりである。そんなものたちを、Stray Kids のこの電動ドライバー一本が、圧倒している。痛快ではないか。

なお、この〈MANIAC〉はダンスも突き抜けている。先の電動ドライバーが出る、0:55あたり、〈warning〉の後の鳥のさえずりとそれに併せた身体の動きには、はっと息を呑む。さらに身体が回ってしまうのには、驚愕。首が三六〇度回転したかと思ったよ。コレオグラフィーまでくるくる回っちゃってる。こんなので、ヒョンジン（Hyunjin）氏あたりに見つめられたり、ハン氏らのラップ攻撃に遭えば、そりゃあ、誰だって、〈おかしく〉なろうというものだ。一〇〇曲くらいのK－POPのダイジェストを連続して聞くと、しばしば激しい熱量とパワーに身が振動するような曲に出会うだろう。そう、それがStray Kidsの曲たちだ。グループのロゴのみならず、曲名のロゴなどもとても良い。

●NCT 127 엔시티 127 '질주 (2 Baddies)' MV

二〇二二年。NCT 127（エヌシーティー・イチニナナ）は男性一〇人のグループ。127はソウルの経度。NCTの発音は日本語では[enɯʃiːtiː]［エヌシーティー］ほどに発音する人が多いが、韓国語では엔시티 일이칠 [enʃitʰi illitʃʰil]［エンシティ イルリチル］。長母音も短母音となり、Nの後ろに母音が入らない。127は日本語の「リ」のように上の歯茎の奥にぽんと弾くrではなく、つまり[iritʃʰil]［イリチル］ではなくて、舌先が歯茎の上についた[l]のままの持続時間

が長い、1の長子音 [lː] だと思えばよい。[illitʃʰiːl]［イルリチル］。Nは [en]［エン］で、日本語のように母音を入れた [enu]［エヌ］とはしない。

NCT 127は二〇二二年九月の〈Killing Voice〉で十二分に解るように、何よりメンバーたちの〈こゑ〉とその多様さ、〈こゑ〉が変容しながら交差する音楽的な厚みと、完成度の高い、統合された美しさが、圧倒的である。MV配色の大胆な変容、大道具、小道具の使い方も面白い。

● NCT DREAM 엔시티 드림 'Beatbox' MV

● NCT DREAM 엔시티 드림 'Beatbox' Choreography Video

二〇二二年。こちらはNCT DREAMと呼ばれるグループ。〈こゑ〉によるbeatboxをモチーフにした曲。K-POPにはありそうでほとんどなかった。MVは明るい造りで、画面の色彩は何でもないように見えて、実は高度に統御されている。そのことは、いま一本のコレオグラフィー・ビデオでもよく解る。それぞれの衣装の色彩と背景の色彩のコントロール。コレオグラフィーで色彩と身体性のフォーメーションがどんどん変化していく楽しさ。カメラもさりげなく技術を見せてくれている。オノマトペ（→一七九頁）とビートに乗って、〈僕らが共に作る音楽〉。

●★ATEEZ（에이티즈）–'Deja Vu' Official MV

二〇二一年。ATEEZは〈エイティーズ〉と読む。日本語圏では〈アチズ〉の愛称も多用されている。二〇一八年にデビュー。八人の男性からなる。

冒頭のユンホ（Yun Ho）氏、声門閉鎖を効かせるサン（San）氏から、思い切り高音へと突き抜けるジョンホ（Jong Ho）氏への、ごく短い連続だけで既にATEEZの世界へと導かれる。続いてウヨン（Woo Young）氏、ヨサン（Yeo Sang）氏と、次々に変化しながら畳み掛ける、メンバーたちの〈こゑ〉が圧巻である。ホンジュン（Hong Joong）、ソンファ（Seong Hwa）氏、ミンギ（Min Gi）氏という、全く異なった〈こゑ〉でうち続くラップの変容は、まるで魂の深い切なさを呼び起こすごとくである。ミンギ氏の囁（ささや）き。ここでもことばの音の面白さに浸（ひた）れる。ヴォーカルとラップの互いに異なった〈こゑ〉の存在感は絶品。ATEEZはどれも、曲に力がこもる。私たちの哀しみの一番深いところに触れ来るごとき旋律に、ぎりぎりと迫るダンスの身体性を、映像は決して失わせない。ローポジションからチュムるカメラの艶めかしさを見よ。雨の中のダンスも熾烈。ＭＶの絵作りは秀逸だ。ATEEZ渾身の最高傑作。全編がホンジュン氏の強いラップで結ばれる。そう、デジャヴ、私たちは何を見たのか。

● ATEEZ（에이티즈）－'불놀이야 (I'm The One)' Official MV
● ATEEZ（에이티즈）－'Answer' Official MV

前者は二〇二一年。〈불놀이야（プルロリヤ）〉は〈火遊びだ〉の意。全編が砂漠の色彩なのだが、空気感は潤っている絵造り。またここでもラップがとても際立つ。3:02、メンバーたちが立つロングの光景は鮮烈。世界が廃墟のごとくなのに、それは希望だ。後半のダンスも激しい。

後者は二〇二〇年。物語風のイントロに続き、サン氏からジョンホ氏へと繰り返しのメロディーかと思いきや、突然高く跳ねる旋律。そう、こうこなくては。そしてすぐにラップと、また意表をついてくれる。こちらはミンギ氏、ホンジュン氏の順のラップ。また再び〈乾杯しよう like a thunder〉はソンファ氏の〈こゑ〉。音の高低、強弱の振幅が大きく、スケールの壮大な曲に仕上げてくれている。出発の歓喜。

なお、二〇一九年に公開されたATEEZの〈WONDERLAND〉のように、ミリタリー・ファッションをアーティストたちに纏（まと）わせててはいけない。ATEEZほどのアーティストたちの、せっかくの才能をMVが壊してしまう。後半だけ見たら、これではファシズムのプロパガンダと思われてもおかしくない。前向きの歌詞もファッションによって全く正反対の思想を纏わされてしまうのである。ミリタリズムの危うさについては、五―五、三二四頁から詳述する。

●NCT 127 엔시티 127 'Favorite (Vampire)' MV

二〇二一年。この1:11ほどに、次のような歌詞が現れる：

열기 속에 입맞·추면（熱気のうちでくちづけすると）

面白いのは、日常の発音なら、〈입 맞추면〉[immatʧʰumjɔn]［イムマチュミョン］（くちづけすると）なのだが、これを、いわば「く・ちづ・けすると」のように単語の内部で切り離して歌っている点である。맞추다（合わせる）は맞＋接尾辞추＋語尾다と見ることもできるのだが、事実上、맞추-が一つの形態素のように働いている。先に見たように、形態素とは、それ自体で意味を実現し得る、音の最小の単位を言う。従って形態素内部に切れ目を入れると、形態素が壊れ、意味が実現しなくなる。ところがここでは形態素内部にスタッカートを入れて歌っているわけで、とても面白い。〈입맞·추면〉[immaᵗ ʧʰumjɔn]［イムマッ チュミョン］のように。なお、惹きつけられる〈こゑ〉で、このパートを歌い上げているのは、日本でも広く知られているユウタ氏。日本語母語話者が韓国語でこんな離れ業をやっているのだから、その歌唱の力量には頭が下がる。

日本語の歌でも形態素の内部での区切りで歌うことは、過去にもまま行われたのだが、その際の、子音終わりのこの閉音節での区切りを比喩できないのでもどかしい。音だけなら「キッ。スに」と言うようなもの。

同じくユウタ氏のパートだが、語彙に着目すると、〈거친 눈빛 존재 전부〉（荒々しい眼差し、存在、全て）に「存在」などという単語が見える。「存在」などという哲学的な単語が韓国歌謡の歌詞に現れたのは、一九九六年、김종환の〈존재의 이유〉（存在の理由）あたりだったか。（君を愛することで）〈もっとひどく病みたい〉とでも訳せる一節に出る〈아프다〉は、〈痛い〉〈体の具合が悪い〉の形容詞で、通常は動詞にのみ用いる〈-고 싶다〉（……したい）と共には用いない破格の用法。日本語で言えば、形容詞「痛い」に動詞専用の「……したい」をつけたようなものだ。K－POPの詩にはこの種の破格がしばしば現れる。

この〈Favorite (Vampire)〉で歌われることばは、胸が掻きむしられるように、恐ろしく懐かしさに溢れる旋律。笛の対位法も。例えば、用いられている色で、カラーチャートを作ってみると、配色の目的意識的な変容が良く解るのだが、そうした色彩の変容も面白い。

後半のダンスは力が溢れる。dance practice を見ると、速度感と力が漲っている。

なお、BLACKPINK のリサ（Lisa）氏のソロ〈LALISA〉でも〈입・맞・추면〉（くちづけすると）という、単語内部で区切るラップがある。

3-2 オノマトピアとしての韓国語
——擬声擬態語のユートピア

言語外に現れる音や動物の鳴き声などを言語音によって写した単語を、〈擬声語〉と言う。擬声語を擬音語とも言う。ドアを叩く「トントン」とか、鶏の「コケコッコー」などは擬声語である。他方、音のしない様子を、あたかも音がするごとくに言語音によって描写する単語を、〈擬態語〉と言う。「すくすく」育つとか、気持ちが「ふわふわ」するなどは、擬態語である。擬声語と擬態語を併せて、オノマトペ（仏 onomatopée）と呼ぶ：

オノマトペ
　擬声語：音や動物などの声を言語音で写した単語
　擬態語：音のしない様子を、音がするがごとくに、言語音で写した単語

例えば日本語の karakara、kurukuru、kirikiri、korokoro などは k-r- という子音の間の、母音の交替で単語を造っている。日本語のオノマトペの母音の交替では「でれでれ」のような

eの使用が非常に少ないことにも注目。eが用いられるオノマトペは明治、江戸時代など、相対的に新しい時代に現れた語彙が多い。

このように母音や子音の交替によって擬声語や擬態語を造語する仕組みは、韓国語でも非常に豊富に用いられている。言語音の交替を用いて、体系的にオノマトペを造語するこうしたシステムを、音象徴（sound symbolism）という。

《注》なお、詩人、アルチュール・ランボオ（1854–1891）が行ったように、〈A noir（黒）、E blanc（白）、I rouge（赤）、U vert（緑）、O bleu（青）：voyelles（母音たち）〉のように、フランス語の母音（字）つまり母音を表す名称の単語と、フランス語の色彩名称の単語を、詩の中で寄り添わせるといった営みは、音象徴ではない。母音字や〈noir〉（黒）は既にいずれも単語であって、それらそれぞれにことばの意味を造形するということは、〈赤 太陽〉のように、〈ある単語に別な単語を想起させる〉とか〈ある単語と別な単語を組み合わせて、相互の連関を形造る〉といったことと、原理的には変わらない。もちろん〈黄 太陽〉でも〈紅 太陽〉でも〈黒 太陽〉でも、自由に造ってよい。言語ごとに違っていても、一向に構わない。色彩名称の単語も、既に単語であって、単語で未だ命名されていない、音の交替が造形するところとは、平面が異なっている。言語音の交替による音象徴はことばの〈かたち〉そのものを造るシステムであって、その際の言語音はランボオ以前のより深い層に存する。

韓国語は、擬声擬態語、即ちオノマトペが豊富なことで知られている。日本語もオノマトペが相当に豊富なのだが、韓国語はそれをさらに上回るほどで、大修館書店で刊行されていた雑誌『言語』では、言語学者たちが、韓国語を世界で最もオノマトペの豊富な言語であるとしていた。二位は日本語であるとしている。まあ、何位などといった順位づけは、ごくおおまかな目安と思えばよい。要するに、それほどオノマトペが豊かなのだと。それにしても、韓国語はオノマトペのユートピア、オノマトピアであることは、確かだ。そのことが、韓国歌謡の時代にはそれほど目立っていなかったのに、二一世紀のK-POPでは著しい特徴ともなった。

《注》実は、語源を遡る(さかのぼる)と、オノマトペだと想像されるといった単語は、英語など欧米の大言語にもいろいろあるのだけれども、韓国語や日本語では、単語の歴史など辿らずとも、母語話者たちがその場で〈直感的にオノマトペだと感じるような語彙〉が豊富なのである。また、擬声語はそれなりにどの言語でもあるのだが、韓国語や日本語では、擬態語が豊富なことが、大きな特徴となっている。

ちなみに、こうしたことに関心を抱くのは、母語話者よりは、やはり珍しいと感じるのであろう、非母語話者の言語学者たちで、韓国語の二〇世紀のオノマトペ研究は、ロシア語、ドイツ語、フランス語、英語、そして日本語の研究者たちがまず開拓したと言えるほどである。日本語圏では韓国語のオノマトペを集めた辞書なども編纂された。現在では韓国語圏でも活発に研究されている。なお、日本語圏では日本語のオノマトペ研究は非常に多い。韓国語のオノマトペについては、野間秀樹(1990, 1991, 1998, 2008)、とりわけ野間秀樹(2001)参照。オノマトペと隣接した位置を占めると言える〈間投詞〉——感動詞、感嘆詞とも言う——については、日本語と韓国語を対照した金珍娥(2012)を見よ。

オノマトペと間投詞が乱舞するK-POP

K-POPでは新しく造られたオノマトペ、そして間投詞もたくさん用いられている。曲のタイトルは、英語のものが多いが、それでもオノマトペが用いられているものも、少なくない。今一度、本書の序奏で見た、BLACKPINKの二〇一八年のMVを見てみよう：

●★★ BLACKPINK –'뚜두뚜두 (DDU-DU DDU-DU)' M/V

BLACKPINKのこの題名〈뚜두뚜두（DDU-DU DDU-DU）〉[ˀtudu ˀtudu]［トゥドゥトゥドゥ］には、ハングル表記の〈뚜두 뚜두〉のローマ字表記で〈DDU-DU DDU-DU〉と付してある。もちろん英語ではないので、英和辞書などを見ても、無駄だ。表記法通りなら、〈ddudu ddudu〉や〈DDUDDU DDUDU〉と書いても良いのだが、さすがに解りにくいと思ったのだろう、ローマ字表記には音節の区切りにハイフン〈-〉を入れている。銃撃を表す、いわば新造の擬声語である。〈좀(チョム) 독해(トケ) 난(ナン) toxic〉（ちょっときついよ、私は中毒性あり）とラップで宣言するリサ氏たちに、私たちが皆、韓国語で撃たれるという仕組みになっている。MVでは1:17あたりには、指で作った銃で撃つ振り付けが見える。この〈toxic〉（有毒の、中毒性の。毒物）という英語もK-POPでは好まれる。先のStray Kidsの〈MANIAC〉でもフィリッ

クス氏が鋭く放つキーワードとなっている。

「ガールクラッシュ」のことば

ところで「ガールクラッシュ」ということばが人口に膾炙し、久しい。略して「ガルクラ」とも。この曲はガールクラッシュ路線の典型としてしばしば論じられている。米国のカントリーのバンド、Little Big Town に〈Girl Crush〉という曲もあるくらいで、ことば自体は英語にもあるわけだが、日本語圏で現在のように知られるようになったのは、韓国語のＫ－ＰＯＰからだと思われる。

日本語圏ではタヤマ碧『ガールクラッシュ』（新潮社）などという漫画もある。Ｋ－ＰＯＰスターを目指す女性の成長物語だという点で、「ガールクラッシュ」ということばがＫ－ＰＯＰから広まったことが、窺えよう。ちなみに、同漫画は、Ｋ－ＰＯＰのいわゆる練習生の様子など、なかなか詳しい。英語圏では、例えば、〈Dictionary.com, LLC〉では、"A girl crush is a non-sexual, non-romantic admiration that one woman has for another."（ガールクラッシュとは、一人の女性が他の女性に抱く、ノンセクシュアル、ノンロマンティックな賞賛）とある。

同曲のアルバムのタイトルは〈Square Up〉〈けりつけようじゃないの〉とか、〈かかって来な〉といったところであるから、アルバムごとガルクラ路線だということが、見て取れる。〈square up〉には、ちなみに借金などを〈清算する〉という意もある。なお、韓国語は日本語のように文体使用の男女の偏りはほとんどないので、こういう場合にいかにも「女性の」ことばはこうだという先入観で、「けりつけようね」とか「かかっておいで」とか、「やっつけてあげるわ」などとやっては、危ない。

こうした高らかなるガルクラ宣言を象徴するのが、韓国語の単語であって、それも韓国語のオノマトペだという点には、注目しておこう。何せ世界で二〇一八年から一八億回も――と書いているうちに、二〇二二年九月にはとっくに一九億回を超えていたので、遠からず、二〇億回を超えるだろう――〈巻き戻された〉動画である。名作中の名作。

ネット上では「女性が女性を」とか「女性にも好かれる女性」などと、限定つきで解説されるけれども、要するに、ガールクラッシュとは、女性のみならず、実は男性の思想と感性を撃ち抜く、そして何よりも、既存のあらゆる思想を撃ち抜く、ジェンダーレスという宣言に他ならない。一八億回を共有される重要な根拠の一つが、ここにある。そしてそれを象徴することばは、韓国語のオノマトペなのであった。〈Kアート〉、ここぞというときには、いつも韓国語が、そしてその韓国語が有する特性たちが、仕切っている。

●★BLACKPINK－'붐바야（BOOMBAYAH）'M/V

BLACKPINKには〈붐바야（BOOMBAYAH）〉［プムバヤ］という曲もある。一四億回。この題名はオノマトペというよりは、間投詞的である。いずれにせよ、韓国語と考えるなら、造語。붐바야は分析すると、〈붐바＋呼びかけの야〉のような構造に見え、붐바への呼びかけと解析できないことはないけれども、붐바という既存の名詞などがあるわけではないので、文法論的には全体で一つの間投詞と考えるしかない。詩の内容からは、あたかも「踊ろ！」と声をかけてくれているようにも聞こえる。ローマ字表記なら、〈bumbaya〉となるところだが、BOOMBAYAHはローマ字表記の英語がかった変形。

歌詞では英語になっている冒頭の〈Ah yeah〉の部分の歌い方では、韓国語では副詞の〈아예、아예〉（そもそものはじめから）にも聞こえて、面白い。

この〈붐바야（BOOMBAYAH）〉の歌詞にもオノマトペがふんだんに出てくる。〈別になんにもしなくったって〉〈男たちはみんな鼻血がポタッポタッ〉では〈팡팡팡〉[pʰaŋpʰaŋpʰaŋ]［パンパンパン］。〈今頃は私のために祝杯のグラスをチンチン〉では〈짠짠짠〉[ˀʧanˀʧanˀʧan]［チャンチャンチャン］。日本語訳では感じが出ないが、ジェニー氏が素晴らしい高速ラップで、ここではいずれも一音節の単語を三回ずつ繰り返している。この後にも、リサ氏の〈따라다라단딴

뚜두룹바우〉[ˀtaradaradanˀtan ˀtuduruᵖˀpau]［タラダラダンタン トゥドゥルプパウ］など、実に面白い音のオノマトペ的な造語をがんがん聞かせてくれる。このあたりになると、もう意味などは引っ込めて、ことばの音そのものを前景化し、思い切り楽しんでいるわけだ。これがあってこそ、続く、ディヴァ中のディヴァたち、ロゼ氏とジス氏の좋아 [ʧoa]［チョア］（いいよ〜）という、長く引かれる〈こゑ〉が、対比のうちで高々と差し出される。

なお、一度だけ出る、四人揃っての〈오빠!〉[oˀpa]［オッパ］の掛け声は不要と言いたい。〈オッパ〉は女性から見た「お兄さん」「兄」の意。年上の親しい男性にも用いる。こんなのを入れて「擽ろう（くすぐろう）」とでも思うのは、おそらく男性の発案であろうが、ここでは媚びにしか聞こえない。ガールクラッシュ思想という点からも、全く不要。そもそも〈勘違いしないで／いつも微笑んであげてるのは、私自身のためなんだからさ〉とも歌っているではないか。

〈こゑ〉はもちろん、アーティストたちの歌、存在感、サウンド、映像の造り、背景舞台の転換、熱帯的な色彩の変化、とりわけ多彩な衣装、そしてダンスはK－POP史上でも指折り数えるほど、驚異的だ。映像の造り込みの密度は、0:41あたり、リサ氏の背景の黒板の書き込みだけ見ても、手抜きがないことが知れる。なお、リサ氏はタイから韓国へ、よくぞ来てくれた。〈Kアート〉の極限の一作。本来なら当然★★だが、この「オッパ」で★が一つ飛んだ。ことばは怖い。

●★[MV] ママム（MAMAMOO）– HIP

二〇一九年。このMV画面では人工的な色彩が次々に変容してゆく。〈汚染者の言うことではなく、人々に耳を傾けよ〉〈地球を救え〉などという英語のプラカードを掲げた数人のデモ隊も。小さな女の子がファサ（Hwasa）氏と共に出るが、こうした小さな女の子が出てくるMVも稀。

〈この世にあなたはたった一人なんだから〉とファサ氏が歌い、〈おかげで私のメンタルは丈夫。私は次のアルバム造りに行くから〉とムンビョル氏のラップ。さらには〈洟のついたTシャツ、はみ出してるパンティー、わたしは全然大丈夫〉と。

子供の振り付け付きの童謡「頭、肩、膝、足……」は、英語圏にもあるが、韓国語圏でも広く知られている。K-POPでも古くから歌詞にしばしば引用されてきた。歌詞の「足」の位置に置いている〈hipだ〉は Hip-Hop の〈Hip〉、さらに「いけてる」「素敵だ」という意味とかけている。もちろんこの英語の〈hip〉の音節末の /p/ も徹底して非開放で鋭角的に発音されている。

ことばを手掛かりにしたこうしたことば遊び的な修辞は、そもそも韓国語の世界には非常に多いのだが、K-POPでもあちらこちらで活かされている。〈따끈따끈해〉[ˀtaˀkunˀtaˀkunɦe]

[タックン タックンヘ]（ほかほかする）、〈따끔따끔해〉[ˀtaˀkumˀtaˀkumɦe][タックムタックムヘ]（ひりひりする）といったオノマトペ語根形容詞の韻、〈힐끔〉[hilˀkum][ヒルクム]（ちらちら）といった〈見る様子〉を表す擬態語の連打などなど、詩全体がまさに韓国語のオノマトピアだ。韓国語の妙味を憎いほどに操っているだけあって、さすがに作詞作曲編曲とも、海外ではなく、韓国圏のアーティストたちである。作詞にはファサ氏の名も見える。

〈자꾸（チャック）〉（しょっちゅう）〈click me click me〉（私をクリックして）などという歌詞も、いかにも今日のもの。英語の〈click〉（カチッ）ももちろん語源を辿れば、オノマトペである。そのあたりからの振り付けも面白い。公開後二年しか経っていないのに、既に視聴回数三・五億回。

●[MV] 마마무（MAMAMOO）– AYA

二〇二〇年。歌詞の中の〈눈물인지 또 빗물인지〉[nunmurindʒi ˀto pinmurindʒi][ヌンムリンジ ト ピンムリンジ]（涙なのかまた雨なのか）などは、「涙」を눈물[nunmul][ヌンムル]（眼の水）と言い、「雨のしずく」を빗물[pinmul][ピンムル]（雨の水）と言う韓国語が解ると、音を効かした、こうした修辞の面白さがいよいよ愉しめる。韓国語の뚝뚝뚝뚝[ˀtuᵏ ˀtuᵏ ˀtuᵏ ˀtuᵏ][トゥク

トゥク トゥク トゥク トゥク」（ポタッ ポタッ ポタッ ポタッ）と drop drop drop drop を続ける歌詞も面白い。どちらも一音節語であることに注意。韓国語の発音では前述のごとく、最後の -p は両唇を鋭く閉じて、閉鎖するだけで、両唇を離さない、つまり例によって、破裂＝開放しない。日本語では「ド・ロ・ッ・プ」などとなって、この鋭い一音節性を基礎にしたリズムが見えなくなってしまう。

ちなみに日本語にもなっている英語の drop は、コーヒーなどの drip（滴らせる、滴る）と母音が交替した音象徴語。短くぽたっと垂れる英語 [drɪp] の短母音 [ɪ] を、[uː] と長母音にした droop [druːp]（だら〜りと「長く」垂れる）も、母音を交替させて造っている同根の単語。

なお、この〈AYA〉は、曲の素晴らしさといい、歌唱といい、MVの色彩的な展開なども、ほとんど最高の出来なのだが、いわば極東の資本主義から見たオリエンタリズムのごときものが、映像にはちらちら見え隠れして、惜しい。映像の中に〈支配者―被支配者〉といった設定がなされると――アーティストたちが支配者に置かれる図式となってしまっている――、安心して楽しめない。

〈nanana〉という間投詞だけでサビができているような曲として、EXO の〈Love Shot〉二〇一八年がある。旋律の妙味を EXO だから可能にしているようなものだ。MVのカメラの視角はダンスの身体性を際立て、艶容さまでも醸し出す。

●[MV] SUNMI（선미）_ Gashina（가시나）

ソンミ（SUNMI）氏はWonder Girlsで活躍し、現在はソロ歌手。二〇一七年。

曲名の〈가시나（カシナ）〉は〈お行きになるの？〉＝〈私から去って行かれるの？〉の意だが、ここでもことば遊びで、〈女の子〉の意の方言とかけている。韓国語も日本語同様、同音異義語は少なくない。ことばの遊び場となるわけである。また、日本語では〈行くの？〉に対して〈お行きになるの？〉という尊敬形があるが、同様に韓国語でも用言には全てこうした尊敬形があり、日本語以上に多用される。歌詞では〈なぜ可愛い私をおいて去ってお行きになるの？〉。ここでも声門閉鎖が多用されている。

3－3　ハングルの夢、漢字のそよぎ

韓国語圏ではハングル専用が主流だ――漢字はあまり用いられない

韓国語圏も漢字文化圏であることは、日本でも知られている。ベトナム語も漢字文化圏であったが、現在は基本的に用いられず、ローマ字で表記されている。韓国でも朝鮮民主主義人民共和国でも、漢字をほとんど使わなくなっていることも、多くの人々の知るところである。ただ、

ではなぜ漢字を使わないですむのかについては、ほとんど理解されていない。少なからぬ人々が、ハングルは日本語の仮名のようなものだと、思っているからに他ならない。

《注》もちろんハングルも仮名も表音文字であり、なおかつ音節文字であることは、共通した性格である。それにも係わらず、韓国語をハングルだけで表記しても、仮名とは違って、全く困らない。朝鮮民主主義人民共和国では既に一九五〇年代から基本的に漢字を用いていない。南北いずれもハングル専用に傾いていているわけである。なお、このことは言語や文字の優劣とは全く係わりがない。ただ、言語や文字の性質が異なるだけだ。言語も音楽と同じで、何かというと「国」の優劣を語りたがる人々があって、これも困ったものである。

ハングルの存在は知られていても、また、韓国語やハングルを学ぶ人は増えていても、その文字のシステムの根幹が日本語圏ではほとんど知られていないのが、現状である。もっとも、なぜハングルだけですむのかという文字論の原理を、解りやすく解いている本などもほとんどないので、致し方ないところではある。

一番の核心だけを言うと、ハングルが実は漢字のような表意的、表語的な働きも大いにするからである。韓国語という言語の性格と、ハングルという文字の性格がそうしたことを可能にしている。具体的になぜハングルだけですむかの詳細については、野間秀樹（2021b: 342–347)、野間秀樹（2023 近刊）を見よ。とりわけ後者では、図解によって、文字の原理論から簡潔に解るだろう。

●ATEEZ（에이티즈）－'멋（The Real）(흥：興 Ver.)' Official MV

思わずにやりとするMVというものは、多いけれども、このMVは、見ながら何度も吹き出す。二〇〇一年のハイスクール傑作バトル映画『火山高』（VOLCANO HIGH）で、張赫（チャン・ヒョク）氏が雨の中を火山高へやって来る場面への、オマージュのような出だし。破天荒な〈ATEEZ HIGH SCHOOL〉が舞台の、ストーリー仕立てである。

二〇二一年。エイティーズ。

書かれたハングルが、あちらこちらに登場する。ちょっと読めると、凄く面白い。いくつかの高校生グループが設定されている。例えば書のサークルらしき場面で、時代劇風の衣装を身に纏（まと）い、でかでかと認（したた）められる書は、ハングルで〈겸손겸손겸손（キョムソンキョムソンキョムソン）……〉〈謙遜謙遜謙遜……〉である。この字はなかなか良い。完全に書家の書だ。周りでは一〇人ほどの後輩たち（?）が、お世辞にも上手とは言えないハングルで、やはり〈겸손（キョムソン）〉（謙遜）を認めている。あるいはまた、ボディへのパンチの防御用に腰に差していた本の題名はやはりハングルで、『도덕（トドク） 3』（道徳3）という高校三年生の道徳の教科書だ。食パンを口に咥（くわ）える場面では、多くの人が二度見しただろう。燃えるバットに焼き付けてあるハングルは、〈열정최산（ヨルチョンチェサン）〉（熱情の崔傘：チェ・サンは、ボーカルメンバー、サン氏の名）、踊りまくる後ろに掲げられているスローガンには漢文

調の四字熟語で〈겸양지덕（キョミャンジドク）〉（謙譲之徳）といった具合で、抱腹絶倒。なお、あちこちのハングルや英語の落書きの文字はなかなかいい出来だ。

四組の代表四人が放つパンチの交点で、パンチが交わったと思いきや、『멋』[mɔt̚][モッ]とハングルで題された、伝統的な線装本（和本のような造りの本）が捕まれている。〈粋〉とか〈格好良さ〉といった意。その書名の下には小さく「개정판（ケジョンパン）」（改訂版）！　芸が細かいではないか。抜群の笑いのセンス。いけてる。この〈モッ〉が曲名でもある。紙吹雪の中で踊りまくる高校生たち。そして語られるのだ——〈こういうのがまさに멋（モッ）、粋ってもんですよ〉。傑作。

なお、『火山高』での乱は同映画によると、火山一〇八年の出来事であったから、このATEEZ〈멋（モッ）〉の乱は、それから二〇年後、火山一二八年の出来事である。

それでもＫ－ＰＯＰは漢字を希求する

Ｋ－ＰＯＰは韓国にあっても大衆的な文化の最先端であるから、当然、漢字など見向きもされないと思うかも知れない。それは違う。面白いことに、逆に、漢字は決して忘れ去られず、しばしば当然そこにあってほしいもののごとくに、大切に扱われている。

漢字語に注目すると：

〈何如歌〉（하여가）［hajɔga］［ハヨガ］（一九九三年）ソ・テジ
〈時代遺憾〉（시대유감）［ʃidɛjugam］［シデユガム］（一九九六年）ソ・テジ
〈天上有愛〉（천상유애）［ʧʰɔnsaŋjuɛ］［チョンサんユエ］（一九九五年）Roo'Ra（룰라（ルルラ））
〈歸天道哀〉（귀천도애）［kwiʧʰɔndoɛ］［クィチョンドエ］（一九九六年）金旻鍾（キム・ミンジョン）

これらの単語に何か漢文調のものを漢字、格調のようなものを感じるのは、韓国語でも日本語同様である。ソ・テジの〈何如歌〉などは新鮮な響きをもって迎えられた。韓国語でももちろん〈何如〉のことば自体は〈いかん〉〈どうであるか〉の意である。ちなみにこの頃はもう若い世代の漢字離れはかなり進行していた。

そして今日の決定的な例が、ＢＴＳの青春三部作とも言われるミニアルバムのシリーズにもいられたこれである：

〈花様年華〉（화양연화）［hwajaŋjɔnɦwa］［ファヤんヨヌァ］

なお、〈花様年華〉は、ウォン・カーウァイ（王家衛）監督、二〇〇〇年の香港映画の作品の題名として知られる。トニー・レオン、マギー・チャン主演。花様年華は花のごとくに美しき時の意という。こんな単語がもともと韓国語にあったわけではない。

このシリーズのMVもストーリー仕立てのものとなった。五分三三秒と、長めの〈I NEED U〉のMVでも〈花様年華〉の正字体の左横書きでタイトルが現れ、その下に英語で〈The Most beautiful Moment In Life pt.1〉（大文字小文字の表記はMVによる）と記されている。漢字は大きく、鮮やかな朱色で、MVの大部分は白黒ではないものの、無彩色が中心の、彩度が大きく抑制された色調で、統一されている。

二〇一五年に発表されたこの〈花様年華〉、そして〈I NEED U〉は、これ以前のヒップホップ的な音楽性から脱皮した造りとなっていて、BTSの来し方のうちでも、エポック・メイキングな仕事となった。

その後、二〇一八年の〈IDOL〉1:16では、ジミン氏の歌の直後の背景に一瞬〈愛〉という大きな漢字が配されている。ジョングク氏の背景2:55での〈사랑〉[saraŋ]［サらん］（愛、恋）という大きなハングルの立体文字と対比になっている。

●NCT 127 엔시티 127 '無限的我（무한적아 ;Limitless）' MV #2 Performance Ver.

●【NCT 127】「Limitless」

NCT 127の日本語版のMVと韓国語版のダンスムービー。二〇一七年。日本語版MVのタイトルにも〈無限的我〉と大きく。「無限の私」の意。韓国語ではなく、中国語。映像の中でも「前」「後」といった漢字があしらわれている。ところでこの曲は、アーティストたちそれぞれの〈こゑ〉が圧倒的な存在感を造形しきっている。次々に繰り出される一人一人の魅力的な〈こゑ〉の質的な変容と連続によって、まるで魂ごと捕らわれたごとく、〈無限〉と言ってもよいほどの時空間に引き込まれる。〈さあ始まりだ〉。とりわけ低音部での多様な〈こゑ〉が溶け合うユニゾンは、私たちの心をぎゅっと摑(つか)みにかかって来る。〈こゑ〉の豊饒そのもの。名曲、名唱、名ダンス。

● Dreamcatcher（드림캐쳐）'BEcause' MV

ドリームキャッチャー、二〇二一年。一見、童話風の始まり。K－POPの曲は歌唱の難易度の高いものが、少なくないが、これはその極めつけ。低音から高音のファルセットまでを猛烈な速度で行き来する旋律。アーティストたちが音を高速で自在に操るアジリティ、瞬発性は驚異的。タイトルは〈BEcause〉と表記されている。歌詞には〈I don't want to BE（悲）〉といった表記が現れる。漢字の〈悲〉の韓国語の音は[pi][ピ]だが、韓国語母語話者の意識では、

語頭では [bi] と区別はつかない。音をかけているわけである。〈話されたことば〉における口頭の発音だけで［ピ］や［ビ］と言っても、韓国語では〈悲しい〉という意味も、漢字も想起しない。ゆえに明らかに〈書かれたことば〉としての技巧である。映像に交えて、〈こゑ〉と共に文字を読ませる、こんなことも TAVnet 以前にはできなかった技巧である。ちなみに日本語でも〈美〉は [bi] で BE のかけことばにできる。曲は不敵な笑い声で終わる。

Ｋ－ＰＯＰにあって漢字は、その格調と共に、美しい意匠のデバイスとして生き続けていると言ってよい。

なお、漢字語のみならず、グループ名やファンクラブの名称などには、英語を基礎にした単語の造語や綴りも好んで行われ、その際に〈これこれのコンセプトで〉だとか、〈これこれこうした意味を込めた〉のごとくに説明されるようにもなった。要するに、Ｋ－ＰＯＰの世界はことばについては常に著しい関心を示し、遊び心に満ちている。グループ名の名づけなど、ローマ字数文字の検索でも間違いなくヒットするような綴りにしていることは、言うまでもない。ことばのアンティクス、ことば遊びのような修辞もあちこちで発見できるわけである。例えば、数字を綴りに混ぜたグループ名〈Kep1er〉（ケプラー）の〈WA DA DA〉（二〇二二年）など、ことば遊び溢れる詩も、歌も曲もダンスも、そしてグループ名も曲名も楽しい、大傑作である。

３‐４　〈こゑ〉が〈うた〉になる瞬間――言語の存在論

地上最強の楽器は何か

さて、Ｋ‐ＰＯＰには様々な楽器が用いられている。では地球上に存在する楽器のうち、耳に最も訴えてくる楽器は何であろう。それはヴァイオリンである。耳に一番近いところで、引かれるからだ。弓で弦をぎりぎりと擦って音を造る際に、もうそれだけで思い切りビブラートがかけられているようなものである。耳とヴァイオリンについてのこの話は、既に世に語られているところである。ではさらに問おう。私たちの心に最も響いてくる楽器は何であろう。それはギターである。見て解るように、私たちはギターを大切そうに胸に抱いて、心に一番近いところで弾く。ジャズ・マヌーシュ、いわゆるジプシー・ジャズを見るがよい。多くは管も太鼓もなく、ヴァイオリンとギターだけでも心に響いて来るではないか。なお、心は胸ではなく、頭にあるという説があり、これはそれなりに有力な学説である。

それでは究極の問いへ進もう。私たちの存在そのものに最も訴えてくる楽器はと言うと、一体何であろう――ヴォーカルである。それはただ〈鳴る〉だけではない。ヴォーカルは常に〈ことば〉を持っている。この点でヴォーカルは地上のあらゆる楽器がついぞ辿り着かない高みに、屹立し得る、地上最強の楽器である。

私たちが歌を聴く。そこで歌として形造られる〈ことば〉は瞬時に、その〈ことば〉に連なる、〈意味〉の造形を私たちに促す。聴く人ごとに異なる、聴く人の存在に依拠した、〈意味〉の造形である。そこには聴く私たちの、来し方も、今も、そしてこれからも、あるいは歓びもあるいは哀しみも、ありとあらゆることどもがたちどころに押し寄せて来るという、驚嘆すべき仕掛けが、隠れている。そしてそれらは単なる〈ことば〉として造形されるのではない。歌う人の存在ごとに全く異なった、眼の前のその人だけの〈こゑ〉で造られる〈ことば〉であり、私たちの生における〈いま・ここ〉という、唯一無二の奇跡的な出会いに立ち現れる、〈ことば〉なのである。

〈声〉と〈こゑ〉

物理的な、あるいは音響音声学的な観点からの、多くはデジタルに計測できる対象として把握する「声」に対し、人の存在の形としての「声」を、本書では、〈こゑ〉と書いて、区別している。ざっくばらんに言って、機器で数値として計測できるような「声」と、それだけでは現在の諸学の段階では今のところ把握しきれず、例えば〈個性〉などと呼ばれる、個々の人によって互いに異なる、個々の存在のありようが不可分に纏わりついているような対象として

「声」を考えるとき、〈こゑ〉と書いて、区別するわけだ。

「あ、この歌声はあの人だ」のごとくに、人をアイデンティファイできるのは、知覚のレベルでは、音の高さ（pitch）だの強さ（intensity）だのも当然作用するけれども、この〈こゑ〉のほうに依拠するところが、大きい。その「声」からその人だと同定できるのが、〈こゑ〉だ。〈こゑ〉の一部は「音色」として研究されている。「音」の性質の延長から措定して「声」を見ることは不可欠だけれども、〈歌〉は当然のごと、語りきれない。

そもそも機器は「声」に共振し得るけれども、私たちの感性も思想も、それぞれの人の存在の形としての〈こゑ〉に共振するのだから。そして〈こゑ〉を享受する場ともなると、音の世界だけではなく、しばしば光の世界と交わって現出している。私たちにあって、音と光はしばしば不可分の姿でそこに姿を現すのだ。まるでK-POP MVがいつもそうであるように。

ここでごく大雑把に、こうまとめることができる：

人の〈声〉を存在論的に捉えるとき、〈こゑ〉という

ここで〈存在論〉（ontology）は、〈存在ということについて考える思考〉程度に押さえておいてよい。世界や事物や私たちが存在するということについての思惟である。

何ものかの存在について数値を手掛かりに考えることはできるけれども、一般に、その何ものかがとりわけ生き物に係わっていると、〈存在〉を数値だけに還元することは、私たちの知覚のレベルでは、限りなく難しい。例えば私たちそれぞれの存在が「一」という数値だけでは掬い取りきれないことを、思えばよい。私たちは数値の「一」に還元し切れるような存在ではない。そもそも私もあなたもその「一」と数え得るのか？ 〈こゑ〉もまた同じだ。Ｋ－ＰＯＰアーティストたちの多くがグループである秘密も、存在へのこうした思考が解いてくれる。

《注》二〇世紀言語学は、人の〈ことば〉の「音」を、つまり言語音を、音論で扱った。やがて記号論の枠組みで捉えることを、始めた。そうして描き出されたのが〈音韻論〉(phonology) という知であった。言語の音のうち、〈ことばの意味を区別し得る最小の音の単位〉を、〈音素〉(phoneme) と呼んだ。音素を核にし、音素の体系を調べるのが、音韻論である。音論のうちで、音韻論は、音の物理的な性質を調べる音声学 (phonetics) と分かたれ、言語学を劇的に進化させた。

けれども一方で大切なものを失うことを、加速させた。音声学や音韻論が、言語の音の世界で失ってきたものこそ、数値や記号で掬い取れないものであった。今日、歌の〈こゑ〉のみならず、言語音についても、〈言語音はいかに在るか〉という、リアルな、存在論的接近が、いったいどれだけ可能かが、問われている。

BLACKPINK, 四人の〈こゑ〉たち

先程のBLACKPINKの〈뚜두뚜두（DDU-DU DDU-DU）〉[ˀtudu ˀtudu][トゥドゥ トゥドゥ]や〈붐바야（ブムバヤ）（BOOMBAYAH）〉を改めて聴いてみよう。

再度第四講で詳述するが、四人の〈こゑ〉が互いに異なること、及び〈四人であること〉に注目。少し聞き慣れただけでも、どれが誰の〈こゑ〉か、すぐに識別できるようになるだろう。リサ氏の低音の深みだったり、ジェニー氏の弾（はじ）けだったり、ロザ氏の艶やかさだったり、ジス氏の気品だったりと、互いの〈こゑ〉たちがまるで互いを際立たせるように立ち現れる。つまり、〈誰かが歌っている〉のではなく、〈私が歌っている〉と、常に〈こゑ〉自身が宣言している。〈私はここにいるよ〉と。K－POP MVでは多く、パートを担当しているアーティストが視覚的に描かれるから、〈こゑ〉の存在感自体には比較的気づきにくいけれども、音源だけ聴けば、こうした〈こゑ〉の存在感が際立つグループ、曲と、そうでない作品とは歴然とする。

三・一一でデジタル世界への幻想は崩壊したと言った。そしてK－POPは圧倒的な〈身体性〉へと突き進んだ。そこにおいて問われる〈歌〉の存在論的な基礎こそ、〈こゑ〉に他ならない。それは詩の内容とも呼応した。ジェニー氏〈붐바야（ブムバヤ）（BOOMBAYAH）〉のラップを聴こう――〈あんたが話にだけ聞いてたその子が私、ジェニー〉とジェニー氏自身が言ってのける。考えてほしい。ここでジェニー氏は明らかに〈メタっている〉。つまりMVの内部で造られる物語

のジェニーから、MVの外部、一つ高次の（meta-）世界へと、アーティストとして歌っているジェニー氏へと、一瞬で抜け出すのである。かくも自信に満ち溢れた詩が、たとえば二〇世紀の韓国歌謡にあっただろうか？　歌という物語内部と外部をメタって、自由に行き来しながら歌う人。「ガールクラッシュ」？　そんなことばではまだまだ足りない！　ジェンダーレスへ向かうクラッシュであり、旧世界のクラッシュ＝粉砕ではないか。そしてこんな内容を、誰か知れぬ漠然たる〈声〉、濾過されてしまった〈声〉、記号論的な世界の〈声〉が、果たして支えきれるだろうか？　否である。ここは断固としてジェニーという稀有なるアーティストが、その生身の身体の根幹から絞り出す、ジェニー氏だけの〈こゑ〉でなければならない。そうした〈こゑ〉が現出するとき、私たちの身も心も驚喜する。存在論的な〈こゑ〉とは、こうした声のことだ。BLACKPINKの四人の歌の化身たちが断固として屹立する〈Kアート〉の世界像は、かくして造り上げられるのである。

●★BLACKPINK – 'Kill This Love' M/V–

右は二〇一九年のMV。BLACKPINKの存在感は、ここには挙げていないけれども、例えばこの同じ曲のコンサート動画を見れば、いよいよ際立つ。とりわけTOKYO DOME 2019–

2020のコンサート映像は、カメラワーク自体も瞠目すべきものであり、バンドのサウンドも重厚である。四人がいったいどれほどのアーティストたちかが、震えるほどに解るだろう。〈こゑ〉が〈うた〉になる瞬間に、幾度も出会える。東京ドームの一連の動画群は、K－POPコンサート動画史上の最高傑作とも言えよう。

驚くべきは、こうしたコンサートのいわゆる生歌でも、東京ドームでの公演は、音程の揺れなどといったものとは無縁である。ラジオ番組の録音などでさえ、さすがのジェニー氏などでも、ごくわずかな不安定さに極めて稀に遭遇したりするのだが、これは立派、不動だ。

さらに何と多くは日本語で歌われている。共に踊るダンサーの人々も素晴らしい。K－POPとはいかなるものかを、天下に知らしめる、驚愕の完成度、存在感、そしてファンとの一体感がここにある。感動的なことに、DVDがある。

なお、〈こゑ〉だけではなく、ダンスでもどれだけ突出しているかが、本書の〈前奏〉でも見た映像で解る：

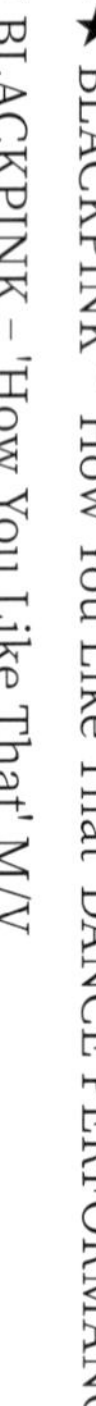

●★★ BLACKPINK – 'How You Like That' DANCE PERFORMANCE VIDEO

●★ BLACKPINK – 'How You Like That' M/V

ここにぎりぎりと浮き出るのは、圧倒的な〈身体性〉である。この身体性こそ、二一世紀の今日が求めてやまない存在の〈かたち〉であった。リサ氏の極限のダンスはそもそも世に知られるところであり、ロゼ氏のダンスもまた、際立っていて、一歩もひけをとらない。四人のアーティストが、歌だけで存在しているわけでないことを、満天下に示す映像となっており、ダンスの振り付けと実践だけでも、既に並み居るMVたちを蹴散らさんばかりの、圧倒的な水準の映像作品に仕上がっている。2:20ほどからの、八人のダンサーたちが加わる、ピンクの炎の祭りのごとき、末尾の高揚感は圧巻である。一〇億回の祭典で世界が踊った。

●★★ 마마무 (MAMAMOO) 의 킬링보이스를 라이브로! - Mr. 애매모호, 너나 해, 데칼코마니, 별빛밤, I miss you,HIP, 고고베베, 딩가딩가, AYA — 딩고뮤직

K-POPの前衛たちは、例えば「アイドル」といった旧態依然たる感性のみに依拠して、ファンの共感を得ようとする思想――それは概ね音楽産業資本の思想である――と、絶えず闘ってきた。もちろん、そうした思想が成立はするだろう。「アイドル」の位置づけにもよって、評価も批判も多々あり得るけれども、歌だけがエンタメではないからだ。ただし、「アイドル」といった古き思想と感性で、アーティストたちの可能性を狭い思想と感性へと押し込め、金糸

を纏(まと)わせた集団を作り、商品化しようというような考えが、もしやよぎったとしたら、それはK－POPが今日志向するところとは、限りなく離れている。資本主義的な思考の枠組みの内部でさえ、そうした考えは、K－POPとはほど遠い。明らかに、K－POPの前衛たちは、〈歌〉を忘れていないし、ラップも忘れていないからだ。右のMAMAMOOの動画からはそのことが鮮明に解る。

K－POPへの道を志していた多くの人は、右の動画を見ると、もしやK－POPへの進路を諦めたくなるかもしれないけれど、これを見てもなお、「私もやりたい」と思う方がいらしたら、是非とも頑張ってほしい。あなたの歌を聴いてみたい。あらゆる幸運があなたに訪れますように。

なお、動画冒頭で言う「カムバ（ック）」は新曲のための活動を本格的に始めることを指す。完全にやめてからのカムバックという、日本語とは異なる用法。米国でのBLACKPINKへの英語でやりとりしているインタビューでも、司会者たちが、「カム バック」のK－POPの用法だ、などと確認していたのは、面白い。

それぞれの曲のMVは別にあり、それらは旋律やファッションを始め、いかにも一九六〇年代を二一世紀的に脱色しようとしている感がありありと見える。その一方で、この動画などで、MVなしで聴けば、その歌の力量と共に、一体アーティストのどんな力量がK－POPの、〈ことばと音と光が統合された姿〉を支えているかも、よく解る。K‐POP MV、Kアートは〈ことばと音と光の統合態〉ではあるけれども、私たちの心を捉える決定的な核は、〈歌〉なのだ。そしてその〈歌〉の実質的な本体こそ〈こゑ〉からなっているわけである：

K‐POPは〈歌〉を忘れた金糸雀(カナリア)などではない

ちなみに、本書では先にこのMAMAMOOを〈歌の達人を四人集めたようなグループ〉と書いた。MAMAMOOの力量はK‐POP界で一目も二目も置かれているところであって、例えば〈믿듣맘무〉[mi^{tʔ}tummammu][ミットゥンマムム]ということばまで、あちこちの番組のグループ紹介などでも用いられているほどである。〈믿고 듣는 마마무〉[ミッコトゥンヌンママム]の略で、逐語訳すると〈信じて聴くママム〉〈安心して聴けるママム〉、日本語式に略すなら、〈信聴ママム〉ほどになる。要するにほとんどのK‐POPアーティストたちでさえ、生歌や、あるいはダンスの疲労のせいや、音響の不具合などによってしばしば起こる、音程の不安さだの何だのといった、歌の小さな不充分さなどとは無縁、何が起こっても、いつも完璧で〈安心して聴けるママム〉というわけだ。

なるほど、膨大な数が流布している、MAMAMOOのあれこれの映像でも、〈こゑ〉や歌唱についての微細な不安さえ感じたことは、ただの一度もない。〈失敗も可愛い〉などという水準とは別世界である。それどころか、ファンによって数々のアドリブが逆に集められたりもしている。常に、絶対的な〈こゑ〉、絶対的な〈歌〉、絶対的な〈Kアート〉、それがMAMAMOOである。

〈アンティクス〉のアド・リブとミニマリズム・ダンス

大技のダンスではなく、MAMAMOOがあるいは歌いながら、あるいは歌の合間にやっている、〈アンティクス〉などと呼ぶべき、ちょっとした仕草、軽い悪ふざけのようなさりげない動作が、達人の達人たる所以である。アンティクスantics（おふざけ）がアンティークantique（値打ちものの骨董品）となるほどに、まるで古くからやっていたごとく、自然なふるまいとなっている。もちろんこうしたアンティクスは、滅茶苦茶にやっているのではなく、ことばやダンスの振り付けを基礎にしたアドリブである。デジタルで仮想的な美学ではなく、規範から少しだけ逸脱し、身体性をさりげない形で極限まで活かし切る、こうした存在の美学。

こうしたアンティクスはＢＴＳやBLACKPINKなどもまた自家薬籠中のものとしていて、多くのＫ－ＰＯＰアーティストたちも彼らの動画群から学んでいると思われる。先のBLACKPINKの東京ドームで、アドリブのごとくに現れる、仕草たちを見てみると、彼らの凄さがよくわかる。小さな、ちょっとした、合間合間に差し挟まれる仕草、これがたまらない——ファンの心性は、かくのごとく、かき立てられる。ダンスという〈大振りの身体性〉だけではなく、こうしたいわばそこはかとない、日常的な〈小振りの身体性〉を共有するというK‐POPの時空間も、TAVnetの時代が切り拓いてきた地平である。

K‐POPの動画には世界中でいわゆるリアクション動画と呼ばれる動画や、批評的な動画やサイトもたくさん現れる。英語圏の評では、MAMAMOOのダンスを〈ミニマリズム〉のそれと呼んでいた。なるほど、言い得て妙である。

dingoのこの動画を見ると、それぞれの人を知りたくなるだろうから、映像の右から順に：

ファサ（화사 Hwasa, 1995–）氏
フィイン（휘인 Wheein, 1995–）氏
ソラ（솔라 Solar, 1991–）氏
ムンビョル（문별 Moonbyul, 1992–）氏

なおソラ氏、솔라の韓国語発音は[solla]［ソㇽラ］。記号では[l]が二つあるけれども、一度口の天井、硬口蓋（こうこうがい）につけてから離し、再度つけるわけではない。舌を一度硬口蓋につけたまま、

[ː]を長く維持する、長子音[ː]だと考えればいい。

四人それぞれの存在が際立つことが、映像から見て取れるだろう。声の質が互いに異なっていて、衣装もそれぞれにさりげなく自己主張をしている。K－POPになぜグループが多いかが、ありありと解る。グループとは、集団やマッス（量感）のことではない。個がただ集まっていることを意味しない‥

　　グループとは、個の存在を際立たせる装置である

逆に言えば、個を集団に埋没させず、個の存在を際立たせる仕方で集っているグループこそが、地球上を駆け巡るような、巨大な成功を見ている。先のBLACKPINKやこのMAMAMOOがそのことを教えてくれている。人をマッスとしてしか扱わないような戦略では、MVが戸口となっている、今日のミュージック・アート・シーンでは認知さえされにくいわけだ。全体主義的な集団とK－POPのグループとの根底的な違いである。

私がまた別の美の基準になってやる

ファサ氏はコンサートで語っている。中学生の時から太っていたと。ある日受けたオーディ

ションで聞かされた、「お前は個性も強いし、歌も上手だが、太ってるし、可愛くない」という、審査員の「先生」からの言にショックを受けた。コンサートでは冗談のように呟く。「ひでぇ奴らだ」。泣きながら家に帰って、こう決心したのだと：

この時代が言う美の基準に、私が合わないのなら、私がまた別の基準になる

旧態依然たる「アイドル」像の「容姿」に抗し、〈私がまた別の美の基準になる〉と宣言したファサ氏のこのことばは、YouTube上で動画と共に拡散され、多くの共感を呼び、既に名言として人口に膾炙している。

これこそが私だと、存在が絞り出すごとき、このファサ氏の歌唱を始め、低音から高音までまるで体ごと自在に駆け巡るかのような、フィイン氏の歌唱、〈I Miss You〉に現れる、〈解った、解ったから、もう歌わないで〉とでも言いたくなるほど、まるで人の限界の絶壁を歩んでいるような、ソラ氏の歌唱、それぞれがこれでもかとばかりに際立ちながら、そして造り上げられる一体感。MAMAMOOの歌唱と圧倒的な存在感の前では、ほとんど問答無用である。

このことは『不朽の名曲』など、古い曲を新たに歌い上げる番組などでも、遺憾なく発揮されている。この三人の声にムンビョル氏のメロディックなラップが重ねられ、やって来て、不

覚ながら、落涙した。それぞれの〈こゑ〉は、何とどれも〈ことば〉なのである。私たちに嫌でも意味を造形させる〈ことば〉でもあるのだ。〈こゑ〉が〈ことば〉になるとき。驚愕するようなラップに、しばしば出会うのが、K－POPである。しかしまさかラップで泣けてくるなど、後にも先にも、MAMAMOOで奏でられるムンビョル氏のラップしかない。

その名は、英語の「月」＋韓国語の「星」の意。〈私が輝く夜ですね〉など、合間の会話にもしばしば出ているごとく、歌詞にも月が出て、星が輝いている。ラップを主に受け持っているけれども、実は、歌もいい。この人のような女声の低音ラップはK－POPではあまりいない。四人共だが、とりわけムンビョル氏、フィイン氏はダンスも実は巧者だ。

メドレーなので、今少し、見ておこう。二曲目の〈너나 해〉(おまえがやれば)の、〈Egotistic〉の英訳タイトルは、韓国語が解る人からは、とてもうまいなと共感できるだろう。この曲や〈별이 빛나는 밤〉(星の輝く夜)の始まりでのように、ほとんどギター中心で歌うような音楽場は、K－POPでは極めて少ない。

〈星が輝く夜〉(Yellow Flower)のラップでは言うのだ。〈浴槽の水が未練となって、溢れ出す〉！　何という、没詩的な、とんでもない比喩だ。ちなみにこんな比喩がムンビョル氏の〈こゑ〉だからこそ成立するのであって、それゆえ詩となって溢れ出す。

MAMAMOOにあっては、四人の〈こゑ〉それぞれの、高音の帯域によって私たちの心がきりきりと刺され、低音の音域で私たちの魂はぎりぎりと鷲づかみにされるのである。dingo music が運営するこの Killing Voice の映像は、非常に巧みだ。背景もわずかなライティングで。なおかつ、歌と共に〈踊る=チュムる〉カメラ。末尾のクレジットに、JOOSEUNG KIM とある。これのカメラは達人の領域だ。歌い終わってからの、四人の最後の去り方も実に憎い。

●★ TXT（투모로우바이투게더）'Good Boy Gone Bad' Official MV

TXT は〈TOMORROW X TOGETHER〉（トゥモロー・バイ・トゥギャザー）の略。〈トゥバ〉とか〈トゥウバトゥ〉と呼ばれる。五人の男性グループ。二〇二二年。

ゴミ捨て場に埋もれる、冒頭の映像の衝撃度の方が記憶に残るかもしれないけれど、〈こゑ〉を言うなら、これだ。ボムギュ（BEOMGYU）氏、テヒョン（TAEHYUN）氏、ヒュニンカイ（HUENING KAI）氏と続くヴォーカルから、スビン（SOOBIN）氏、再びボムギュ氏という二人の艶容なるファルセットへ、さらにヨンジュン（YEONJUN）氏へと継がれる展開は、鮮烈。五人の〈こゑ〉の存在感がこれでもかと突き出される。男声のファルセットがここまで屹立するK－POPは稀だ。ヴォーカルとラップ、音の高低、速さと緩やかさ、激しさと優しさ、それらが絶え間なく揺れ動き、ダンスが描く身体性をカメラが押し出して、私たちの心臓をいわばぐいぐい摑(つか)みにかかる。この曲と次を対比してみよう：

● TXT（투모로우바이투게더）'ANTI ROMANTIC' Official MV

こちらは二〇一九年。ＭＶは、美しい旋律、どこまでも美しい歌声に、明度の高い映像で、メンバーを美しく順に描くだけの、穏やかさに浸ればいいのかなと思いきや、後半からは雪の中での氷と対決する、絶妙なる刺激たちが、次々に襲って来る。最後には引力さえも傾いてしまう。ああ、〈アンチ・ロマンティック〉。こんな造りのＭＶは初めてだ。そして〈こゑ〉が私たちの記憶に残るのだ――

〈翻訳〉が世界のＫ－ＰＯＰも、Ｋ－ＰＯＰの世界も支えている

この第三講では〈ことば〉について見てきた。重要なことを、一つだけ敷衍(ふえん)しておこう。Ｋ－ＰＯＰ関連の動画には、それぞれの動画の主が日本語をつけておられるものが、たくさんある。

YouTube上の、こうした翻訳の営みに対して、著作権がどうのといった、ちょこざいな口出しを、K－POP資本はほとんどしなかった。小さな著作権料などより、こうしていろいろな言語に翻訳してくれる人々の営みこそ、K－POPを、実体的にも、経済的にも大きく支えてくれるからである。グレーゾーンだの、無法地帯だのと、しばしば罵倒されるYouTube動画群だが、K－POPにあっては、おそらく少なくとも言語という観点からは、その貢献度の方がはるかに大きい。翻訳がなかったら、世界の今日のK－POPは、おそらく、存在しない。

実のところ、多くの言語に翻訳を行っている、こうした人々の力で日本語圏、英語圏など、今日の他言語圏におけるK－POPの隆盛があることは、記憶しておかねばならない。TAVnetは言語で支えられ、歩むべき方向さえも、言語で示すのであった。そして今日その言語とは、「韓国語」「英語」「日本語」などといった、特定の一つの言語ではありえない。〈歌〉は言語をまたぎ、〈こゑ〉は言語をまたぐからだ。

もしも翻訳という営みが行われなかったら、そこでは音の〈かたち〉である〈ことば〉だけが置き去りにされてしまう。だが私たち人はその〈ことば〉に〈意味〉を造形したいのである。〈歌〉や〈こゑ〉に惹かれれば惹かれるほど、私たちは〈意味〉を希求する。前述のごとく、人がことばを発するとは、意味の造形を促す営みでもあるからだ。そして未知の言語の〈ことば〉に〈意味〉を造形するためには、どうしても翻訳という営みが不可欠なのである。

フランス語圏、アヴァンギャルド・ミュージック、フリー・ジャズとのコラボの名曲〈ラジオのように〉（Comme à la radio）で、かのブリジット・フォンテーヌ（Brigitte Fontaine, 1939–）氏もこう歌っていたではないか。あの熱き一九六九年。アヴァンギャルド的に訳しておこう。そう、翻訳せねば：

Traducteur, traduisez［トゥラデュクテール トゥラデュゼ］
翻訳家のかた、翻訳なさいまし

AIに翻訳は可能か――〈かたち〉は可能だ、でもそれは〈意味〉ではない

なお、翻訳を言うと、やれ誤訳がどうのとか、「翻訳では○○語は解らない」とか「△△語は翻訳できない」などといった言説が、地球上を幽霊のように徘徊する。こうしたペシミズムはまず忘れてよい。人類史を振り返ってみればよい。文字の出現と共に、既にそこには翻訳が胚胎していた。紀元前一九六年と言われる、エジプトのロゼッタストーンだって、神聖文字、民衆文字、ギリシャ文字という三種の〈かたち〉で記されていたではないか。翻訳は既に在る。翻訳は既にあった。私たちより先に在るのが、翻訳なのだ。翻訳は世界に満ちている。

そして言語は〈かたち〉として実現するので、実のところ、〈かたち〉はいかようにも翻訳可能である。今日では機械に親和的な「翻訳」さえ行われているではないか。機械翻訳、自動

翻訳だってある。ある言語の〈かたち〉を他の言語の〈かたち〉に変換すること、それ自体はＡＩでも可能である。ただ、その〈かたち〉がそれぞれの〈言語場〉において、人ごとに、どのような〈意味〉を実現するか、いかなる〈価値〉をもたらすか、あるいはどのような〈感動〉を生むかは、また全く別の次元のことがらである。

言語のこうした〈かたち〉と〈意味〉との係わりが解らないと、例えば哲学者、ジョン・サール（John Searle, 1932–）の〈中国語の部屋〉のような問いが、実は擬似問題だということも、解らない。〈かたち〉の変換だけでは、それは翻訳は未だ完結していない。〈かたち〉の置換だけを取り出して論じても、文字通り、「意味」がない。変換された〈かたち〉は、私たち人が、そこに〈意味〉を造形しにかかって初めて、〈翻訳〉と呼ぶ営みとなる、つまり〈言語〉となるのである。言語の置換態は人が立ち会うことによって初めて、〈翻訳〉として駆動するのである。

したがって、例えばYouTubeの自動翻訳は私たちが造形する〈意味の上から見ると〉、しばしばとんでもない事態になってしまいもする。ＡＩは〈かたち〉を選択しているに過ぎないからだ。ＡＩが〈意味〉を解しているように見えるのは、選択された〈かたち〉に私たちが〈意味〉を造形してやっているからである。そう、ＡＩは意味を解さない。意味を造形はしない。だからこそ人が翻訳を営むのである。だからこそ私たちが翻訳を貴き営みとする。

翻訳は大いになされてよい。大いに論じられ、愉しまれてよい。他ならぬＫ－ＰＯＰこそ、そうやって共有されてきたのであった。

ことばそのものは意味を持たないし、私たち人にあって初めて、意味と〈なる〉ものである。そして悲しいことに、〈意味とならない〉こともある。人がことばに接して初めて、人が意味を造形する。ことばはいつも同一不変の意味などその内部に持っているわけではない。意味は言語が行われる場＝〈言語場〉において、その都度、私たちが造形するのだ。翻訳の意義も、翻訳者への敬意も、全て言語場を抜きにしてなど、語れはしない。

翻訳はたくさんあっていい。意味はいつも時と場によって変容する。歌のことばも、書物のことばも、翻訳のことばも、同じだ。ある時は全くと言ってよいほど、意味をなさなかった全く同じ〈ことば〉に、今度は涙を流している……ことばが「有する」意味が変わったのではない、私たちの方が変わったのだ。私たちの経験値が変わった。それゆえ、私たちが造形する意味が変わったのだ。詩は変わらずとも、私もあなたも、翻訳者も変わる。どんどん変化してよいのだ。

今はやり過ごしているそのＫ－ＰＯＰの歌のことばを前に、いつか、あなたは泣いているかもしれない。

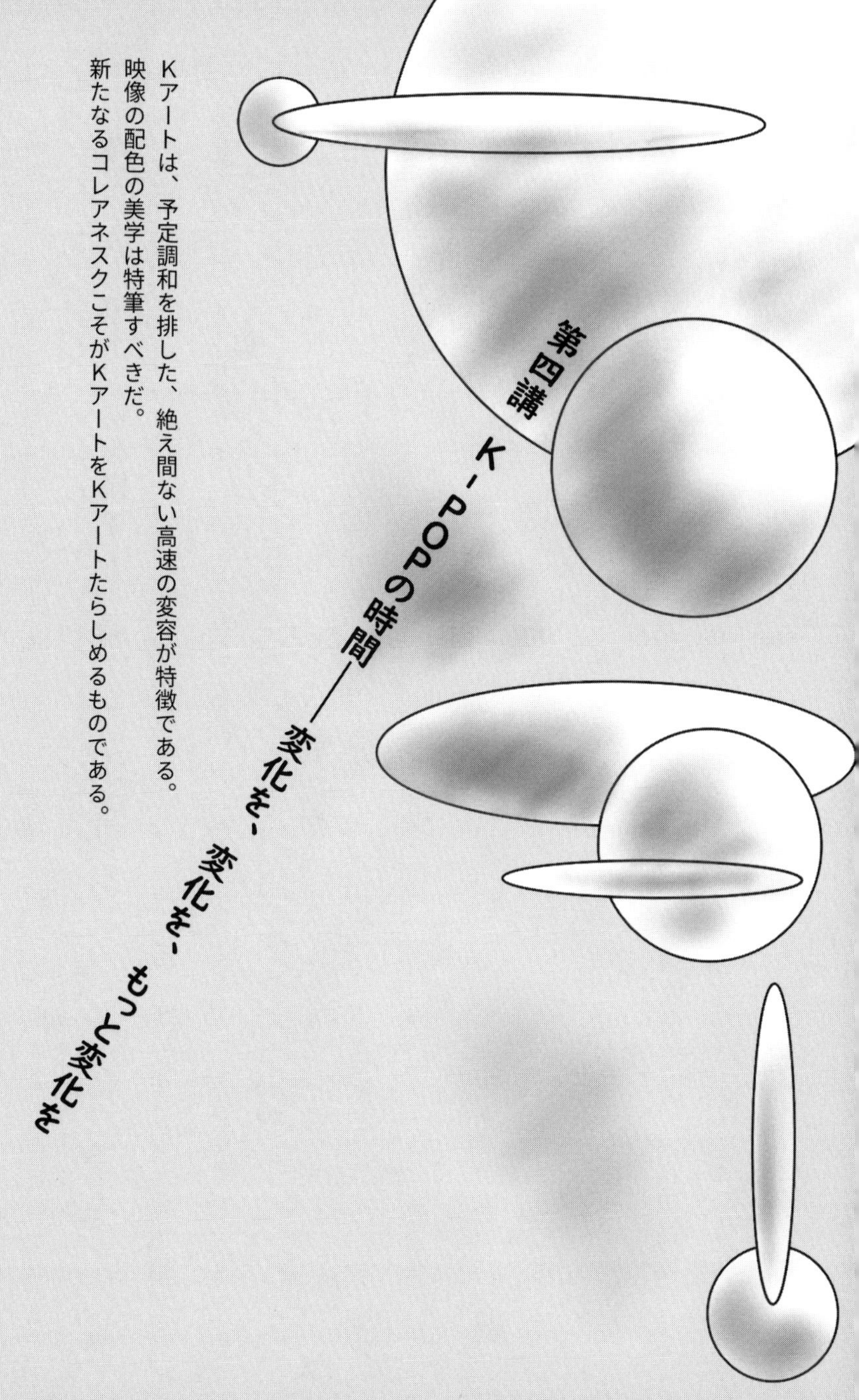

第四講　K-POPの時間——変化を-変化を-もっと変化を

Kアートは、予定調和を排した、絶え間ない高速の変容が特徴である。
映像の配色の美学は特筆すべきだ。
新たなるコレアネスクこそがKアートをKアートたらしめるものである。

４－１　予定調和を排す――変化という快楽

お願いだから、四小節以上、同じことを繰り返さないで

本書の〈前奏〉、二五頁で、こう述べた――お願いだから、四小節以上、同じことを繰り返さないで。どんなに凝ったフレーズでも、同じことを繰り返されるのは、ごめんだ。例えば思わせぶりな前奏が四小節続く。サビの面白いフレーズが延々と八小節も続く。もうそうしたことは、二〇世紀にさんざん聞かされてきた。ジャズのマイルスだって、今日でなら、もう四小節以上はまず、もたない。

このテーゼは、K－POPにとっては核心をなす。換言すると、こうだ：

予定調和を排せ

予定調和、そう、予め決まっているような進行。先が読めてしまう未来。既視感に満ちた過程と終末。予定調和はつまらない。私たちは音楽に常に新鮮な驚きを求めている。癒やしであったり、休息であったりという、静かな時間であっても、どこかでそうした新鮮さを待って

いる。新鮮さは小さくてもいい。静かさとは、惰性を意味しない。ああ、またか、といった感性は続きを求めない。音楽でも、映像でも、ことは同じである。

今日のMVの一つの傾向に、曲の単調さ、進行の予定調和を、映像で補おうとすることが挙げられる。単調なイントロを刺激的な映像でカバーする。ああ、やめてくれ。まずその曲自体の単調さ、予定調和に充ち満ちた構成から、造り直してくれ。この日のために鍛えに鍛えた、アーティストたちに失礼ではないか。旋律を聴く。次はこうなるよね、そういう聴き手の予想は、小さくていい、〈常に〉覆されねばならない。裏切られる予想、そうした刺激の快感。それがK－POPだ。

これが〈こゑ〉と〈歌〉の変化だ

例えば：

●★ TWICE「Doughnut」Music Video

TWICE（トゥワイス）は九人の女性のグループ。日本や台湾からのメンバーも参加している。MVの再生回数では、二〇曲以上が一億回を超えるなど、世界でも驚異的な数値をたたき出し

ている。オーディション番組から二〇一五年に誕生した。今やＫ－ＰＯＰの圧倒的な戦士たちと言わねばなるまい。

〈Doughnut〉、これは良い。日本語だから、ここでの解析にも解りやすそうだ。

ダダダーン（C→E♭→F）という低音から、ナヨン（NAYEON）氏、穏やかな〈こゑ〉で一小節目C#maj7（D♭maj7）からCm7へと綺麗なゆったりとした旋律から始めて、出だしの旋律だけ繰り返して、変化させ、〈君に〉のF#maj7に向けて今度は細かく一六分音符にことばを刻んで、乗せてゆく。人生を刻むテンポの密度が変容させられる。これに私たちが惹かれていく。予想を裏切る、密度のこうした変容は、二〇世紀型の牧歌的なフォークソングなどにはほとんどなかったものだ。あ、すみません、本書のコードネームはあまり信じないでください。あまりに美しいコード進行なので、このくらいかなと、つけているだけですから。

二度目を歌ったサナ（SANA）氏のパート、〈恋をして〉と、また出だしの旋律を繰り返すかに見せかけて、今度は〈から〉と、小さくぽんと跳ねている。かーっ、なるほど、こうやって予想を裏切る快楽を、呼び起こすのか。普通の作曲家なら、もったいないって、単純に繰り返してるよ、こんな綺麗な旋律なんだから。作曲家名はALEXISE KESSELMAN氏ほか、連名になっている。ちなみに、前述のごとく、今日のアーティストたちだけでなく、Ｋ－ＰＯＰのクリエイターたちも、完全にマルチ・エスニックな体制になっていることが少なくない。

曲に戻ろう。〈しあわせと切なさ〉あたりの音の高低の動きは凄い。日本語の東京方言の高低アクセントからは絶対に予測不可能な旋律だ。二〇世紀演歌の時代には絶対になかった造りだ。なるほど、これは切ない。さらに na na na なんていうコーラスが突然こっそりと被せられ（うま過ぎる）、コード進行が D#add9（＝E♭add9 たぶん、あるいは 69 か）から予定調和をそっと壊して、F7（これは合ってると思う）が来るあたりは、もう泣けるではないか。そして maj から minor へ転調（またしても変化、これでもかと決めてくれるなー）。

これらを支えるアーティストたちの〈こゑ〉と歌唱が愛らしい。ファルセットを鏤める歌唱も歌詞も絶品だ。そしてかのジヒョ（JIHYO）氏が――歌唱がなかなかに凄い――〈ハートの〉と歌い上げるあたりはほとんど戦慄、ああ、もっと聴かせてくれるんでしょ、という予想をあっさり裏切って、続くダヒョン（DAHYUN）氏の〈君だけ〉への転換はまた小さな驚き、そして今度はサナ氏の〈こゑ〉が！　予定調和なんか一つもないぞ。

ナヨン氏―サナ氏という出だしの連携から、同じ旋律を今度はジョンヨン氏―ツウィ氏の〈こゑ〉で聴かせてくれる。決して大仰ではない刺激と快楽の連続。ドーナツという暗喩だけでこんな曲が一曲できてしまう。ドーナツを食するたびに TWICE のこの曲を思い出すよ、これじゃ。この曲は日本語なので、何故に TWICE がこれだけ世界で共感されるかという証左の、おそらくこれはほんの一部分に過ぎない。

ジャズのようにそれぞれの個がアナーキーな（と言っても、大きな枠はある）アドリブで予定調和を破壊していくわけではない。予定調和を次々に小さく破壊してゆくのだ。しばしば非常に繊細な仕方で。造形自体は始めから完成させておいて――それも大概は凄い力量の幾人もがよってたかって――、予定調和を破砕しながら、それでいて統合された姿で、全体を提起する、これがＫ－ＰＯＰだ。

あ、少し解りにくかったかもしれない。換言しよう。一つの音楽場に徐々にわいわいがやがやと新たな要素が加わって来るというような、牧歌的な集まり方ではない。互いに異なった音楽場のレイヤーが、予め何層も用意されていて、次々に裏面のレイヤーが一瞬で前面に繰り出して来て、表層は高速で次々に変容する、そんな仕組みになっているということだ。曲作りの段取りはともかく、少なくとも、聴き手にとっては、そうなっている。こうした多層構造による造形が、ＭＶの巨大で立体的な建造物のごとき多声性を支えている。もちろん小さな愛らしい変化も、あちらこちらに仕掛けてある。TWICE の宝石のような美品。

こんな造形に、しばしば〈中毒性がある〉などと呼ばれる、熱量を持った繰り返し装置のフレーズなどをはめ込まれたりすると、もう私たちはＫ－ＰＯＰの愉楽の中にいる。確認するが、単に繰り返せば、中毒性が生まれるのではない。予定調和を排する仕方で、繰り返しは埋め込まれねばならない。先の EXO――으르렁（ウルロン）（Growl）（→七九頁）を思い起こそう。

ダダ（Dada）的な破壊力の登場──NMIXX

そして変化を語るなら、私たちはNMIXXを見なければならない：

●★★ NMIXX "O.O" M/V

NMIXX（엔믹스）は二〇二二年二月にデビューした、七人の女性アーティストグループ。日本語では〈エヌミックス〉だが、NCTの〈N〉の発音同様、韓国語では[enmik²sɯ][エンミクス]。タイトルは日本語では「オー　オー」。

未来派的、ダダ（Dada）的なMVを極限まで押し進めると、こうした作品ができあがるのだ。この極限のMVで、それ以前のK-POPのあらゆるMVが、過ぎ去った歴史の中に、位置づけられてしまった。

一本のMVの中に、互いに性質の異なる、三本分の曲が詰まっている。全体があたかもマッシュ・アップ（mush up）で造られたかと、見まごうほどの、変化の集積のごとき〈Kアート〉である。

霧のこもる海辺の廃船のもとに、ジニ（JINNI）氏を中心に組む七人に寄ってゆくカメラ、ほどなく向かって左からジウ（JIWOO）氏、その手が組み上げる造形、脚を使ったギュジン

（KYUJIN）氏を軸とする構図、この間にこのＭＶにとって〈眼〉がキーとなる器官であることが、鮮明に位置づけられる。三人それぞれの強烈な〈こゑ〉。音楽とダンス。三〇秒にも満たないこれだけで、私たちはこの未知の世界像へと引き込まれる。ＭＶがそれぞれのアーティストたちをどれだけ大切に扱おうとしているかが、一発で解る。リズムと力の漲る、〈こゑ〉とダンスによる身体性、勝利の三〇秒である。

そして廃工場のヘウォン（HAEWON）氏、そのまた全く異なった質の〈こゑ〉、コーラ缶を抜いて、投げやれば、そこには都会を双眼鏡で見遣るベイ（BAE）氏、さらにグラフィティ溢れるビルとビルの間に立つソリュン（SULLYOON）氏、ちなみにこの人は、他の曲をカバーしている生歌で聴くと解るが、Ｋ－ＰＯＰでは稀な、なまめかしい、いわば〈演歌ごゑ〉を造り上げることができる人だ。抽象的な空間の中央に立つリリー（LILY）氏と、象徴的に配されるドミノ。突き抜けるようなリリー氏の高音。多くのＭＶのように、その高音だけで満足しないのが、この〈O.O〉だ。さらにジニ氏の囁くような低音がまぶしてある。そしてギュジン氏が巨大な壁を体当たりで破壊する瞬間こそ、既存のＫ－ＰＯＰのあらゆるＭＶの因習を、過去へと葬り去る象徴である。もの凄い曲だ。高音域を走り抜けるリリー氏の〈こゑ〉に、ジウ氏が中低音から迫る。

崩壊した壁の向こうには、一瞬の無音、そしてジニ氏の〈NMIXX〉宣言、場面は何と透明な魚たちが空中を泳ぐ可愛い店、空へと駆け上がる仲間を見送りながら、外は花が地面を埋めてゆくおとぎの世界、この転換を見よ。さらには軽快なるリズム、腕の振りだけで、私たちは天空へと送られ、見せつけられる、宙に浮かぶ島、一人一人が歌い、そこに集う仲間たち、天空のソリュン氏が飛び降りると、部屋ではメンバーが腕で作るブランコ、ギュジン氏の〈こゑ〉、またしても天の島ではヘウォン氏を中心に集う七人、柔らかなそのファルセットからリリー氏の鋭い高音、ジウ氏が半ば横たわって、左足を高く回転させて描く軌道、2:21あたり、ダンスの造形で天の島から夜の街路、第三部へと、場面とコスチュームを転換する、編集の絶妙のうまさ。身体が場を転換せしめる。もちろんビートも見事に呼応している。

　第三部と言うべき夜の街路場面の楽曲と〈こゑ〉に漲る迫力。コレオグラフィーが造る、身体たちの揺動も力が満ちる。暗い空にはライトを眼のごとくに照らした車が、斜め下を照らしている。眼の瞬間的なアップ。そう、K-POP　MVでは古いアメ車など見飽きている。こんなふうに使わなくては。〈O.O〉は眼の暗喩なのであった。それを総括するアーティストたちの視線と、すさまじき眼力。

　MVの音と光と身体の変容の、圧倒的な速度感を見よ。MVはシュルレアリスムや仮想現実的な像を造ろうなどと陥っていないのがよい。ダダ的な破壊力を込めた、渾身の世界像である。凝縮された時間の中で、展開のあまりの変化の激しさに、ついていけないなどと、嘆く必要はない。ついてゆけないと思うのは、それは私たちがＭＶに〈物語〉を造形しようとしているからだ。「え？　これって、何？」「これって、どうなってるの？」などと。だがそんな必要も義務も全く不要である。なぜなら〈物語〉を破壊せんとしているのが、ダダだからだ。私たちの飼い慣らされた感性、貧困なる感性で編まれる〈物語〉など要らないと、宣言しているのが、ダダであり、〈O.O〉だからだ。私たちは〈こゝろ〉そのもの、〈歌〉そのもの、〈身体性〉そのもの、そして造形される世界像そのものを、心ゆくまで堪能すればよい。

ダダと NMIXX のダダ革命

ダダって何？　そう、素晴らしい先人がいる。ダダイスト詩人などと呼ばれた、李箱（이상、イ・サン、1910–1937）[isaŋ]［イサん］である。日本の朝鮮侵略の全面的な開始点であり、朝鮮王朝が滅んだ一九一〇年に、ソウル、その名も社稷洞（사직동）[sadʒikˀtoŋ]［サジㇰトん］に生まれた。〈社稷(しゃしょく)〉とは「国」の謂いである。何たる縁(えにし)。そして東京で一月ほど警察に拘禁されたのち、客死した。その名は〈李箱文学賞〉の名で称えられている。

日本語で書かれた、李箱の詩の断片を書き付けてみよう：

紙製ノ蛇ガ紙製ノ蛇デアルトスレバ

▽ハ蛇デアル

すりつぱガ地面ヲ離レナイノハ余リ鬼気迫ルコトダ　「▽ノ遊戯――」

林檎一個が墜ちた。地球は壊れる程迄痛んだ。最後。

最早如何なる精神も発芽しない。　「最後」

　こんな具合であるから、つまらない〈物語〉などは不要なことが解ろう。私たちは詩にも、絵画にも、そして音楽にも、あまりにも〈物語造り〉で飼い馴らされてきたのだ。ゴッホの絵を文学で読むなど、その最たるものだ。

　ダダはシュルレアリスムを生んだとか、それが意義であるかのごとくに、美術史や芸術史が語られていたけれど、そんな二〇世紀的な美学は〈Kアート〉には無縁である。ダダはダダ自体が凄いのだ。〈Kアート〉は〈Kアート〉自体が魅力なのだ。私たちはもっともっと思想も感性も柔らかに、しなやかに、あってよい。なお、ことばと意味との係わり、とりわけ李箱の詩のことばと意味との係わりについては野間秀樹（2018）第七章を参照。

KBSの〈CoolFM〉のチャンネルなどで、マイクの前で歌っているだけの、いわゆる「生歌」でNMIXXを聞くと、一五～一九歳という、それぞれのメンバーの歌の力量の凄さが見える。ベイ氏のまるでパンソリのような歌声に、ヒップホップやR&Bを混淆したような、ジウ氏のノリが現れたかと思うと、あたかもTWICEのようにも変容したり、リリー氏の高音が決めてくれたりと、この多様さ、衝撃力、変容の愉楽は刺激的である。詩の全編に満ち溢れるオノマトペの乱打、英語の音節末子音で切る鋭さに加えて、〈날・꼭・잡아 잡아〉[nal ʔkoᵏ ʧaba ʧaba][ナル　コク　チャバ　チャバ]（私をしっかり摑（つか）んで摑んで）のごとく、韓国語の音節末子音を生かした鋭角的な切れを聴かせる。

〈it's Live〉でBLACKPINKの〈Kill This Love〉をNMIXXが歌っている映像などで、〈こゑ〉を聴くと、しばしば震えが来る。同じく二〇二二年の〈占(TANK)〉のMVも、若干邪宗門秘曲路線が加味してあって、見応え、聞き応え充分の作品である。

しかしこれだけの力量が揃えば、革命的なMVを造りたくもなろうというものだ。もしNMIXXがBLACKPINKほどの年齢層（二五～二七歳）に至れば、K-POP MVはいったいどんなことになるのか？　新たなる世界像を次々に造形してゆく、アートディレクション=美学の自己変革がどれだけ可能だろうか。アーティストたちが美学を書き換えるのか、美学がアーティストたちを変革するのか？　おお、〈Kアート〉の近未来は？

4-2 色彩の百変化──さあ、これについて来れるか？

Kアートの色彩の美学

　変化という動態は、MVの光、その色彩の変容のうちに現れている。いわば色彩の、というより色彩のコーディネイトの変容が〈Kアート〉の決定的な特徴をなしている。〈Kアート〉にとって、映像のデザイン、配色とその変容は視覚のほとんど生命線である。

　こうした〈Kアート〉の美学は、K-POP　MVのみならず、CDやDVD、様々なグッズに触れる、ものの体験装置にまで、徹底している。グループ名のロゴなどに始まり、CDやDVDのデザインなどは高い水準で統制されている。K-POP関連のグラフィック・デザインやプロダクト・デザインの作品群だけでも、鮮烈な美術展が開催できるだろう。

　K-POP　MVから、これはと思える、音楽のない、動画でもない、映像のスチル写真を集めただけでも、ありきたりな美術展は吹き飛ぶような、重厚な作品展が開けることは、間違いない。ただし、写真はB全判のポスターなどよりもはるかに大きく拡大されねばならない。画面の微細な造り込みを、見たいからだ。凡庸な現代美術、ファイン・アートよりも、〈Kアート〉の瞬間瞬間の絵が、はるかに面白いのである。おそらく世界のポップ・カルチャーの美学のうちでも、ある方向へと突出した世界を、〈Kアート〉に見ることができる。

ミン・ヒジン氏以前と以後

今日の〈Kアート〉の美学については、민희진（ミン・ヒジン）（1979-）氏という女性を抜きにしては語れないだろう。知られたところでは、SMエンタテインメントのクリエイティブ・ディレクターを二〇〇二〜二〇一九年の間に、少女時代、SHINee, f(x), EXO, Red Velvet, NCTなど、多くのアーティストたちの、視覚的な分野を超えた、統合的な美学的実践に係わり、また主導した。現在は、BTSの所属するHYBE（ハイブ）、そしてADOR（어도어 [ɔdoɔ]［オドオ］）のCEOとある。文字通りK－POPの統合的なアート・ディレクションを創り上げてきた人物だ。〈ミン・ヒジン以前と以後〉などと語られるほどの、いわば〈Kアート〉クリエイターの神話的な存在である。要するに、ミン・ヒジン氏の登場によって、人々が、TAVnet時代のアートとはいかなるものかに、音楽が音楽だけで独立していないことに、改めて気がついたのであった。インタビューでの、〈エンタメ業界で仕事をしていて、これはいけると思って、だめだったことは一度もない〉などという発言など、多くの言が人口に膾炙している。

● f(x) 에프엑스、'첫 사랑니 (Rum Pum Pum Pum)' MV

二〇一三年。もう古い時代は去って、いよいよTAVnetの時代へと大きく突入した時期の作品である。

ミン・ヒジン氏がインタビューで、f(x)の作品ばかりが採り上げられると、苦笑していたが、それほどまでに革命的なMVであった証左だろう。

韓国語の題名は〈初めての知恵歯〉〈最初の親知らず〉の意。確かにそうなのだけれど、こういう点が翻訳で薄れてしまう楽しみだ。日本語で「親知らず」と呼ぶ歯を――日本語のこの名づけもなかなか人生を達観している――、韓国語では〈사랑니〉[saraŋni][サラんニ]、逐語訳すると「恋歯」「愛歯」のように呼ぶからだ。つまり作品のタイトルは〈初めての恋歯〉。これなら詩になるではないか。さらに凝っていることに、頭の〈첫〉[ʧʰɔt̚][チョッ]は〈最初の〉〈初めての〉の意の冠形詞、日本語文法論では連体詞と呼ぶ品詞に属する単語である。接頭辞として〈첫사랑〉[ʧʰɔt̚ˀsaraŋ][チョッサラん]のようにも用いられる。これは〈初恋〉の意。〈첫키스〉[ʧʰɔkʰisu][チョッキス]なら、〈初キッス〉。いよいよこの題名に盛り込まれた修辞が見えるだろう。そう、「初恋……」と言うのかな、と思わせておいて、何と「初恋歯」「初親知らず」、歯の名称にかけているわけだ。実(げ)に、かの親知らずの痛みもこれ、初恋の痛みに似るか。痛いなぁ。

出て来るたびに言及するのも、煩瑣なので、いささか控えたけれども、韓国語は、こうしたちょっとしたことばの遊び、ことばのアンティクスとも言えそうないたずらが大好きだ。K－POPをめぐることばたちには、修辞の美学があちらこちらに隠されている。

さて本MVは、二〇一三年の作とは思えないほど。冒頭の五人のアーティストたちの、それぞれ異なる髪と衣装の色彩からまず美しい。靴の違いにまで見入るほど。アーティストたちが一人一人現れるたびに、色彩は次々に変容し、また次々に変化する無彩色中心の舞台背景のテクスチュアから、浮き出される。こうした近未来的な背景のうちでは、MVの累々たる敗北が教えてくれているように、〈身体性〉などいとも簡単に破壊されやすいのだが、このMVでは却って身体的な存在感を際立てるよう、造形されていて、アーティストそれぞれの魅力を浮かび上がらせる。いかにアーティストたちを大切にしているかが、ひしひしと伝わって来よう。なお、この年、〈身体性〉を高らかに誇示した今一つの雄が、かのEXO、〈으르렁（ウルロん）（Growl）〉（→七九頁）であった。

● f(x) 에프엑스 'Hot Summer' MV

こちらは二〇一一年。色彩の変容が快感。戦車を黒と蛍光色のピンクで包み込むなど、〈非戦〉の強烈なメッセージだ。なお、後にBLACKPINKの〈DDU-DU DDU-DU〉でもジェニー氏

が銀箔に包み込んだ戦車の上でラップを放っていて（↓二一頁、同MV 1:34あたりから）、間違いなく、このf(x)へのオマージュだ。

五人で〈ハッ、ハッ〉という掛け声を繰り返しているように聞こえるのが、韓国語の音節末子音非開放で発音される〈hot〉[hat̚][ハッ]である。舌先を上の前歯や歯茎にぴたりとつけて止めている。MVでもアップで見れば、舌を跳ね上げていることが、解るだろう。もちろん韓国語の母語話者はこの[t̚]を/t/として聞き取るのである。

●NewJeans（뉴진스）'Attention' Official MV

二〇二二年。同年七月にHYBE／ADORからデビューした五人の女性グループ。何度も言及したように、K-POPはマルチ・エスニックで、日本や中国はもちろん、タイとの係わりも既に強固なものがある。このメンバーであるハニ（HANNI）氏のベトナムとの係わりもまた、ことのほか嬉しいではないか。

MVは人為性を後方に隠し、自然体に見せる造り。ただし、衣装や背景、それらの色彩は極限まで計算し尽くされていて、このあたりがミン・ヒジン氏のミン・ヒジン氏たるゆえんであろう。寸時も目が離せないほどに、画面の構図も衣装も色彩も猛烈な速度で展開する。美しい。

カメラの力量も特記すべき。この一見何気ない造りの、何が凄いかと言うと、これだけの速度の展開のうちに、アーティストたちの存在が鮮烈に刻印されている点である。ＭＶに数多く接すると、私たちはしばしば欲求不満に陥ることで、解るように、アーティストを撮れば、それでアーティストが生きるわけではない。衣装もしばしばアーティストを潰す。どちらかというと、多くのＭＶは、アーティストを撮って、アーティストが生きない。それで失敗するのである。このＭＶはカメラも衣装もメイクも、アーティストたちを大切に生かしきっている。その存在感が明るく描かれている。なお、ＭＶ公開時は名前を含め、未だアーティストたちの情報は公開しないという、戦術を用いていた。この人は一体何て名前なんだろう、どこの人だろうと、世界中が知りたくなったろう。

曲の方もいわば自然体路線であって、パワーや鮮烈さといったものは、抑えてある。そうであるがゆえに、まるでまだアーティストたちの力を隠しておこうとでもしているかのようだが、とりわけ後半の五人の〈こゑ〉の絡みからは、歌の力量が滲み出ている。

ちなみに、大らかな方も多いだろうが、堪え性のない、本書のような感性からは、ＭＶの最初の四分の一の尺は要らない。〈はなし〉性を埋め込むために、物語造りのイントロを入れているのだが、既視感に充ちていて、何をしたいかが、あまりにも私たちに〈解って〉しまう。読めてしまう。映像自体の新鮮さがあるわけでもない。かつ曲がいつまで経っても、始まらないではないか。もしミン・ヒジン氏との係わりを事前に知らなかったら、本書のような感性の持ち主は、イントロだけで別のＭＶへ飛んだだろう。

今一つ、このＭＶからは少し離れるけれど、面白いことがある。このＭＶではアーティストたちの楽しい衣装に、英語などの文字がところどころに現れる。もちろんこれらは多くのＫ－ＰＯＰのＭＶが行っているように、ファッションとしての文字として埋め込まれているものだ。素朴に言って、〈格好いいだろう〉と、描かれているものだ。いわば〈図形〉のごとくに。

しかしながら、それらが〈書かれたことば〉である点は誰も拒めない。例えば日本語の単語が書かれたＴシャツを、どこかのＭＶでそのメンバーが着て踊っていたら？〈書かれたことば〉としての日本語にずっと接して育ってきた人は、否が応でも、読みにかかる。と言うより、文字たちはただちに〈ことば〉として立ち現れ、私たちは猛烈な速度でそこに〈意味〉を求めようとするのである。ハングルでもいい。ハングルが書かれた衣装がある。幼いときからハングルに接してきた人々は、ほとんど無意識のうちにも、瞬時にそこに〈意味〉を求めにかかる。だから韓国語圏では、英語が書かれた衣装を、ファッションとして通り過ぎることはできても、ハングルで書かれた衣装は、ファッションには用いにくいのである。壁に書かれたグラフィティでも同様だ。ハングルは図形ではないからだ。逆に言えば、英語圏の人々には、書かれた英語は、単なる図形ではない。そこに瞬時に〈意味〉を造形することを、場合によっては強いられるような装置なのである。

Ｋ－ＰＯＰの多くの衣装に〈文字〉が書かれている。では私たちは問おう。その〈文字〉は本当に必要なのか？　格好をつけたつもりが、実は全く異なった意味を造形させたり、そのＭＶにとっては不必要なノイズとなったり、あるいは滑稽さを生んだりはしないのか？

こんなことは、Ｋ－ＰＯＰが韓国語圏だけで享受されている時代には、ほとんど問題にもならなかった。しかしもはや古き時代は去った。既に英語圏を始め、韓国語圏以外にＫ－ＰＯＰは開かれてしまっている。イコンとしての図形や写真が怖いのと同様に、私たちは〈書かれたことば〉としての文字も怖いのだ。文字にはいつも意味がついて回り、意味が造形される。ちなみに、文字をめぐるこうしたことを逆手にとって、見事に成功している例が、ATEEZの〈멋（モッ）〉であった（↓一九二頁）。

● BIGBANG－HARU HARU（하루하루）M/V

● BIGBANG－FANTASTIC BABY M/V

前者は二〇〇八年。時間を巻き戻すと、色彩を無彩色で統一することは、古くから行われていた。ここでもBIGBANGはその典型的な例として挙げ得る。詩は、愛、直球のバラード。

題名の〈하루하루〉は〈一日一日〉の意。

MVは全編モノクロの短編ドラマ仕立て。女優は有名なパク・ミニョン（박민영、1986–）氏の若き日。『トキメキ☆成均館スキャンダル』『キム秘書はいったい、なぜ？』『気象庁の人々：社内恋愛は予測不能?!』など多くのドラマで主演を演じた人だ。MVは、ただただ哀切。

その四年後、二〇一二年にもうこんなことをやっていたのだから、驚きである。あれこれの装置も、社会性を強く帯びた内容も、ファッションも、身体性への志向も、進化に注目したい。

● 2NE1 – FIRE (Street Ver.) M/V

2NE1（トゥエニィワン）、二〇〇九年のデビュー曲。このMVは二〇一〇年。2NE1は繰り返しが多い曲が目立つが、このMVは非常に造り込まれた、清冽なファッションやヘアメイク、表情の美学で突き抜けている。衣装の色彩とテクスチュアだけでも、それぞれの存在感が際立っていて、胸の深いところに切り込んで来る、ボム（Bom）氏の〈こゑ〉をはじめ、四人の〈こゑ〉と身体性、魅力が凝縮されている。〈춤을〉[ʧʰumɯl]「チュムル」（舞いを）と〈꿈을〉[ˀkumɯl]「クムル」（夢を）の韻の繰り返しや、音の繰り返しが弾けている。いわゆる突っ張っている小世界から、K–POPはかくのごとくに大きく飛翔したのであった。これも一〇数年前。

〈Kアート〉色彩が猛烈に進化し、踊る

●Girls' Generation 소녀시대 'Catch Me If You Can' MV (Korean Ver.)

二〇一五年。日常の夜の街の映像から一転して、彩度を押さえた色調でほとんどの本体を統一している。Ａ（ラ）から半音ずつ下がっていく未来派的な旋律。もちろんサビは別にあるのだが、いくら何でも、こんな簡素なメロディーで曲にしてしまうのには、少女時代だからかろうじて持つのであって、全く恐れ入る。

●★BTS (방탄소년단) 'IDOL' Official MV

そしていよいよ二〇一八年。〈Kアート〉色彩の王道と言えば、これだ。アーティストたちを旧式「アイドル」像に押し込めようとする言説を、歌いまくり、踊りまくって、蹴散らす、ＢＴＳの大傑作。衣装も素晴らしい。얼쑤 [ɔlˀsu]［オㇽス］などという伝統的間投詞も詩には現れる。〈こゑ〉の存在感も忘れられない。大勢で踊りまくる色彩の美学を見よ。参ったか。

●★ 청하（CHUNG HA）– 'PLAY（Feat. 창모（CHANGMO））' M/V

二〇二〇年になると、〈Kアート〉の色彩のコーディネイトは、ここまで進化する。청하（CHUNG HA, チョンハ）[ʧʰɔŋɦa]［チョんア］氏は一九九六年生まれの女性ソロアーティスト。チョンハ氏は〈Gotta Go　（벌써（ポルソ）　12시（ヨルトゥシ））〉など、音が目まぐるしく高低を行き来する曲を、難なく歌いこなす俊敏性の持ち主である。歌も、そしてダンスがこの上なく凄い。K-POPを代表するソロ歌手の一人。

MVは、いたずらに人工的でない、抑制の効いた配色と、その見事な変容が進化の進化たる所以である。透明感が、熱帯が、自然が、祭りが、西班牙（スペイン）が――次々に繰り出される衣装と背景の色彩の、速度感溢れる変化、圧倒的だ。ダンサーの人々、一人一人の身体性がまた圧巻である。差し挟まれるラップも良い。スローモーションを多用した、カメラと編集も凄い。

何よりもアーティスト、チョンハ氏の存在感が、デジタル画像であることを忘れさせるほどだ。指が、腕が、身が、身体が造り出す緊張感と艶めかしさ。打ち続けられる律動の中で、全編はただただ美しい。

なお、これほどの美しさに、車は要らない。何度も言うが、回転する車をかっこいいなどとする感性は、過去のものだ。チョンハ氏の存在感の方が車の何倍もの力を漲（みなぎ）らせているのだ。

同じくチョンハ氏の、二〇一八年の〈Roller Coaster〉MVの色彩では、冒頭から闇の中の蛍光色に驚愕。光る唇など、〈全てが夢でないように〉。〈PLAY〉の方は反射光、〈Roller Coaster〉の方は透過光が造り出す色彩変化である。

二〇一九年の〈Snapping〉の色彩にも注目したい。色相の多様さを押さえながらも、魅力に溢れる。ダンスは、常にその長い髪までが踊っている。共にするダンサーたちも力が溢れる。

●★ NCT U 엔시티 유 'Make A Wish (Birthday Song)' MV

二〇二〇年。アラベスク風の図像に、暗色系を中心に組み、ターコイズ・ブルー、つまり〈トルコ石のようなブルー〉を通奏低音のように塗（まぶ）した、音と光、対比の強烈な色彩の目まぐるしい変容が、抜群に面白い。3:21あたりに一瞬現れる、ターコイズ・ブルーに染め上げられた木の葉など、さすがのKアートでも見たことがあっただろうか？　まるで世界を纏（まと）っているとも言える、衣装の精巧さと豊かさ、舞台装置、ライティングも絶妙。バストショット一つでも、ヘアセットといい、顔のメイクアップといい、メンバーの魅力がMVからはち切れんばかりに花開いている。三人のラップから始まる〈こゑ〉も豊かな変化に満ちている。

こんなふうに誕生日など祝われた日には、たまらんだろうねー。

●STAYC（스테이씨）'SO BAD' MV

ステイシー。二〇二〇年。人工的な色彩と、メンバーの低音、高音、歌い上げる旋律といった多彩な〈こゑ〉が魅力的に絡まりながら、次々に変容する。出だしなどを始め、舞台の人造感が違和感なく展開して行く。曲の末尾、旋律の音をどんどん下げて、終わりを閉じることも、二〇世紀には普通だったのだが、今日では逆に新鮮な驚きをもたらす。

グループ感——自然と人工、色彩の弁証法

●에일리 (Ailee) - 가르치지마 (Don't Teach Me) MV

二〇一二年。ソロ歌手、エイリー（Ailee）氏。에일리の発音は [eilli]［エイルリ］。米国生まれの人。

珍しくギターが効いているK-POPだ。造り込みと色彩の制御と変容が心地よい刺激をもたらす。ダンスを撮るカメラと、その繋ぎの編集がいい。部屋全体を波にして、皆でサーフィンでもするような、曲と歌唱の盛り上がりも楽しい。共に踊るダンサー諸氏がこれまた圧巻。

〈お願いだから私に教えようとしないで〉〈あなたのための私じゃないんだから〉。同じ路線の〈I will show you（보여줄게）〉（二〇一一年）などの発展形だ。同曲の視聴回数は一億回を超えている。

●★ [MV] 에일리 (AILEE) – Make Up Your Mind

二〇一二年。エイリー氏にはこうした切ないバラード曲も似合う。狂おしいほどの旋律。序盤は何でもないＭＶのようでいて、徐々に本性を現す。浴槽の中の花とエイリー氏の、透き通った色と光が〈こゑ〉とメロディックに絡む、その音と光の美しいことと言ったら。エイリー氏の突き抜けた存在感。たったこれだけの背景舞台のこんな造りをこれだけの質に仕上げる、クリエイターたちの力量にも敬服せざるを得ない。ＭＶに出演している俳優、박은석（朴殷碩、1984–）氏も驚異的だ。3:03 あたりからこちらを振り向く、わずか数秒の眼の表情だけで〈別れ〉が描き出される。ことばもなく、理由も語られず、全ては私たちに任されている。Ｋドラマの俳優の底力だ。こうした映像と歌とが交わって、私たちの心の深いところに触れ来るのである。

エイリー氏はドラマ『トッケビ〜君がくれた愛しい日々〜』（二〇一六年）のＯＳＴ〈첫눈처럼 너에게 가겠다（I will go to you like the first snow）〉でも知られる。

●KARD - Ring The Alarm _ M/V

●[4K] KARD - "Ring The Alarm" Band LIVE Concert [it's Live] ライブミュージックショー

二〇二二年。K-POPでは珍しい、男性二人、女性二人のチーム。

MVの色彩はその基調色に拘わらず、非常に凝っていて、豊かだ。四人のファッションも、ステージ映像などでも見応えがある。曲も、ファルセットの出現位置など、〈こゑ〉のそれぞれの違いの交錯で飽きさせない。ライブでも〈こゑ〉の存在感は見て取れる。

●KARD - [밤밤 (Bomb Bomb)] M/V

二〇一九年。こちらはエキゾチズムといった色彩。琥珀色系のモノトーン画面と彩度の高い色を鏤（ちりば）めた、多彩な画面を交互に差し出す画面の変化も、十二分に効いている。視覚的な面に係わるクリエイターたちは、申し分ない。あとは、アーティストたちの〈こゑ〉と歌唱の力量を十二分に生かせる魅力的な曲があれば、KARDにはきっと、さらに素晴らしい作品が登場する。

●★[MV] MAMAMOO（마마무）_ Starry Night(별이 빛나는 밤)

二〇一八年。部屋の中や街中などだけでなく、広大な自然という場にあっても、〈Kアート〉の色彩は黙っていない。わずかに傾く冒頭の海から美しい。アーティストたちのヘアメイク、表情、そして衣装の色彩、陽光のもとでの色彩のみならず、しばしばモノトーンの映像で、画面を平たく押さえた中に、草木や、海や、岩のテクスチュアが浮かび上がる。アーティストたちがごくわずかな色彩を纏って。ここでもMAMAMOOの、抑制の効いた〈ミニマリズム〉(minimalism)は発揮され、四人それぞれの存在力がその身体性と共に描き出される。見てほしい。アーティストたちは何をしている？　自然のなかで歌って、わずかに身をよじって踊っているだけだ。それでいて一つ一つの画面が絵になり過ぎるほど、絵になっていて、そこに四人それぞれの〈こゑ〉の深い存在が、べったりと貼り付いている。通常のアーティストでは、自分を押し出すことはできても、このように映像全体を圧倒的な高みへと昇華させることなど、できない。題名は何と「夜」なのだ。夕陽を迎える映像はあっても、夜の映像など、わずかな一瞬一瞬がさしはさまれるだけだ。これを想像力という。MAMAMOO美学、最高傑作の一つ。MAMAMOOの歌の高みについては、Killing Voiceの映像についての記述（→二二一頁、二〇五頁）を見られたい。

●[MV] MAMAMOO（마마무）_ gogobebe（고고베베）

〈Starry Night〉とはうって変わった、日常のなかの高彩度の色彩群。二〇一九年。あちらこちらで補色の組み合わせが配される。ポップなアニメーションが全く浮いていないところが達人の技。それにしてもMAMAMOOの衣装はいつも見事だ。タイトルのデザインも良し。

なお、MVの印象が強いので、この〈gogobebe〉を音源だけで聞くと、〈こゑ〉とグルーブ感の溢れる、全く異なった魅力を、発見できるだろう。ムンビョル氏のぴんと跳ねるラップの快感も曲の魅力も。クリエイターたち、アーティストたち、この世の鬼才たちである。

MAMAMOO美学の最高傑作が多くて申し訳ないが、これまたその一つ。

●[MV] MAMAMOO（마마무）_ Egotistic（너나 해）

二〇一八年。スパニッシュギターに導かれる、熱帯風の色彩の豊饒。ファッションも相変わらず見せてくれる。声門閉鎖を多用する〈こゑ〉とムンビョル氏の〈こゑ〉の出会い。2:27では豹より存在感があるファサ氏とその〈こゑ〉。アーティストの存在感溢れる圧巻の一曲。

●★마마무（MAMAMOO）－넌 is 뭔들（You're the best）MV

二〇一六年。一九六〇年代の音楽と色彩を二一世紀的に脱色しているMAMAMOOの楽しさ。彩度を少しだけ押さえた色彩で統一。歌ものりのりに豪華だ。

二〇一六年の〈Décalcomanie（데칼코마니）〉もまた全く異なった色彩。絵画技法の名称である曲名の「デカルコマニー」にかけ、鏡を利用して、映像を造っている。終わりの数カ所に差し挟まれる、果実の映像など、それ自体が美しい。

二〇一五年の〈Mr. 애매모호（Mr. Ambiguous）〉もこの系列。白黒中心で、メイキング映像風に造っている。録音時、〈ドッキリカメラで泣かせないで〉の設定。グルーブ感が素晴らしい。曲はMAMAMOO最高傑作の一つ。題名は〈Mr. 曖昧模糊〉。

こうして見てくると、MAMAMOOのMVだけでも〈Kアート〉の音楽と色彩の多様な方略を見ることができる。〈Kアート〉の至宝たちである。

色彩の百変化――Kアートの軌道に敷き詰められた紅いベルベット

●Red Velvet 레드벨벳 '행복（Happiness）' MV

二〇一四年。レッドベルベット（Red Velvet）、略称レドベルは、二〇一四年から活躍する、女性のグループ。この時は四人だが、二〇一五年から五人。グループ名に色彩名称が冠されているくらいだから、MVの配色は凄い。前半部、ポップなデザインはほとんど六〇年代横尾忠則といったところ。アイリーン（Irene, 1991–）氏とジョイ（Joy, 1996–）氏のラップ、そして後半で歌い上げるウェンディ（Wendy, 1994–）氏とスルギ（Seulgi, 1994–）氏の力漲る〈こゑ〉は圧巻。

●★Red Velvet 레드벨벳 'Be Natural (feat. SR14B TAEYONG (태용)) MV

やはり二〇一四年。原色溢れる画面だけでなく、こうした、ほとんどモノトーンの、しっとりとした色調の美学も、さらに進化している。椅子だけを赤にといった細工もなされる。歌はウェンディ氏を中核に出発し、スルギ氏、アイリーン氏、ジョイ氏が絡み合う、四人の〈こゑ〉とダンスが素晴らしい。〈エッセイのような満ち足りたことばたち〉〈温かに聞かせてくれる声〉。テヨン（태용、TAEYONG, 1995–）氏のラップが見事に溶け合っている。Red Velvet と同じSMエンタテインメント所属の、男性グループ NCT 127 のリーダーである。

レドベルの衣装も清冽。Red Velvet は他にも佳品が多く、この作品は陰に隠れ気味だが、

ダンスも、ジャズ・フレーバーの薫る歌も演奏も、おそらくレドベルの最高傑作。そして共にチュムりながら、いくつもの部屋を滑るように転移し、このほとんどをあたかもワン・カメラのごとくに組み上げるカメラワークと編集は、驚異的。アーティストたちの身体性を極限まで生かし切っている。〈Kアート〉史に輝く、最高のカメラと編集だ。

もともとはS.E.S.、二〇〇〇年の曲。作詞作曲はかの男性グループ、神話（SHINHWA, しんわ）[ʃinɦwa]［シヌァ］の〈The Solver（해결사）〉や東方神起（TVXQ）の〈呪文～MIROTIC～〉などの名曲を手がけたユ・ヨンジン（劉英振、유영진、1971-）氏。カバー曲であることは、このMVの価値をいささかも貶めない。日本語圏で一九七〇年に登場した不朽の名作、藤圭子氏の〈圭子の夢は夜ひらく〉が、園まり氏などが歌った曲のカバー曲であったようなものだ。

● S.E.S – Be Natural (Official Music Video)

S.E.S. の二〇〇〇年のMVをSMTOWNから二〇一六年に公開。白黒動画だが、味がある。

ちょっと脇道に逸れるが、ユ・ヨンジン氏と東方神起（TVXQ）の名が出たので、ご存じない方のために、あるいは懐かしさで胸が一杯になりそうだという方のために、一世を風靡した曲の、ＭＶを挙げておく。やはり曲は今聴いても、凄い：

●TVXQ! 동방신기 '주문 – MIROTIC' MV

二〇〇九年。Ｋ－ＰＯＰ、古典中の古典である。現在でもこれを超える曲は、そう多くないだろう。二〇〇三年に結成、二〇一〇年まで五人で活動していた男性グループ。現在は二名。〈東方ニ、神、起ツ〉という凄い名で、日本でも早くから知られた。韓国語の発音は[toŋbaŋʃiŋgi][トンバンシンギ]、日本語では〈とうほうしんき〉と呼んでいる。〈TVXQ!〉の方は、中国語のピンインだと〈Dōngfāngshénqǐ〉[トンファンションチ]（东方神起）だが、綴りを造って、登場した。

〈주문〉[ʧumun][チュムン]は〈呪文〉。〈MIROTIC〉なんて英語はないから、当然、これもことばのアンティクスで、〈erotic〉と韓国語の〈미로〉[miro][ミロ]（迷路）をかけたのだろう。日本語でも「迷路チックな」のように造語して使う、あれだ。カタルーニャの画家、ジョアン・ミロ（Joan Miró, 1893-1983）を持ってきて、〈ミロ的〉なんてのも、シュールというより、ダダ的で面白いが。関係ないけれど、Joanを「ホアン」とするのは、カタルーニャ語の綴りを、スペイン語＝カスティーリャ語式に呼んだもの。カタルーニャはジョージ・オーウェルの『カ

タロニア讃歌』の「カタロニア」のことで、こちらは英語式。〈MIROTIC〉は、こんな具合に、曲名だけでもことばの迷路に足を踏み入れそうな曲である。大体が〈TVXQ!〉からして、言語迷路に誘い込まれるよ。格好良過ぎる名づけだ！　なお、この曲こそ、もろに〈中毒性〉と言われそうなものだけれど、韓国語でも〈中毒性〉ということばが広まるのは、これよりも後のことである。

東方神起はアカペラで勝負できるほどの人たちだったから、歌唱も凄い。後半で、チャンミン（창민、Changmin, 1988–）氏の高らかな叫びと、やはり高音で交わるユンホ（윤호、1986–）氏の〈こゑ〉には、戦慄。二人が現在のメンバーである。カメラもなかなかだ。〈Kアート〉の原点の一つ。

なお、SMエンタテインメントには〈SMTOWN〉というチャンネルがある。そこではリマスターとして過去の多くのMVを新たに公開している。例えば次のH.O.T.の作品などを見れば、二〇世紀、プレK－POP時代のアーティストたちがいかに凄かったかが、解ろう：

●H.O.T.'아이야!(I yah!)' MV

一九九九年のリマスター版、二〇二一年。H.O.T.はポスト・ソテジの伝説的なグループであっ

た。メッセージ性も強烈（↓九四頁）。この作詞、作曲にもユ・ヨンジン氏の名が。氏の旋律はリズムは強烈でも、常にメロディックに私たちの深部へと触れ来ることを、忘れない。

● Red Velvet 레드벨벳 '러시안 룰렛 (Russian Roulette)' MV

二〇一六年。Red Velvet に戻る。色彩のロシアン・ルーレット。画面のデザインを主に構成されている。アニメーションも配されているが、特に必要はない。次の〈Peek-A-Boo〉や〈Psycho〉と色を対比してみよう。

二〇一七年の〈피카부(ピカブ) (Peek-A-Boo)〉は、オノマトペや間投詞満載。暗色系のMVの色彩や光が、〈こゑ〉や旋律と絡み合って変容するありようが、魅力的。

● Red Velvet 레드벨벳 'Psycho' MV

二〇一九年。彩度を押さえた色調で統一。画面から不安をかき立てられるのは、最初と最後のタイトル画面以外で純粋の黒を避けていることによる。旋律の変容、〈こゑ〉の絡みが美しい。冒頭からスルギ氏、ウェンディ氏の力の漲(みなぎ)る〈こゑ〉と、やがて現れる二人の高音のファル

セットが素晴らしい。全員のコーラスの中低音のうちにも、ジョイ氏、ウェンディ氏、スルギ氏、二〇一五年から加わっているイェリ（Yeri, 1999-）氏、それぞれの〈こゑ〉が立体的に絡みながら、最後まで変化を失わない。

なお、Red Velvetで絶対に外せないのが、アイリーン氏の〈Psycho〉という囁きで終わる。傑作。〈Marionette〉。二〇二二年。心臓を抉られるような旋律の美しさとは、こうした曲を言う。正式のMVはない。日本語で歌われる、こうした名曲たちは、Ｋ－ＰＯＰの未来の方向に、一つの重要な問いを提起する。そのことについては、さらに後述。

● [M/V] SEVENTEEN（세븐틴）- 울고 싶지 않아 (Don't Wanna Cry)

セブチ、二〇一七年。韓国語の曲名は〈泣きたくない〉の意。

メンバーたちをロングで捉える映像を始め、MVの色彩と、涙も涸れたと言わんばかりの大地の上で、0:20あたり、全員が奏でるコレオグラフィーが、この上なく美しい。「奏でる」と言ったが、そう言いたくなるほどに、ダンスの柔らかな身体性は、旋律に溶け込んでいる。〈カル群舞〉と呼ぶと、切れ味や鋭さが強調されるけれども、一三人もがこうした緩やかな速度で、柔らかな軌道を描いてくれると、これはちょっと胸を撃つ。一人一人の存在が生きていて、全体主義的な汚らわしさのかけらもない。グループとは、画一性を意味しない。SEVENTEENのこのダンスがそれを教えてくれている。映像は、このロングの構図と、メンバーの一人一人を描く、個々の構図を、次々に対比させて見せてくれる。互いに異なった〈こゑ〉の間（あいだ）あいだに現れる、〈泣きたくないよ〉ということばと共に。〈Performance Ver.〉も佳品。

2:20ほどの、〈嘘だって言わないといけない〉の末尾の〈돼〉[twe]［トゥェ］は、二〇世紀の末葉からは、[w]を落として、つまり唇の円めを伴わずに、[te]［テ］と発音されることが、日常のことばではとても多い。ところが、日常のことばとは乖離している、規範的な「標準語」発音で発音するよう、訓練されているアナウンサーなどならともかく、言語形成地がソウルや京畿道だったのか、訓練でこうやっているのかは判断がつかないけれど、一九九七年生まれのミンギュ（MINGYU）氏が、歌の中で、[twe]［トゥェ］と、[w]を活かして歌っていて、ちょっと新鮮な驚きだ。まあ、それがどうしたと言われると、困るが。昔は明洞あたりの裏町で韓国将棋を指しながら、楽しそうに語らっていた、街のお爺さんたちを思い出させるような、懐かしい、古き良きソウルことばの響きである。〈標準語〉の基礎になっている、〈ソウルことば〉もどんどん変化している。日本語の〈共通語〉の基礎になっていた〈東京ことば〉も、今は「それって、ちがくね」などとなっているようなものだ。

カメラのフレームワークもうまい。視聴回数二億回超えの名作。

● EXO 엑소 'Obsession' MV

EXO、二〇一九年。彩度の高い、人工的な色彩の展開が曲とラップと絡みながら進行する。旋律が高密度で畳みかけてくる。0:33など、しばしば鮮烈な色彩に出会う。

● [EXID（이엑스아이디）]'위아래'(UP&DOWN) MV

● EXID– UP&DOWN[JAPANESE VERSION][Official Music Video]

EXID（イーエクスアイディー）は二〇一二年にデビューした女性のグループ。五名。韓国語版は二〇一四年。曲名は〈上下〉。背景装置だけでなく、衣装までも彩度の高い、ポップな色彩の変容を中心に構成したMV。サビなどは六〇年代的である。

今一本は日本語版。ファッションも全体の色彩の配置など、こちらがずっと面白い。エリー(LE)氏の日本語と英語と韓国語混在ラップもいい。なお、中国語ヴァージョン（Chinese Version）は2:22の色彩など、さらに良い。

● EXID – Bad Girl For You [Official Music Video]

二〇二一年のMV。原色系の画面が続く。日本語版、と言っても、〈危険な　날 좋아?〉[nal tʃoa]［ナル　チョア］（危険な私が好き？）のように日本語も韓国語も英語も一つの文に混ぜて造っている。ここでもK-POPの詩の複言語性が大胆に形象化されている。

●[MV] 우주소녀 (WJSN)(COSMIC GIRLS) _ 비밀이야 (Secret)

二〇一六年。グループ名は〈宇宙少女〉（우주소녀）[ujusonjɔ]［ウジュソニョ］。〈WJSN〉はその韓国語ローマ字表記法では〈ujusonyeo〉だが、頭にWが用いられているのを見ても解るように、おそらく「英語式に」変形を加え、〈Woojusonyeo〉としたのだろう、その四つの音節の頭文字をとったもの。英語名は〈Cosmic Girls〉。二〇一六年から活躍。一二名から出発、一三名という多人数を経て、現在は一〇名の女性からなる。

この〈秘密だよ〉は、詩はちょっと面白いのだけれど、とりわけ編曲だろう、イントロのくりかえしだけで二八秒近くある造りを見ても判るように、全体がやや単調で、K-POPの多くの力漲る楽曲たちに慣れきっている私たちからは、アーティストたちの存在感が今一つ活かされきっていないように思える。衣装ももっと工夫できるはずだ。これだけの人数の隊形を変化させる動線など、コレオグラフィーもやや苦労しているか。

しかしMVの映像は素晴らしい出来だ。彩度を押さえた色調で、全てが統一されていて、変化も飽きさせず、この上なく美しい。これだけの人数の多さも、音楽的にはともかく、視覚的にはほぼ最大限に活かせているだろう。宇宙空間から隕石が降り、朝焼けのような曠野で踊る出だしの色彩の魅力。車も爆破やスピンなどで凡庸に用いるのではなく、宇宙空間を悠々と走らせるなども、センスが光る。今日から見ると、あまり驚かれないだろうが、二〇一六年のMV映像のほとんど最高傑作の一つである。0:28当たりに現れる〈宇宙少女〉のハングルのロゴとエンブレムデザインも非常に面白い。エンブレムは斜めの視角からと、これも芸を見せながら、後半にちらと現れるけれど、もっと見せてほしいほどだ。

中国語、韓国語、英語の三つの言語で書かれた、〈君の中のcosmoを感じたことがあるか？〉という字幕で始まる。こうした複言語性も今日のＫ－ＰＯＰの特徴。エクシ（EXY）氏のラップはとてもよい。四―三、Ｋ－ＰＯＰのラップの項でも触れる。

●TWICE "TT" M/V

歌やダンスはもちろんだが、色彩という点からも、TWICEは注目すべきである。一世を風靡した二〇一六年の〈TT〉（ティーティー）。おとぎの館の物語仕様。抑制された色彩が絶妙だ。

〈TT〉の指のサインは人口に膾炙し、歌詞の〈너무 해〉[nɔmuɦɛ]「ノムエ」（あんまりだ）も知られた。一人一人の存在感が失われないところが、TWICEのMVのいいところだ。二〇一七年の〈Heart Shaker〉は、いかにもTWICEワールドといった世界像が見える。二〇一八年の〈What is Love?〉は恋を待ち望む歌。サビのダンス仕掛けがおもしろい。ラップが素晴らしい。二〇一八年の〈Dance The Night Away〉、海辺で歌うMVは数え切れないほどあったが、この作品のように楽しい無人島生活設定のものは珍しい。色彩の制御は徹底していて、美しさは壊れない。九人の魅力が丁寧に描かれている。

● TWICE "MORE & MORE" M/V

二〇二〇年。細部への造り込みと色彩の妙味。ヘアセット、メイクアップ、そしてマルチ・エスニックな衣装の高密度性と多彩さ、その展開は豊饒たる世界像を造る。白馬や蛇や兎も出演。ツウィ（TZUYU）氏の前を豹が行き来するあたりは、ひやりとさせられるではないか。モモ（MOMO）氏の〈こゑ〉は個性的で、それだけで歌に厚みが出る。サナ氏の〈You're gonna say〉を歌う〈こゑ〉は出色。ダヒョン氏とチェヨン（CHAEYOUNG）氏、二人の柔らかいラップはやっぱり良い。なお、コレオグラフィーだけ見ても、面白い。

●TWICE "I CAN'T STOP ME" M/V

二〇二〇年。TWICEのMVの色彩はどれも凄いが、これは傑作の一つ。冒頭の宇宙空間に咲く真っ赤な花か、先が全く予想できない、花の中から、地下鉄のホーム、七色の渓谷まで、次々に変容する環境と衣装、それらの配色。ダンスも見せてくれる。曲の力強さも。速度感が溢れるなと、思ったら、この世界像は〈I CAN'T STOP ME〉と名づけられていた。

ヴォーカルはナヨン氏、ミナ（MINA）氏、サナ氏というTWICE王道の始まり、ジヒョ氏とナヨン氏のサビ、これも王道、2:11、英語中心のチェヨン氏とダヒョン氏のラップから、モモ氏、ダヒョン氏の韓国語ラップへの展開が絶妙。ああ、こういうところは、もっと聞きたいよ。言語音の愉楽。ジョンヨン（JEONGYEON）氏が歌い上げるところに、ナヨン氏の〈こゑ〉が〈あああ〉と別の旋律で対位法のように見事に絡みつき、多声性の魅力で私たちを放さない。同曲のダンス映像もさすがは世界のTWICEである。

●★TWICE 'CRY FOR ME' Choreography－2

本書はこの動画をもってTWICEの最高傑作とする。紫苑色から藤色ほどの、青紫系の光の

もとで踊るだけの、簡素な造りのダンス・ヴァージョンなのだが、歌と曲とダンスで、TWICEの他のMVの名品群の頂点に立つ。一人一人の存在感と、フォーメイションの変容の中に現れる、媚びを排した、身体の軌道の美しさは、世界にこれだけ支持されるTWICEの、存在理由を語って余りある。衣装も清楚でかつ動きを殺さない。0:38、ダヒョン氏、モモ氏の声門閉鎖の美しさから、0:47、ジョンヨン氏の〈bad boy〉〈mad girl〉と絞る〈こゑ〉にジヒョ氏が高らかに歌い上げる。音源だけ聴いても、K－POPの珠玉の逸品だということが解る。

●(여자)아이들((G)I-DLE) - '한 (一) (HANN (Alone))' Official Music Video

二〇一八年。ラップの項でも見たジー・アイドゥル。この「アイドゥル」は「子たち」「やつら」ほどの意で、「アイドル」ではない。韓国語では〈ヨジャアイドゥル〉とも言われる。なお、〈ヨジャアイドゥル〉は「女の子たち」の意。名前に振り回されてはいけない。MVの完成度はどれも重厚だ。次々に繰り出す高彩度の色で、私たちを刺激するエキゾチズムの配色、その中の衣装の色彩が鮮烈。アーティストたちそれぞれの存在感も視線の強度に貫かれて、充分に描き出される。歌詞に言う。〈君を忘れん〉。それぞれの〈こゑ〉が際立っていて、変化に飽きない。ソヨン氏のラップと、コーラスの対比が、音楽の多声的な立体感を造り出す。

4－3 〈新たなるコレアネスク〉の美学 ──〈こゑ〉と音と光と身体と

〈Kアート〉の〈こゑ〉は色彩、〈いろ〉と呼応しながら、〈こゑ〉と音と光と身体とを統合しながら、それぞれの世界像を造り上げる。そこに私たちは、同じく極東の地にありながらも、何かしら日本的なるものとも、中国的なるものとも異なる、〈コリア的なるもの〉を見出す。配色自体がいかにも〈日本的な〉それとは明らかに違う。それがどう異なるかを言語化するのは、甚だしく難しいけれど、配色を基礎に造ったカラーチャートを見せられれば、誰もが一発で感じる。それは〈韓国〉の色彩、といったものではなく──配色それ自体と「国家」は本質的、不可分な関係はない──、むしろ〈韓国的な〉とか、言語で言えば〈韓国語的な〉とかいった、緩やかな色彩＝〈いろ〉の分布であり、配列であり、〈ことば〉の印象である。

要するに国境などで仕切られた〈Korea〉の、というより、その地の人々から発せられているものを、外から見ると、〈Korean〉なと言えそうな、それだ。これを〈koreanesque〉（コリアネスク）と呼ぶことにする。言うまでもなく、蔑称から美術史、建築史の王道へと躍り出た、ロマネスク（romanesque）ということばの換骨奪胎である。世界からはほとんど顧みられなかったような、極東の一隅から、世界音楽史の王道へと進撃した、我等がKアートにふさわしい。

そしてこれが決定的に重要なのだが、〈いろ〉も〈ことば〉も、古い伝統的なものを宛がったというようなものではない。つまり、空港の土産物のグッズデザインのような、使い古されたキッチュ（独 Kitsch）などではない。それ自体が、〈全く新しい伝統〉、恐ろしく新しいのだけれども、あたかも古くから伝えられてきたかのごとくに、変身を経ている点が、重要である。変身、独語の Metamorphose、そう、ここでも伝統的な〈かたち〉(Morph) を、一つ上の現代の階層にメタ（meta-）しているわけだ：

> コレアネスク（koreanesque）、それは二一世紀における〈伝統のメタモルフォーゼ〉である

● [MV] 우주소녀 (WJSN) - BUTTERFLY

二〇二〇年。宇宙少女。原色を避け、反射光ではなく、透過光を主に、高度に色彩が統制されていて、宇宙少女の他のMV同様、画像がやはりずば抜けて美しい。単に伝統的な配色を表面的に生かすのではなく、どこか深いところで伝統的な色彩に依拠しながら、それでい

て、完全に二一世紀的にメタモルフォーゼされた色彩、新たな時代のコレアネスクと言うべき色彩群である。0:17、ケーキ一つを描き出すだけで、そのことが解る。私たちは色彩の魔術に酔いしれんばかりである。ダンスと共にスローモーションで映し出される、衣の美しさも蝶のように、共に舞を舞う。一〇人と多いので、アーティストたちの個々の存在感が際立ちにくいのが、残念だけれども、とりわけ後半で高らかに歌い上げられる〈こゑ〉が、非常に美しい。

コレアネスクは、〈いろ〉や〈ことば〉だけではない。音そのものにも、見出すことができる：

●★ [MV] 화사 (Hwa Sa) – I'm a 빛

二〇二一年。きりがないほどに、次々に繰り出されるMAMAMOO世界像の造形美。そこらの映画よりも細部に至るまで遥かに手を尽くしている。まさに〈Kアート〉の神々は細部に宿るか。これはファサ氏のソロ。MV、驚愕の美学。琥珀色系の画面をハブにして、次々に変容する色彩を見よ。빛 [piʔ]「ピッ」は「光」。「色」の意も。bitch をかけているとも言われる。民間に伝わる伝統的な〈民画〉のような背景と抽象的な縞模様を速度感のうちに対比させる。伝統的な撥弦楽器、〈거문고〉[kɔmungo]［コムンゴ］の低音を極限まで空間に満たす、二一世紀のコレアネスク。そしてダンスが。こうした伝統的な音楽を全く新しい形で活かしきるの

も、〈Kアート〉の真骨頂である。

　コムンゴは伝統的な固有語、漢字語では〈玄琴〉（현금）[hjɔngɯm]［ヒョングム］（げんきん）あるいは〈玄鶴琴〉（현학금）[hjɔnɦa^k?^kɯm]［ヒョナククム］（げんはくきん）とも言われる。三国時代の高麗時代より伝わる。幽玄を奏でる六弦のそれぞれには、文玄から武玄まで名前がついている。괘 [kwɛ]［クェ］と呼ばれる一六個の支えで、ギターのフレットにあたる構造を造る。この演奏の最後ではクェが激しく払い捨てられている。私たちは、古い伝統をただ後生大事に抱えるだけではない、これらを抱きつつも、捨てるべきは捨て去り、そして超えるのだと、言わんばかりである。

　コムンゴは、〈향비파〉（鄕琵琶）[hjaŋbipʰa]［ヒャんビパ］、〈가야금〉（伽倻琴）[kajagɯm]［カヤグム］と並んで、〈新羅三絃〉と称される。美しい名ではないか。コムンゴは朝鮮王朝時代には士大夫の嗜みの一つでもあった。郷琵琶は大陸部から伝わった〈唐琵琶〉のヴァリアントで、五弦、抱えて演奏する。伽倻琴はコムンゴと似ているが、一二弦。

　この〈I'm a 빛(ピッ)〉にはダンスのパフォーマンス・ビデオも別に公開されている。スタジオのダンスから、コムンゴのパートに移行すると、伝統的な建築の庭に場が移される。チュムる=踊るカメラの動きは絶妙で、黒一色に統一された衣装も、ファサ氏とダンサーたちの存在感を際立てている。こちらも佳品。

● [KCON 2016 France × M COUNTDOWN] Opening Performance _ Arirang Medley(아리랑 연곡) M COUNTDOWN 160614 EP.47

伝統的な民謡、〈アリラン〉（아리랑）[ariraŋ]［アリらん］をBTSたちがメドレーで直接歌い上げているコンサート映像。なお、アリランには地方ごとにさまざまなヴァージョンがあり、密陽アリランとか、慶尚道アリラン、江原道アリラン、珍島アリランのように名がついている。例えば、2:35あたりから密陽アリラン。多くのアリランは三拍子系だが、このメドレーは四拍子系に編曲している。緩やかなダンスの軌道も温かい。

これはパリの映像だが、韓国民謡がこのような形で海外で共有されるのも、Ｋ－ＰＯＰの切り開いた地平である。ちょっと目には何でもないようだけれども、例えば日本や中国の、どこでもいい、どこかの民謡が、海外でこんなふうに、共有されているようなもので、感嘆に値する。とにかくＫ－ＰＯＰは何でもやってくれている。

ちなみに、一九九三年の映画『風の丘を越えて／西便制』では、三人の親子が珍島アリランを歌いながら野道をこちらへやって来る場面がある。韓国映画史上、最も長い一カットなどと言われた名場面であった。比べてみたい。

● SHINee 샤이니 'Ring Ding Dong' MV

二〇〇九年、既に古典的な名品。伝統を楽器や楽曲に直接用いず、あたかも背後に秘めるようなかたちで隠し、伝統的な音楽にも聞こえるような要素を融合させることは、こうした作品からも見て取れる。

水の中で踊るのも凄い。危険だからか、意外にない。二〇一二年にB.A.Pが〈POWER〉で(→一一七頁)、東方神起が〈Catch Me〉で、二〇二一年にはPIXYが〈Wings〉でやっている。

旋律は同じ高さを続けながら、ハーモニーと言語音で変容させていく。ユニゾンと、そこから跳ねる音の、〈こゑ〉が造る旋律の動的な絡みが、繰り返されるフレーズを飽きさせない。ジョンヒョン(종현、JongHyun, 1990–2017)氏の〈こゑ〉から始まる。そこで〈돌이킬(トリキル) 수(ス) 없는(オムヌン) 거(ゴ)〉(取り戻せないもの)と歌い上げられる詩は、今にしてみれば、あまりに哀切。

〈너란 Girl〉[nɔran gəl]「ノランゴル」(お前という girl)と〈없다는 걸〉[ɔpˀtanun gəl]「オプタヌンゴル」(いないということを)のように英語の単語と韓国語の単語で脚韻をというのも、二〇世紀からラップなどではごく普通に行われている、K-POPの特徴。まるでbutterflyのような君がいて、この心は止められない。

なお、前述のONEUS(원어스(ウォノス)、ワナス)の〈가자(カジャ)(LIT)〉や〈월하미인(ウォラミイン)(月下美人:

LUNA)〉もこの系列の名品。

●★MONSTA X 몬스타엑스 'Alligator' MV

●MONSTA X－「Alligator-Japanese ver.-」Music Video

二〇一九年。モンスタエックス。七人から六人へ。男性グループ。曲も歌唱もラップも力に充ちている。ラップに続く、次々に現れる変容も、身体性を激しく押し出す。ＭＶの造りも色彩も密度が濃い。なお、末尾で水の上で踊っている。日本語ヴァージョンもあちらこちらでことばに密度があって、聴き応えがある。

コレアネスク王宮ロックとコレアネスク・ブルース

いわゆるＫ－ＰＯＰの範疇からは外れるかもしれないけれども、〈コレアネスク〉の伝統には、近代詩をロックにとりこんだ、こんな面白い曲もある：

●[MV] Azalea by Rolling Quartz (Eng/Esp Sub) 진달래꽃 by 롤링쿼츠

二〇二二年。女性五人のバンド、ローリング・クォーツ。サビの歌詞は、若くして自ら世を去った詩人、金素月（김소월（キム・ソウォル）、1902–1934）の詩〈진달래꽃〉[ʧindalɛˀko˺]［チンダルレコッ］（躑躅の花）（一九二五年）を採っている。教科書にも載るような、よく知られた詩で、静かな詩の朗読では何度も聞いていても、こんなふうに叫ばれては、驚きである。こうした試みはもっともっとあってよい。なお、ツツジは韓国を代表する花の一つでもある。英語のazalea [əzéiljə]（アザレア）はツツジの英訳に用いられ、韓国語圏では広く知られている。王宮での演奏の風情からは、ローリング・クォーツにこうした称号を贈ろう：

Rolling Quartz は〈王宮ロック〉＝〈왕궁 록〉[waŋguŋnoᵏ˺]［ワんグんノク］だ

電気のなさそうなところで、エレキギターを弾くな、といったつっこみは野暮というものだ。リードギターは白いギターのアイリー（Iree）氏、紫のギター、チェ・ヒョンジョン（Choi Hyun Jung）氏の二人、ベースがアルム（Arem）氏、ドラムのヨンウン（Yeongeun）氏はシューズなしでバスドラのペダルを踏み、密やかに〈身体性〉を誇示、決めてくれる。ボーカルのチャヨン（Jayoung）氏（1996–）が中途で衣装をさりげなく替えているなど、ファッションもMVの造りも完全にK－POP風、コレアネスク・ロックだ。

● 송수우 (Song Soowoo) – 'Love Me or Hate Me' MV

二〇二二年。〈こゑ〉の観点からこの人を。ソン・スウ（宋秀雨、2003–）氏。存在感溢れる、魅力的な女声の〈こゑ〉。MVの造りはK－POP式だ。高校一年まで国楽を学んでいたという。

● BAND KARDI [City of Wonder]

二〇二一年。MVは釜山（プサン）を描いている。本書は韓国のバンド系は全く扱っていないので、ローリング・クォーツが出たところで、いま一つ、ヴォーカルの鬼才、김예지（キム・イェジ）（1996–）氏を挙げておこう。まさにコレアネスク・ロック、〈Kバンド〉と言われる五人組のKARDI（카디（カディ））のヴォーカルである。

KARDIは、キム・イェジ氏のほかには、황린（ファん・ニン）氏（1996–）がリーダーでサブヴォーカル、日本で言えば、東京芸術大学の音大にあたる、ソウル大学の国楽科出身、박다울（パク・タウル）（1992–）氏が低音の効いたコムンゴ（玄琴）（→二六四頁）などを演奏、전성배（チョン・ソんべ）氏（1997–）がドラム、황인규（ファん・インギュ）氏（1993–）がベース。自作曲〈7000RPM〉などが知られる。ピ（비、RAIN、1982–）氏の〈It's Raining〉（二〇〇四年）をロックにした演奏では、ギタリスト황린（ファん・ニン）氏の

男声ヴォーカルの強烈な存在感も聴ける。KARDIはドラマ『不可殺―永遠を生きる者―』（二〇二一年）のOSTも担当している。これらの曲は検索して聴いていただくことにして、ここでは変わったところで、九九頁で触れた、演歌の名曲〈木浦の涙〉を：

● KARDI – Tears of Mokpo (Immortal Songs 2) | KBS WORLD TV 220212

二〇二二年、KARDI（カーディ）。KBS放送の〈不朽の名曲〉(Immortal Songs 2) から。演歌最高の名曲〈木浦の涙〉をロック・アレンジで歌っている。キム・イェジ氏〈こゑ〉の存在感と歌唱は圧倒的である。ここまで存在感の震えが伝わって来る歌手は、巨大なK－POPの世界でもそうたくさんはいない。なお、原曲の、地名を埋め込んだ歌詞は、なかなかに味わい深く、原曲を知っていれば、この演奏と歌唱は、もう涙なくして聴くことはできない。

● 호림, 하헌진 (Horim, Ha Heonjin) – Barment Blues MV

こんどはブルースから一本だけ。何とブルースまでMVの造りがK－POP風になっているではないか。映像の色調がブルースだ。ギターがハ・ホンジン氏、ヴォーカルがホリム氏。

ハ・ホンジン氏はシンガーソングライター。〈몸뚱이 블루스〉（身一つブルース）などで知られる。まさにコレアネスク・ブルース〈koreanesque blues〉だ。米国で演奏なども。京都のUrBANGUILD（アバンギルド）で二〇二〇年にご一緒させていただいた。と、私もギターだったら格好良かったのだが、トークであった。え？　著者の余計なおしゃべりはやめろ？

パンソリは韓国語ラップの今一つの源流だ

〈Kアート〉に伝統的な音楽を語り、コレアネスクを唱えるなら、〈パンソリ〉（판소리）[pʰansori] をぜひとも挙げねばならない。太鼓と共に演ずる、歌と語りを統合したような、民俗楽の一種である。朝鮮時代から伝わっている。

映画『서편제（西便制）』が修行の様子に至るまで、余すところなく、パンソリを描いていて、〈Kアート〉を知るには、必見。前述の『風の丘を越えて／西便制』（一九九三年）が日本語題である。林權澤監督。李清俊（1939–2008）の小説『남도 사람』（南道の人）原作。7:57あたりの、金明坤氏演ずる義夫・ユボンの唱するパンソリ〈春香伝〉、そしてパンソリのために視力を奪われた姉（呉貞孩氏）と、探し尋ねてきた弟（金圭哲氏）の再会でのパンソリ〈沈睛伝〉を聴こう。演じられる沈睛伝もまた、光を失った父親と、父のために大洋に身を投げ、死んだと思っていた娘、沈睛との再会の場面である。

韓国語ラップは、もちろんヒップホップが圧倒的な源流である。そして私たちは今一つの源流をここに見る。断言するが、あるいは緩やかに、あるいは高速高密度で、低音から高音まで自在に操りながら歌われる〈こゑ〉＝소리 [sori]［ソリ］こそ、まさに韓国語ラップの今一つの源流である：

> コレアネスク・ラップ＝韓国語ラップには二つの源流がある。ヒップホップ、そして今一つはパンソリである

この『風の丘を越えて／西便制』では、太鼓を聴いた瞬間に、姉はその姿を見ることができずとも、訪ねてきた男が、弟であることを知った。涙が出て、結末は書けない：

● 서편제 (1993) 복원본 / Sopyonje (Seopyeonje) Restoration Ver

この『風の丘を越えて／西便制』と、次の Stray Kids の〈소리꾼（ソリックン）〉を比べれば、パンソリが韓国語ラップの今一つの源流であることが、鮮明に解るだろう：

●★Stray Kids "소리꾼 (Thunderous)" M/V

二〇二一年。Stray Kids は略称、スキズとも。全体が歴史劇仕様。絵作りも素晴らしい。非常に力の入る傑作。ただし、せっかく緻密な構成の画面に、大味なアニメーションは全く不要。題名の〈소리꾼〉[soriˀkun]［ソリクン］（歌い手）の〈소리〉［ソリ］はまさにパンソリを言う。〈-꾼〉［クン］は〈……に携わる人〉を表す接尾辞。いずれも漢字語ではなく、伝統的な固有語。要するにパンソリの唱者を指す。次々に現れるアーティストたちとその〈こゑ〉の変容が圧巻。ちなみに、2:24には絵を添えた、「歌い手たちが来ました」の張り紙の後ろに、『訓民正音』の漢文を記した張り紙が見える。一五世紀、この『訓民正音』によりハングルという文字体系が初めて世界史の中に登場した。こんなところにもハングルへのオマージュが——

なお、スキズは自分たちで楽曲を作っている。パンソリなどというモチーフもアーティストたち自身の発想だということを意味する。パンソリ美学の遺伝子と言うべし。私たちの時代のコレアネスクである。

ラップという〈こゑ〉——ヒップホップのコレアネスク

本書では扱っていないけれども、いわゆるＫ-ＰＯＰとは別に、韓国のヒップホップでも

ラップは当然のこと、盛んである。今日のK-POPにとって重要なことは、現在一線で活躍するK-POPのアーティストたちが、生まれる前から、韓国語圏においてラップは一部のアーティストたちだけが有する珍しいものなどではなく、どこにでもあるものだったという点である。都会の中学生くらいならもう、学友たちの誰かはラッパーとしてならしていただろう。

なお、韓国語では「ラッパー」は「래퍼」[rɛpʰɔ][レポ]となる。バラードにもラップが重ねられるのは、ごくごく自然なことだった。言ってみれば、ラップのない大衆音楽は、〈트로트〉[tʰɯrotɯ][トゥロトゥ](トロット)と呼ばれる〈演歌〉と、ジャズとロック、そして民衆歌謡だけだったと言ってもよいほどだ。韓国語の世界においてはラップはそれほど日常のうちに、深く、根を下ろしていたのである。ラップはいわば血肉と化していたのであって、その深いところでは、パンソリの遺伝子が絡み合っていた。ラップの心性はまさにパンソリのそれだったのである。皆が身体の一番深いところで記憶している、パンソリという韓国語のかたち――

ラップのビートが街を埋め尽くす

K-POPのラップと言えば、前述(↓九二頁)のように一九九〇年代後半、ソテジワアイドゥルやデュースらが開拓した前史があった。ラップは二一世紀へとビートを進めつつ、韓国ヒップホップの伝説デュオ、〈ガリオン〉(가리온、Garion)の〈옛(イェン) 이야기(ニヤギ)〉(Old Story, 昔の

話、二〇〇四年）のラップでは、まさにこう歌われた：

　　弘大から新村まで敷き詰めた、ヒップホップのリズム

　弘大とは弘益大学（홍익대학）のこと。弘大は多くの美術家やデザイナーを輩出している。弘大周辺の大学街は今日ではいわゆる若者の街の筆頭に数えられている。デュオの一人、MC Mete氏は、弘益大学大学院の出身であった。新村は延世大学や梨花女子大学を近くに擁する。弘大はソウルの麻浦区、新村は西大門区で南北に隣り合っている。弘大から新村までは一時間もかからずに歩ける。

《注》延世大学の友人を訪ねたときのことである。地下鉄の新村駅に降りるやいなや、眼が猛烈に痛む。催涙ガスである。地上に出ると、さらに眼が痛い。しかし、あたりにデモ隊などの姿は見えないし、声も聞こえない。延世大学へと入る。友人の人文大学の研究室は大学を入って、延々と勾配を登って行った奥にある。擦るわけにいかない眼から、涙をぼろぼろ流しながら、ようやく研究室に着いて、「いやあ、今日のこの催涙弾は凄いねー」と話を向けると、「あ、これ？　これ、今日のじゃなくて、昨日の」。参った。巨額の催涙弾を打ち込んだなどと、ニュースにもなった。新村は日本で言うなら、一九六七～七〇年頃の、東京、神田の解放区以上の様相をしばしば呈したのであった。二〇世紀の末尾のことであった。

かくして多くのラッパーたちがヒップホップのビートに乗って、弘大や新村、若者たちの街を埋めた。ラップの技法も劇的に進歩し、多様な姿で成長した。面白いことに、ヒップホップを語る言説も多く現れ、批評のことばもまた、格段に深化していった。〈ラップで詩を吟じるな〉などという批評も現れるほどに、詩としての韓国語ラップのことばもその美しさや豊饒さを誇ったのであった。

ＭＣスナイパー（MC Sniper, MC 스나이퍼、1979–）氏の白黒映像〈Better Than Yesterday〉では、Room9, Zenio7, TakTak36, DJ R2, BK, Outsider, そしてSniperといった各氏、重要なラッパーの面々が結集している。4:19–5:00あたりに現れる、Outsider氏のもの凄い高速ラップの造形は、ほとんど荘厳と言うべき。ＭＣスナイパー氏が叫ぶ。〈俺たちがなぜ俺たちなんだ？〉〈昨日よりは、もっと良く〉。涙が出る。

バラードをも蘇生させるラップ

例えば二〇一二年のドラマ『シンイ－信義－』（신의（シニ）、Faith）のＯＳＴ、〈悪い人〉（나쁜（ナップン） 사람（サラム）、Bad Boy）を聴こう。バラードの名人、女性歌手、チャン・ヘジン（장혜진、1965–）氏。ラッパーは先のＭＣスナイパー氏。ヒップホップ界の吟遊詩人などと呼ばれ、韓国のヒップホップでも影響力の大きいラッパーである。

この曲〈悪い人〉は、バラードにラップを重ね、曲をまた再びと生き返らせては、私たちの心を掻きむしる〈悪い奴〉である（ドラマの終わりでは現代の整形外科医、キム・ヒソン氏が、高麗の近衛隊の隊長、イ・ミンホ氏を幾時代も探しゆく。「幾時代も」という、このことばの意味はドラマを見ていただきたい）。生を刻む緩やかなテンポ＝時に、ラップが今日のテンポ＝時を重ね、ことばと律動と旋律のかたちの位相を造り変えて、見せてくれる：

그대는 나쁜 사람 [kɯdɛnɯn napʰɯn saram]［クデヌㇴ ナプㇴ サラㇺ］（あなたは悪い人）
그대는 아픈 사랑 [kɯdɛnɯn apʰɯn saraŋ]［クデヌㇴ アプㇴ サラん］（あなた痛き愛）

とバラードがさ歌えば、ラップが呻く：

물거품처럼 사라지는 기쁨 마음의 고뿔
[mulgɔpʰɯmʧʰɔrɔm saradʒinɯn kiˀpɯm maɯme koˀpul]
［ムㇽゴプㇺチョロㇺ サラジヌㇴ キプㇺ マウメ コプㇽ］
（泡のごとくに掻き消える歓び、心の風邪）

片仮名や日本語訳では味わえないのだが、発音記号を見れば解るように、ラップのこれだけの短いフレーズ、わずか五つの文節に、音節末の /m/ が四回、音節の頭の /m/ が二回、音節の頭の /p/ の濃音と激音が三回も密集して連なり、私たちを襲って来るのだ。憎いことに、/m/ と /p/、いずれも唇で音を造る唇音である。そしてこれでもかとばかりに、唇を突き出す円唇母音 /u/[ウ] まで、三度。平唇の /ɯ/[ウ] も三回。この音列の身悶え。抜群だ。

〈鳥たちのように飛びたい俺の心が解っているのか〉。ドラマもなかなか良くできている。なお、MCスナイパー氏は坂本龍一氏と〈Undercooled〉を共にしている。そこでは〈歌うことをやめた悲しい鳥たち〉と、韓国語で呻吟し、こう問うのであった──〈我等の自由がどこにあるのか、教えてくれ〉。

K‐POPのラップ

ヒップホップから多くを学びながら、K‐POPも進化する。BIGBANG の G-DRAGON（1988-）氏や T.O.P（1987-）氏、また Block B（블락비〔ブルラクピ〕）の Zico（지코、1992-）氏、BTSのRM氏のラップなどはほとんど現代の神話のようなものだ。新たなるコレアネスクの開花である。

●Stray Kids "부작용 (Side Effects)" M/V

二〇一九年。曲名〈부작용〉は〈副作用〉[pudʒagjoŋ]［プジャギョん］。

スンミン（Seungmin）氏、バンチャン（Bang Chan）氏、フィリックス氏の低い声から副作用への痛みへと導かれる。やがてハン氏の澄んだ〈こゑ〉へ。チャンビン氏のラップが強く刺す。そしてヒョンジン氏の呟きラップ。フィリックス氏の低音の〈こゑ〉が効く。あちこちに差し挟まれたユニゾンの叫びが流れを裂く。曲全体が〈머리 아프다〉[mɔri apuda]［モリアプダ］（頭痛い）だけでこの力業。

ちなみにこの「아프다」［アプダ］（痛い）の語形は、残念なことに、現行のほとんどの韓国語学習書、教材で文法論上きちんと位置づけられていない。辞書形＝原形でもないし、한다(ハンダ)体(たい)と呼ばれる文体の、単なる平叙法でもない。それらと全く同じ形の、話しことばに多用される、宣言・感嘆法の形である。単に誰々は「頭が痛い」と淡々と客観的に記述する、単なる平叙法のムード形式ではなく、まさにこの〈副作用〉の曲が表しているように、話し手の、聞き手に対する特別な宣言や、話の現場における話し手の感嘆を表すことに特化した、鮮明なムード形式である。〈와、맛있겠다！〉［ワ マシッケッタ］（わあ、おいしそうだ！）とか、〈아이고、춥다！〉［アイゴ チュプタ］（おお、寒い）など、動詞なら〈언니、나 간다！〉［オンニナカンダ］（お姉さん、

私、帰るからねー）などという形になる。平叙法とはしばしばイントネーションも異なってくる。この宣言・感嘆法はK－POPの詩には極めて頻出する。

〈俺の意志とは関わりなくやってくるこの副作用〉、なんて歌詞はもちろんこれまでなかった。

●Stray Kids "Christmas EveL" M/V

二〇二一年。Stray Kids がサンタになる設定。

前半ですぐに、ハン氏や、ヒョンジン氏、チャンビン氏のラップが全開。フィリックス氏やリノ（LEE KNOW）氏も。八人のうち、ほぼみんながラップができるあたりが、K－POPである。ラップとの対比でアイエン（I.N）氏、スンミン氏、バンチャン氏、リノ氏らの歌がさらに生きる。

●★Stray Kids "Back Door" M/V

二〇二〇年。Stray Kids 最高傑作の一つ。

コレオグラフィーの展開が予測を常に外してくれて、メンバーたちの腕も脚も胴体もそして

動線も四方に広がり、歌とラップに乗って、スケールの大きな空間を舞う。イントロ画面に続く、ヒョンジン氏のダンスからもう既に身体性が溢れ来る。その身体の動きは末尾も締めてくれる。カル群舞と、一人で縦横に舞う対比も、次々に見せてくれる。カメラと映像の編集も巧みだ。

スンミン氏の澄んだ〈こゑ〉で歌われる〈음악《ウマク》 소리《ソリ》〉（音楽の音）ということばに続いて、〈내《ネ》 목소리가《モクソリガ》〉（俺の声が）というバンチャン氏の〈こゑ〉の立ち上がりは鮮烈。その背を向けたバンチャン氏の後ろから、1:00あたりで、ヒョンジン氏が上体と顔を私たちに向け、ノックする仕草に、トントントンというノックの音が合わせている——曲に振り付けを造っているのではなく、あたかも振り付けに曲が合わせているように見えるところが、達人の技である。コレオグラフィーと楽曲の絡みはかくも絶妙。このトントントンは末尾ではフィリックス氏が背を叩く振り付けとなっていて、憎い。中程の、アイエン氏の〈내《ネ》 목소리가《モクソリガ》〉（俺の声が）の〈こゑ〉もまた異なった鮮烈さ。

ハン氏が1:32あたりで腕を頭に組みながら、眼差しだけで見せてくれる動態感は、暗色基調の画面に、何と、真白な眼球の動きだけで造られている。何気なさそうでいて、細部まで考え抜かれたこうした造形こそ、Stray Kidsが、そしてＫ－ＰＯＰが、身体性を動画という仮想現実の中に閉じ込めず、私たちと共振する身体性として、屹立せしめ得ている、秘密である。

なお、ＭＶに用いられている漢字「生」の書は、こんなときだからこそ、ポップに流さず、例えば欧陽詢（おうよう・じゅん）（557–641）、〈九成宮醴泉銘〉（六三二年）の楷書のような、今少しの精緻な格調がほしい。ちなみにStray Kids手書きのロゴは、バンチャン氏の手になるという。ひいきで言うわけではなく、これはロゴとして、掛け値なしに、素晴らしい。

今一度言うが、Stray Kids最高傑作の一つであり、ダンスの身体性が溢れんばかりに生きている、KアートMV最高傑作の一つ。

女性たちの〈こゑ〉が造るコレアネスク・ラップ

ラップと言えば、女性五人（もとは六人）のグループ、(G)I-DLE［ジー・アイドゥル］、(여자)아이들［ヨジャ・アイドゥル］のチョン・ソヨン（전소연、田小娟、1998–）氏を挙げねばならない。ソヨン氏と呼ばれる。作詞、作曲、プロデュースにラップも行う、天下の鬼才である。女性ラッパーを競わせるMnetの番組〈언프리티（オンプリティ） 랩스타（レプスタ）〉（Unpretty rapstar）などにも出演しており、YouTube上には動画もあれこれ残っている。何よりも、繰り出すラップのスタイルが、極めて多彩で、私たちを飽きさせない。

二〇二二年一〇月には、〈Nxde〉という挑戦的なタイトルのMVを発表し、世に"nude"という単語で行われまくっていた怪しげなネット検索を、ガールクラッシュ路線の(G)I-DLEが痛快にも〈ネット検索ジャック〉したと、話題になった。才知溢れる仲間（アイドゥル）たちだ。

●(ヨジャ)アイドゥル((G)I-DLE) – 'Oh my god' Official Music Video

●(G)I-DLE –「Oh my god」(Japanese ver.) MUSIC VIDEO

二〇二〇年。MVは(G)I-DLEの王国とも言うべき、危険な香り漂う、豊饒なる一つの世界像を造り出している。中程でソヨン氏のラップ。日本語版MVの方は、背景設定などはほどんどなく、フルショット、ウエストショット、バストショット、クローズアップという、異なったフレーミングでメンバーを撮った映像で構成されている。日本語版は歌詞もラップも日本語。

●(여자)아이들((G)I-DLE) – 'LION' Official Music Video

ジーアイドゥル、二〇一九年。〈Oh my god〉と同様の路線。象徴的なイマージュを散らすのではなく、明確な世界像を造形しようとしている。ここでもメンバーそれぞれが際立っている。

●(여자)아이들((G)I-DLE) – 'Senorita' Official Music Video

二〇一九年。(G)I-DLEのMVは見応えがある。ラテン的要素を取り入れ、色彩も華麗。管

楽器が曲だけでなく映像の結節環だ。アーティストたち個々の存在感が丁寧に描かれている。

●★（여자）아이들 ((G)I-DLE) – 'TOMBOY' Official Music Video

●[BE ORIGINAL] (G)I-DLE ((여자)아이들) 'TOMBOY' (4K)

ジーアイドゥル、二〇二二年。ガールクラッシュ的な志向を鮮明にしている。赤系と黒系の色彩を中心に展開される。STUDIO CHOOM のチャンネルで公開されているダンス映像でも、メンバーの存在感は充分。なお、CHOOM は〈춤(チュム)〉で、ダンス。

タイからのミンニ (MINNIE) 氏、ソヨン氏、ミヨン (MIYEON) 氏、中国からのウギ (YUQI) 氏、台湾からのシュファ (SHUHUA) 氏の順で立ち上がる〈こゑ〉とそれらの存在感。ソヨン氏のラップはここでも凄い。悠然と歩いて来るミヨン氏が、ぽいと後ろに放り投げる真っ赤なハート型のキャンディーで、あたりが爆破されるなどは、ガールクラッシュを象徴しようとしたか。終わりには、天に昇る、いくつものハート型の風船――生ぬるいハートたち、あばよ。

●★ BLACKPINK – 'Lovesick Girls' M/V

二〇二〇年。BLACKPINKの四人の〈こゑ〉がもたらす存在感は圧倒的。リサ氏のラップからジス氏とロゼ氏の歌へ、リサ氏とジェニー氏のラップからロゼ氏の歌へという、変化の美しさ。ディーヴァたちの饗宴を見よ。

● [MV] 우주소녀 (WJSN) – UNNATURAL

● WJSN – "UNNATURAL(Band Live Ver.)" [it's LIVE] ライブミュージックショー

二〇二一年。右はMVと、もう一つは同曲のスタジオでのライブ映像。〈it's LIVE〉はMBC放送が運営するYouTubeチャンネル。MVとは違った視座を得ることができる。

出だしのウンソ（Eunseo）氏、ソラ（Seola）氏からスビン（Soobin）氏の高音への連携で聴かせてくれるように、宇宙少女のMVの中では、この曲がアーティストたちそれぞれの〈こゑ〉が最も生きている。メインラッパーでリーダーのエクシ（EXY）氏のラップは、低めの音の出だしから。そして何と続けてさらに下げて来るあたりはちょっとした驚き。かと思うと、〈Dripping gold〉（ぽたぽた滴る金）という、いかにもヒップホップ的な表現でぴょんと高音に跳ねるなんて、憎いではないか。エクシ氏の〈こゑ〉は〈Hey〉や〈Come on〉といった短い一言でも聴かせてくれる。かくしてスビン氏やダウォン（Dawon）氏の聳（そび）えるごとき〈こゑ〉、

そしてヨンジョン（Yeonjung）氏の上空を舞う〈こゑ〉が、高らかに際立つ。

宇宙少女、一三人体制の〈Dreams Come True〉などの曲ではさすがに〈こゑ〉の区別がつきにくいが、短いパートながら、ミギ（Meiqi）氏の〈こゑ〉の存在感は光る。映像もしばしばとても美しい。曲のロゴも面白い。

女性の優れたK－POPラッパーは、多い。Dreamcatcher のダミ氏の低音ラップ（↓一三五頁）、Red Velvet では、三人もラップを聴かせてくれる。

●★ Lapillus(라필루스) 'HIT YA!' MV

二〇二二年六月にデビューした、マルチ・エスニックな、女性六名のグループ、〈ラピルス〉。二〇〇二年生まれから二〇〇八年生まれの若いチームなのに、その各メンバーの存在感は驚異的である。紹介などでは、皆でいろいろな言語を操っている。

いわゆるガールクラッシュの路線の詩。コレオグラフィーもとても新鮮だ。いろいろなところで、初めて眼にするような動きに溢れている。ショーケース映像でダンスを見ても、コレオグラフィーの素晴らしさが解る。MVではイントロの次の群像のフォーメーションだけで、心臓を鷲づかみにされる。続いて現れるCGの光景を見よ。凡百のイマージュとは隔絶してい

る。シャンティ（CHANTY）氏、一九歳の〈私のエンジンは決して止まらない〉。ソウォン（SEOWON）氏のラップがいい。一五歳。ベシ（BESSIE）氏の強い〈こゑ〉からハウン氏のビートへの連携がいい。ハウン（HAEUN）氏の存在感は一三歳とは思えない強烈なる存在感。リーダー、シャナ（SHANA）氏、一九歳の鋭く重い〈こゑ〉も完璧に安定している。よし。ユエ（YUE）氏、一七歳の力強さと存在感も際立つ。高らかに歌い上げるベシ氏の〈こゑ〉。皆それぞれの表情が造り出す魅力も、既に完成の域にある。強烈な打楽器の音と間投詞が見事に絡み合う。

ダンスポップではあるけれども、曲が単純ではなく、いろいろな要素を盛り込んでいて、予定調和に陥らず、耳も目も離せない。間奏の映像は息を呑む。何せＣＧの使い方と色彩の配合が絶妙で、映像が身体性を決して壊さない。二一世紀の全く新しい、速度感溢れる映像童話とも言うべき、〈こゑ〉と音と光と身体性の世界が現出する。このＭＶは見たこともないような、最高水準の傑作である。

二〇二二年の〈GRATATA〉も良い。間投詞やオノマトペを駆使し、メンバーたちの個性的な〈こゑ〉による言語音の愉しさを組み上げる手法が、生きている。色彩が独歩的。なお、銃はせっかくのＭＶの新鮮な世界像を壊す役割しか果たさない。全く不要。ともあれ、Ｋ－ＰＯＰ宇宙に輝く恒星が誕生した。やがて巨きな銀河となるであろう。やはりＫアートは楽しい。

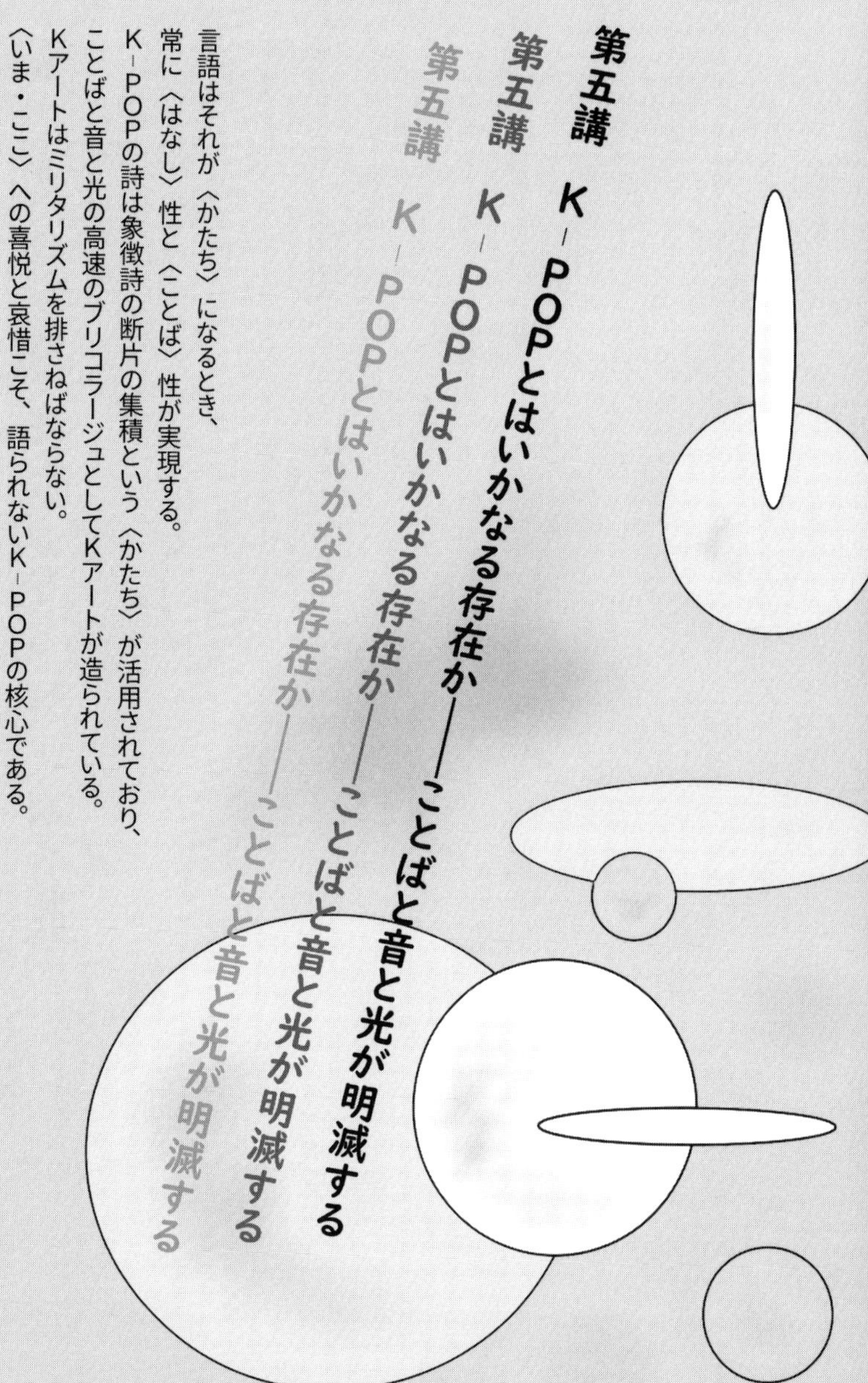

第五講　K-POPとはいかなる存在か――ことばと音と光が明滅する

第五講　K-POPとはいかなる存在か――ことばと音と光が明滅する
第五講　K-POPとはいかなる存在か――ことばと音と光が明滅する

言語はそれが〈かたち〉になるとき、
常に〈はなし〉性と〈ことば〉性が実現する。
K-POPの詩は象徴詩の断片の集積という〈かたち〉が活用されており、
ことばと音と光の高速のブリコラージュとしてKアートが造られている。
Kアートはミリタリズムを排さねばならない。
〈いま・ここ〉への喜悦と哀惜こそ、語られないK-POPの核心である。

5－1 〈ことば〉性と〈はなし〉性――詩の両極

言語は常に〈ことば〉性と〈はなし〉性を有する

音であれ光であれ、長さの如何に係わらず、およそ言語が〈かたち〉になるとき、常に〈ことば〉性と〈はなし〉性という両方の性質を併せ持って実現する。〈ことば〉性とは、これまでも散々述べてきた、韓国語だの日本語だのという言語やそれぞれの方言が有する、言語の音の特徴であるとか、語彙や文法の特徴など、ことばそれ自体が際立って見せてくれる性質のことである。

これに対して〈はなし〉性とは、ことばによって意味の世界に造形される、あるまとまった内容を言う。いわばストーリー性、物語性である。

例えば、こんな短い歌一つでも〈はなし〉性は極めて鮮明に造形される：

天の原　ふりさけ見れば　春日なる　三笠の山に　出でし月かも

なるほど、〈天を仰いで見遣ると、春日に在った三笠の山に出ていた、あの月なのだなあ〉といったようなことがらを、私たちは意味の世界に造形する。さらにまた、これが若くして唐へ渡った阿倍仲麻呂（698–770）という人物で、日本に帰りたくても帰れなかった人なのだといったことばまで眼にすると、私たちはそこにさらに豊かな物語を造形するだろう。これが言語の〈はなし〉性である。〈はなし〉性はごく短い、ドアに書かれた〈押す〉や〈引く〉などという一単語でも造られ得るし、小説のような長いことばの集積から造られることもある。詩も、そして歌のために書かれた詞も、同じだ。

造られた〈かたち〉によっては、こうした〈はなし〉性がぼんやりと霞んでいたり、ことばとことばの連なりから意味を造形できず、〈はなし〉性がほとんど破壊された状態を現出することもある。先の詩人、李箱（イ・サン）の詩などは〈はなし〉性がほとんど破壊されやすい、典型的な例である：

> 青イ静脈ヲ剪ツタラ紅イ動脈デアツタ。

くらいならまだしも、

> 目ガアツテ居ナケレバナラナイ筈ノ場所ニハ森林デアル
> 笑ヒガ在ツテ居タ

などとなると、個々の単語の意味の造形はできても、文全体としての意味の造形に困難を来すようになるだろう。このように意味の造形がしにくくなると、人はことばそれ自体に意識を向けるようになる。〈あれ、何だこのことばは？〉とか、〈え？　どういうこと？　これって、日本語？〉などのように。つまり〈はなし〉性が鮮明なうちは、人は皆、意味の世界を逍遙していて、〈はなし〉性が崩れ始めると、〈ことば〉性へと、意識の志向性を転換するようになる。要するに私たちは普通は〈意味〉を読んだり、聴いたりしているのであって、〈ことば〉それ自体を読んだり、聴いたりしているわけではない。誰かと話をしていて、〈「あんた」とは何だ、「あんた」とは！〉などとなるのは、〈ことば〉そのものへの着目で、〈はなし〉性よりも〈ことば〉性を問題にしてけんかになりそうな事態である。

歌でも、意味を造形できているうちは、意味の世界に酔うことができる。〈はなし〉性が勝(まさ)っているからだ。意味の造形に支障が出始めると、私たちはことばそのものへと関心を向ける。すると今度は〈ことば〉性がより濃厚に現れる。

多くの歌は〈はなし〉性を求めてきた

この〈ことば〉性と〈はなし〉性という観点から大衆音楽の歌詞を見ると、やはり古くは〈はなし〉性が濃厚なものが、圧倒的に多かった。と言うより、一つの物語を造り上げるような仕方で、歌詞を造ることが、ごく普通のことであった。どんな物語を造るかという、そうした〈はなし〉性こそが、歌にとっては重要だったのである。

　解りやすいように、ここだけは日本語圏で見てみよう。例えば日本演歌史上、屈指の存在感を誇った、一九歳の演歌歌手、藤圭子氏（1951–2013）が一九七〇年に歌った〈圭子の夢は夜ひらく〉（石坂まさを作詞、曽根幸明作曲）、〈十五、十六、十七と〉と始まって造られる歌詞の世界には、明確な物語が造形され、〈はなし〉性は際立っていた。別れの波止場だったり、港町の彷徨だったりと、場面も明確であった。演歌は基本的に皆こうした性格を有している。人々はそうして造られる物語に、しばしば歌手の生い立ちの物語を重ねた。もちろん幻想であっても、構わないのだ。重要なことは、〈はなし〉性が私たちと共振する装置の役割を、どれだけ果たしたかという点だからだ。

　宇多田ヒカル氏（1983–）の〈Automatic〉（一九九八年）もそうだったし、椎名林檎氏（1978–）の〈歌舞伎町の女王〉や〈丸ノ内サディスティック〉などもそうだ。そこには明確で、かつ具体的な物語が描かれ、鮮明な〈はなし〉性が立ち現れた。Ado氏（2002–）の〈うっせぇわ〉（二〇二〇年）も楽曲はダダ的な面白さに満ちているけれども、詩自体の物語性、〈はなし〉性はそれなりに保たれている。

　日本語の歌だと、例えば一九七五年以来活躍しているブルース・バンド、憂歌団（ゆうかだん）の〈パチンコ〜ランラン・ブルース〉などになると、そうした〈はなし〉性がかなり弱まっていると言える。日本語圏の歌にも他にも〈はなし〉性の希薄な歌が、多いはずなのだが、我が貧困なる記憶では、意外に〈はなし〉性の希薄な曲を探すのが難しい。ロックやテクノ系にはありそうだが……。膨大なＪ－ＰＯＰにはきっとかなりあるに違いない。

遡って、一九六七年の大ヒット曲、あの〈帰って来たヨッパライ〉ならどうかと見ても、やはり歌詞の〈はなし〉性はなかなか濃厚だ。〈帰って来たヨッパライ〉はテープを早回しするなど、驚天動地の造形であった。同曲は、事実上の発禁となった、かの天下の名曲〈イムジン河〉（一九六八年頃）を歌った、ザ・フォーク・クルセダーズのデビュー曲である。なお〈イムジン河〉は朝鮮民主主義人民共和国で作られた曲で、この曲が日本語圏で広く知られるようになったこと自体が、長い物語を有していると言ってもよい。

《注》〈イムジン河〉はラジオで一日に幾度も流れ、月刊の学習雑誌などに楽譜も掲載されるほどであった。しかしレコード発売の前日に突然発売が中止となった。それ以降は事実上の禁止曲扱いとなっていた。後にＣＤが発売された。この曲で朝鮮半島の南北分断を初めてわずかながら実感した、日本語圏の少年少女も多かったろう。

一九四五年の解放前は帝国日本の侵略と支配という困難に置かれてきたのみならず、朝鮮語圏は解放後も三つの大きな困難（difficulties）を背負ってきたと言える。朝鮮語圏の三つの困難＝３Ｄとは、第一に南北の分断（division）であり、第二に民族のディアスポラ（diaspora）であり、第三が民主化（democratization）をめぐる困難であった。アーティストの兵役の問題や、日本など朝鮮半島以外の海外同胞の存在、あるいは光州事件との係わりなど、今日のＫ－ＰＯＰによって韓国以外のファンたちがこうした問題へとたどり着くことに、もしやいささかなりとの貢献をしているかもしれない。〈イムジン河〉が少年少女たちの心を開いたように、あるいはＫ－ＰＯＰにもそうした働きが隠れているかもしれない。

〈はなし〉性に戻ると、思い切り昔の童謡、蕗谷虹児（ふきやこうじ）（1898–1979）の抒情画に現れた〈花嫁人形〉〈きんらんどんすの……〉あたりはかなり薄まっていると言えなくもないが、やはりまだまだ……。

ええい、最後の手段だ。これなら共有できる。BABYMETALの〈ギミチョコ!!―Gimme chocolate!!〉（ＭＶ公開は二〇一四年）。オノマトペ的な単語、間投詞的な単語、〈チョコレート〉の形態素の内部で区切った、〈チョ〉を連発するなど、まさに日本語の〈ことば〉性の極北と言うべき詩だ。ヘビーメタルに乗せて高速で叫ばれ続けるさまを聴こう。伝統的な〈はなし〉性ではなく、完全に〈ことば〉性の方へ志向性の針が振れ切っている。

なお、誤解のないように付け加える：

（一）〈ことば〉性と〈はなし〉性は、言語が実現する際には、それらの濃度の違いこそあれ、多かれ少なかれ、いずれも現れる

（二）〈ことば〉性と〈はなし〉性は、優劣など、価値づけとは、全く関係がない

歌詞がどちらの性質に振れても、良いものも、つまらないものも、歌だから、当然あり得るわけだ。

5－2　象徴詩の断片の集積としてのK－POPの詩

フランス象徴詩と〈ことば性〉

先程、李箱（イ・サン）の詩を例に挙げたように、詩には〈ことば性〉が濃厚になるものが、少なくない。典型的な例が、一九世紀後半に現れた、フランス象徴詩である。〈象徴主義〉（仏symbolisme）［サんボリズム］と呼んでもよい。現在の主題なら、日本語の詩として観察しても、差し支えない。

ボードレール（Charles-Pierre Baudelaire, 1821–1867）から、ちょうど今の主題にもふさわしい、〈音楽〉（La Musique）［ラ　ミュジク］という題名が付された詩の冒頭を、堀口大學

（1892-1981）訳で見てみよう：

しばしばよ、音楽の、海のごと、我が心捉うるよ！
　青ざめし、我が宿命の、星めざし、
靄けむる空の下、無辺なる宇宙へと、
　　われ船出する。

文節ごとあるいは読点で切られた句ごとの意味は、充分に造形できるだろう。ただし文全体での意味の造形となると、うん？ということになってくる。「音楽の」って、これ主語か？とか、「青ざめし」って何で何が青ざめたの？とか、「宿命の」ってどうしたわけ？とか、「宇宙へと、船出」ってボードレールの時代にSFなんかあったか？　いやまさかね、単なる比喩か？といった具合に、意味の造形に一々引っかかりが出てきてしまう。

要するに、日常の言語の〈のり〉で意味の造形に励む必要はないよ、そんな物語なんか要らないからね、ことばとそれぞれの意味の断片の造形を愉しめばいいよ、という造りなわけだ。これが象徴詩である。ことばことばが象徴するイマージュの断片を受け取って、それらをあなたが緩やかに統合してくれればいいよ、という戦略だ。

ことばのロジカルな意味よりも、ことばが呼び起こすイマージュ、それぞれは破片であったり、断片で良い。ことばの悟性的な働きより、感性的な働きを最大化させる。物語？　物語は必要なら、どうぞあなたがお造りくださいな、こうした戦略である。だから最初から明晰に造形された答えのようなものはない。人はそれを象徴と呼んだ。象徴主義ということばも好んで用いられてきた。意味の造形における継起性は意識的に断裂され、時間的な前後や空間的な位置も自在に変容される。ことばはロジカルに、論理的に意味を造形させることだけが、その働きではない。むしろ非論理的な象徴性こそ、詩が忘れかかっているものだ、と言うわけだ。

象徴詩の断片の集積としてのK－POPの詩

このように見てくるとき、K－POPの詩には、〈はなし〉性の濃厚なものも多いけれども、他方で、〈ことば〉性の濃いものが非常に多いことが解る。K－POPの詩のことばはしばしばことばの〈かたち〉が破壊されていたり、脈絡がなかったり、継起性が壊れ、断裂や回帰が現れていたり、明らかに意識的に、意味の造形にははなはだ支障を来すように、ことばが造形されている。ただし、部分部分のことばが意味を想起させること自体は、むしろ積極的に利用されていることが多い。先のボードレールの手法と同じだ。「音楽の」「我が宿命の」「無辺なる宇宙へと」といったそれぞれの意味の造形は大いに推奨される。そのことは映像の造形がことばの意味の造形を加速させようとしていることを見れば、明らかだ。ただしそれぞれに造形されたイマージュ同士の継起性や、連関といったことは、目的意識的に断裂を加えてある。ことばの脈絡は失われる。固定された一つの意味の造形、イマージュの固定された物語を拒否し、どこまでも私たちに委ねているのである。

● ENHYPEN（엔하이픈）'Given-Taken' Official MV

二〇二〇年。ジョンウォン氏が鼻血を垂らす場面から始まり、人々の度肝を抜いた。象徴詩の断片の集積のような詩。意味深げな物語がありそうでありながら、詩も映像も、〈はなし〉性は断片化され、どこまでも朧である。あたかも少年愛の美学とでも言えそうな、過去の記憶のごとき断片的な映像が繋げられる。映像ではいつも何かが、どこかが、壊れているものを描き、微かな刺激をあちらこちらに鏤める。見てはいけないものを、見てしまったような、怖い記憶のごとき世界像が造られる。ただただ〈か細い線の向こうで僕を呼ぶ君〉といった象徴的なことばが〈こゑ〉と共に残る。物語は私たちそれぞれが造れと。なるほど、韓国語圏はもちろん、日本語圏でも英語圏でも、多くのファンたちが様々な物語を造って、ネット上で披露している。作品は作品で終わらず。つまり私たちが世界像を完成させる、これぞKアートだ。

5－3　ことばと音と光の高速のブリコラージュ――〈Kアート〉

ことばと音と光と身体性のブリコラージュ〈Kアート〉へ

何よりもＢＴＳの〈피(ピ) 땀(タム) 눈물(ヌンムル)(Blood Sweat & Tears)〉(血、汗、涙)(二〇一六年)(↓一九頁、一六四頁)がそうだった。私たちを刺激する象徴詩の断片の集積。ことばはことばから想起させられる意味の造形、しかしそれら互いの連関はしばしば意地悪に切り裂かれている。

そして詩のみならず、ＭＶの造形に至るまで、この方法は貫徹されている。私たちはことばの美しさや、ＭＶの美しさ、イマージュの断片を私たち自身が私たちそれぞれの仕方で、あるいは跳び跳びに、あるいはなだらかに、繋ぎ合わせ、組み合わせ、統合し、はたまた統合に失敗しながら、快楽に酔う。ＢＴＳという稀有なるアーティストたちが紡ぎ出した巨大な〈花様年華〉というシリーズの小宇宙像こそ、こうした象徴詩の断片の壮大なるブリコラージュ(仏 bricolage)であった。

ブリコラージュとは、ありあわせのものから手作業で造り出すこと。ただし〈Kアート〉で行われているのは、既存の、ことばということば、イマージュというイマージュ、音楽という音楽、それらあらゆるものを持ち寄って、貼り合わせ、組み合わせ、濾過し、蒸留しながら、全く新しい造形を生み出すという、巨大な営みである。この営みはまさにアートという営みが行う本質的な方法に他ならない。〈Kアート〉は Do It Yourself 的な日曜大工ではない。平面的なコラージュでもない。〈Kアート〉が志向するところを、こう総括することができる：

〈Kアート〉が志向するのは、人々が集い、それもマルチ・エスニックで、それでいて、コレアネスクを失わず、訓練に訓練を重ね、組織的で、多声的で、叡智を集め、感性を織り交ぜながら、誰も経験したことがないような、それ自体が目まぐるしく変容する、世界像の産出である

二一世紀の美しきブリコラージュたち――〈Kアート〉

BLACKPINK の代表作の一つ〈How You Like That〉（二〇二〇年）（→二二頁、二〇四頁）の詩もまた、象徴詩の断片の集積という、〈ことば〉性への刺激と快楽を増幅させる装置であった。断片断片は美しく、予測は不可能で、繋がりは朧ろ、しかしてその全体は荘厳なまでの統合感を示す。

一体どのようなストーリーなのか、詩自体は教えてはくれない。刺激的なことばたちの断片が集められているだけだ。〈こゑ〉の断片が変容する。そしてラップ。イマージュもそうだ。

神殿のごとき場面から、古典的であったり、未来派的であったり。予定調和は徹底して拒まれる。雪と氷の空間から、色彩の密集する熱帯空間まで、変容に次ぐ変容。大きな物語がありそうで、それでいて全体は茫漠としている。激しく撃たれるビート。チョゴリからブーツまで、見たこともないような鮮烈な衣装、衣装。そして圧倒的な身体性。そうした時空間に私たちが呼び込まれる仕掛けである。物語は私たちが編め、私たちそれぞれが造れと、詩も映像も語っているのである。

〈BOOMBAYAH〉（二〇一六年）（→一八五頁）も〈DDU-DU DDU-DU〉（二〇一八年）（→一八二頁）も〈Kill This Love〉（二〇一九年）（→二〇三頁）もそうだった。戦車を車庫に閉じ込め、非戦を歌うかのごとき名作〈Shut Down〉（二〇二二年）もそうだ。K－POP MVというかたちで築き上げられる〈Kアート〉は、象徴詩の断片たるレイヤーが、高速で次々に前景化してくるブリコラージュとして完成した。そうしたブリコラージュこそが、二一世紀、新たなる我等の時代のコレアネスクである。

自己言及性に溢れるK－POPの詩

〈ことば〉性の一方で、〈はなし〉性もまた、〈Kアート〉の重要な極であった。物語が紡がれ、それはしばしばアーティストたち自身と重ね合わされた。言うまでもなく、物語のレイヤー＝

階層は、アーティストたち自身が生きる物語のレイヤー＝階層とは、別の次元である。ゆえに、物語のレイヤーから、K－POPの詩は、アーティストたちの物語を紡ぐ、一つ高次のレイヤー＝階層へとメタ（meta）ることが必要となる。

かくしてK－POPの詩は、しばしば自己言及的な内容を擁するものとなった。つまりアーティストたちがアーティストたちのことを語る〈かたち〉を採った。〈BOOMBAYAH〉では：

　あんたが話にだけ聞いてたその子が私、ジェニー

と、ジェニー氏自身がラップで語った。

こうした自己言及性は、先に言及した、藤圭子氏の〈圭子の夢は夜ひらく〉という曲名自体が示しているように、日本語圏の演歌やフォークやポップスでもしばしば見られた方略である。吉田拓郎氏（1946－）が〈結婚しようよ〉（一九七二年）を歌ってヒットさせ、実際に結婚するなどといったことも、結果として、そうした自己言及性やメタりの実践となった。

ただし、K－POPの詩の〈かたち〉は、〈圭子の夢は夜ひらく〉が見事にやってのけた、仄めかすような艶めかしさで示すのではない。さらに大胆不敵に、自分たちの存在を真正面から突きつけるという方略に満ちていた。

そもそも自己言及性はヒップホップの、ある意味ではアイデンティティと言えるほどのものであった。歌詞は正面から自らを語り、自らをラップのビートに乗せた。ヒップホップの申し子でもあったＫ－ＰＯＰでも、この血脈が受け継がれたのであった。

ＢＴＳはここでも先進的な音楽の〈かたち〉を刻印している。方言ラップ〈八道江山〉(팔도강산(パルトガンサン))と名づけられた、〈方言ラップ〉である。それぞれの出身地の方言を盛り込み、ラップで歌い上げた。ここにおいて〈標準語至上主義〉、事実上の〈ソウルことば至上主義〉は、簡単に粉砕される。つまり〈Ｋアート〉はアーティストたちが生まれ育った言語を、排撃しない。

観客に自己を語る最高傑作ＢＴＳ〈Ma City〉

さらにＢＴＳはコンサートでは観客に直接こう歌った：

●★★ Ma City (BANGTANTV)

ＢＴＳ、二〇一八年、このリンクは音源のみ。公式のＭＶがない。〈Ma City〉は〈ぼくの街〉。日本でのコンサート映像を始め、Blu-rayやＤＶＤにはグルーヴ感が溢れる、釜山での他のコンサート映像などもある。〈血、汗、涙〉が〈ことば〉性の傑作だとしたら、これらコンサー

ト映像の〈Ma City〉は〈はなし〉性の傑作、それもBTSの最高傑作の一つである。観客との圧倒的な一体感とグループ感は韓国でのコンサート映像が凄い。K-POP広しといえども、ここまでのグループ感は、MAMAMOOぐらいにしかない。

RM氏のラップ、〈한참을 달렸네〉[hantʃʰamul talljɔnne][ハンチャムル タルリョンネ]は、〈随分と走ったな〉ほどの意。ジョングク氏のイントロに続いて、RM氏のこうした自己言及的な内容から始まる。そう、私たち誰もがしばしば行う自己回想である。二〇世紀の日本語圏では、詩人、中原中也（1907-1937）が『在りし日の歌』（初版一九三八年）でこう吟じた：

思へば遠く来たもんだ

だが、中原中也は、二〇世紀のオトコよろしく、さらにはこんな形で慨嘆してしまうのであった：

今では女房子供持ち
思へば遠く来たもんだ

——頑是ない歌　河上徹太郎編（1968: 157-159）

オトコを特権化した上でのみ可能な、こうしたことばでの慨嘆は、今日の韓国語圏であれば、共感が得られないどころか、鋭い批判の対象にもなるだろう。ＲＭ氏は違う。メタって、こう叫ぶのだ：

I'll be dyin'

そう、俺は死ぬからね、自分の街でねと。ここでは青春が続いていて、その先にあっさり〈死〉がある。もちろん人生がそんな簡単なものでないことくらいは、観客も想像がつく。でもこれなら自らを重ねられる。さらに、こんな台詞も：

率直に言って、大邱の自慢なんて別にないよ、俺が生まれたこと自体が、大邱の自慢

と、大邱で育ったシュガ（SUGA）氏が言ってのける。こうした自己言及性は、それも大胆不敵、鮮明な自己肯定性に立った自己言及性は、二〇世紀の歌謡にはとうてい見出せなかったものであった。

一方でJ-HOPE氏のラップは光州を歌う。多くの命が失われた光州事件のことは、誰も

忘れてはいない。この歌についての、辛淑玉氏の〈WEB世界〉のエッセイは必読である(https://websekai.iwanami.co.jp/posts/2415)。

5-4 K-POPは滅ぶのか──〈Kアート〉が〈アート〉となるとき

K-POPは滅ぶのか

さあ、本書も大団円を迎えている。

これまで見てきたように、K-POPは〈Kアート〉という、現段階での完成形を見せてくれている。ではこのK-POPはいったい滅びるのだろうか？──滅びるとしたら、二つの姿がある。一つは、メディアの様態、普遍的なありようからの崩壊であり、今一つは、コレアネスクなる、〈Kアート〉という、個別的なアイデンティティ崩壊である：

（一）YouTube が何らかの形で崩壊するとき

（二）〈Kアート〉が〈アート〉となってゆきながら

（一）は明白だ。既に幾度も述べたように、K－POPは地球上の普遍的なTAVnetという時代の音楽の姿であった。〈Kアート〉の具体的な存在様態こそがTAVnetの雄たるYouTubeであった。それゆえ、経済的な、あるいは政治的な、さらには技術的な、何らかの形でYouTubeが崩壊すると、K－POPはほぼ一瞬で崩壊する。YouTubeを代替する仕組みが登場すれば別だが。

（二）には考察が必要だ。これまで、K－POPはとりわけMVを中心に〈Kアート〉として発展してきたことを、多くの実例と共に見てきた。その際に、〈Kアート〉から〈K〉を外すことはできなかった。なぜなら、〈K〉こそが〈コレアネスクな〉もの、その存在のありようそのものだったからである。

〈K〉＝〈コレアネスク〉は何が支えているのか

それではさらに進めて、〈コレアネスク〉であることは、一体何によって支えられていたのであろう。それは本書でこと細かに述べてきた、〈ことば〉、〈こゑ〉、音と光、〈身体性〉のうちのそれぞれに宿っている。ただし、おそらく〈こゑ〉や〈身体性〉そのものには、〈コレアネスクな〉ものの境界画定は難しいだろう。むしろそれらはとりわけ近代以降は、〈個性〉などと呼ばれるものとして語られてきたからだ。

そうすると〈コレアネスクな〉ものとは？：

〈コレアネスクな〉ものとは、何よりも第一に〈ことば〉にあった

そう、そして音と光。YouTubeを全く見ずに、Apple MusicやSpotifyなどだけで音楽を聴く人にとっては、このうち〈ことば〉と〈音〉が圧倒的な存在の〈かたち〉だ。換言すれば、言語と音楽である。おそらくまずはそこに〈コレアネスク〉が宿っている。

振り返ってみれば、これまで言語化して語られることは少なかったかもしれないけれど、K－POPは韓国語という言語であったがゆえに、他の言語圏からは新奇なものであり、時には不思議なものであり、時には童話の世界のように特別なものであった。そうした姿で注目を浴びたのであった。言語の音節構造や音の性質が聴かせてくれる新鮮さは、音楽にとっては最強の武器であった。韓国語圏にあっては、それらのことばは意味を常に伴ったけれども、非韓国語圏では、意味以前に、何よりもことばそのものが武器となったのである。〈はなし〉性よりもまず〈ことば〉性が人々の心を捉えた。この点は韓国語の母語話者の方々は、すぐに首肯しがたいかもしれない。例えば、意味は解らなくとも、ことばそのものに魅力を感じた、二〇世紀末葉の英語のラップに韓国語圏で驚愕した歴史などを考えれば、ことばそのものの力は解

るだろう。本書が述べてきたことで、私たちの驚きがどこにあったか、幾分かは、鮮明になったと信ずる。やがて二一世紀、TAVnetで触れる韓国語のラップには、人々が驚愕した。英語圏でも日本語圏でも、その音はこれまで聞いたこともない言語音だったのである。英語圏で歌われる韓国語的な英語も、日本語圏で歌われる韓国語的な日本語も、蔑(さげす)まれたりするのではなく、逆に新鮮な驚きのごとくに、人々に受け容れられていった。

K－POPをめぐる語彙さえも貪欲に受容された

　言語音の次に、文や詩の全体へとファンたちが志向性を延ばす手前には、語彙のレベルがあった。歌のより難しい内部より、歌のより易しい外部、K－POP界のあれこれの語彙が、貪欲に受容された。日本語圏でも多くの専門用語、隠語が流入した。それらの共有自体も、ファンダムの楽しみの一つともなった。〈K－POP〉の日本語式の略語として用いられている〈Kぽ〉や〈Kポ〉を始め、日本語式の造語もたくさん造られた。〈ブラピン〉〈アチズ〉〈スキズ〉。〈막내〉[maŋne]［マんネ］（末っ子、一番年下）などという、日本語圏でさえ、あまり問題にしないような概念も、微笑ましく、受け容れられた。グループの自己紹介で、一々「マンネです」などということばを聴くのは、最初は皆小さな驚きであったのだ。〈この人たちはいったい何を言ってるんだろう〉と。日本語圏では人が集まっても、誰が「マンネ」かなど、通常はどう

でもいいことだからである。語彙だけでなく、年上か年下かを重要視するといった、語彙にまつわる言語的、文化的な習慣まで導入されたことになる。

英語圏でさえ〈come back〉が、解散してから再結成されて戻って来るといった、本来の意味から、解散などしていないけれど、新しいアルバムを公にするために、ちょっと公には休止していた活動を、再開するという、〈K-POP界での〉意味でも用いられるようになった。ああ、そんな活動形態があるのかという、ちょっとした驚きと共に。

ハングルという文字がコレアネスクのエンブレムとなり、衣装となった

今一つ面白いことに、時代はTAVnetの時代となっていた。つまり〈話されたことば〉と〈書かれたことば〉が音楽場に同時に現れ、互いの強化装置、共振装置となったり、互いに変換される時代となっていた。こうして、K-POPのあるところには〈文字〉、ハングルが常に随伴していた点には注目せねばならない︰

K-POPのあるところ、いつもハングルという文字があった

この点も韓国語圏の人々にとっては、あまりに自然で、あまりに当然であったから、かえっ

て注目しにくいかもしれない。考えてみよう。非韓国語圏では、つまり世界では、ハングルとは、見たこともない文字だったのである。世界ではハングルという文字もまた、その意匠としての新鮮さ、可愛さといったものから、好感を持って迎えられた。ハングルがあるところ、それはたとえ読めはしなくとも、ハングルこそが〈K〉＝〈コレアネスクな〉もののエンブレムのように働いた。と言うより、こうだ：

　　ハングルは言語の〈コレアネスクな〉衣装そのものである

やはりこうした感性は韓国語の母語話者からは、逆に解りにくいだろう。母語話者にとってハングルは、生まれる前からそこに存在していたものであり、自らの存在の一部のようなものだからだ。

ハングルという文字は、世界の音楽＝アート戦線の、いわば後方支援や兵站基地に、コレアネスクの旗を高く掲げた。全く新しい時代の、コレアネスクの聖なるイコン（独 Ikon、希 εικών）としての役割も果たしたのである。

念のために言うが、だからといってすぐに、ハングルをデザインした衣装を造ろう、などという安直な考えはだめだ。ここでは単なるデザインではなく、文字として機能していたハングルが有する、独自の意匠性を説いたのであるから。さらにぎゅっと絞って、こう言っておく：

ハングルは、K-POPの、コレアネスクな、イコンである

つまりことばと文字、言語こそは〈コレアネスク〉を示す、最強の一つであった。要するに非言語的な対象に〈コレアな〉と名づけるのは、何よりも言語の働きによる共有化が不可欠であって、それをアイデンティファイする際に用いる文字そのものが、他のどの言語圏にも見せないものだったのである。他の多くの文字から屹立するその唯一性が、しばしば聖性をも帯びるほどの働きを、ファンダムにもたらしたのであった。

今一つは音楽である。これは難しい。なぜなら、音楽は美術や衣装などと同様、どこからどこまでが〈コレアネスクなもの〉とか〈K的なもの〉という線引き＝境界画定など、もともとできないものだからである。音楽も美術も、元来がマルチ・エスニックで、インタナショナルなものである。どんなに民族的な音楽であっても、実のところ、その淵源など、誰にも解らないのだ。古くなればなるほど、〈民族〉も〈国家〉も幻となってゆくからだ。もともとが渾然一体となっている存在なので、ある特定の楽器や音列を示して、これが〈コレアネスク〉だといって、世界に受け容れられるのは、限りなく難しいだろう。似たようなものは、うちにもあ

るよと。デザインや衣装、美術、建築なども同様だ。そもそも西洋からは、中近東より東は皆オリエントであったし、韓国と中国と日本の視覚的な世界での区別などつきようもない。ましてやそれのみの魅力では、〈Ｋアート〉としては、到底持たない。パンソリのようなものでさえ、コレアネスクなものとして定位せしめ得るのは、究極的には、言語的な支えによる。いくら独自であっても、いくら見たことがないようなものであっても、事実上は、こうだ：

　それを〈Ｋなるもの〉〈コレアネスク〉と位置づけるのは、究極的には、言語の働きに拠る

　歌とダンスを核に、総合的なアートとして、Ｋ－ＰＯＰは確かにこれまで地球上に存在しなかった特徴的な様式を造り上げた。多様な要素を取り込み、多声的にして構成主義的で、完成された様式美を誇り、速度感と変化に満ちた、今日私たちが見れば、多くの人がＫ－ＰＯＰと認識するほどの独自の様式（スタイル）を。しかしながら結局のところ、音も光も、言語的な支えがなければ、究極的な意味において、それは〈コレアネスクなもの〉とか〈Ｋ的なもの〉たり得ないのである。様式がＫ－ＰＯＰであっても、見知らぬ言語で歌われていたら、おそらく世界はそれをＫ－ＰＯＰとは呼ばず、〈Ｋ－ＰＯＰに似た、Ｋ－ＰＯＰではないアート〉だと思うであろう。

〈BTS〉か？〈防弾〉か？

言語が〈K〉＝〈コレアネスク〉を支えている。ここで私たちは思い出す。英語だけで歌われている多くのK-POPを。このことについては、BTSのRM氏が示唆的な、ある意味においては、衝撃的な発言をしている。二〇二二年六月に、〈グループでの活動休止、個人活動へ〉という発表をした、〈会食〉の動画でであった：

● BTS（방탄소년단）'찐 방탄회식'

二〇二二年。バンタン会食の動画。タイトルの〈찐(チン)〉[ˀʧin][チン]は〈진짜〉[ʧinˀʧa][チンチャ]の俗語。「チン」は〈真-〉という漢字語。「チンチャ」は名詞で「本物」、副詞なら「ほんと？」「まじで」などの意に使われる。ちなみに同音異義語では〈蒸し暑い〉といった意味の単語もある。〈찐하다〉[ˀʧiɦada][チナダ]（チ〜ンだ）という、「チ〜ン」で、残念で心が痛む様子を表す形容詞もあって、これだから韓国語は面白い。〈방탄회식(パンタンフェシク)〉は〈防弾会食〉。タイトルの全体は〈マジで防弾の会食〉や〈バリバリのバンタンお食事会〉といったところ。

所属のHYBE(ハイブ)の株価が翌日二五パーセント近くも暴落しただけでなく、SMなど、あれこれの大きな音楽資本の株価が大幅に下落したことで、社会的にも広く知られるところとなった、

かの〈会食〉動画である。ＢＴＳの発言で数兆ウォンが一夜にして溶けた、などと言われた。ところで、動画の56:35あたりでＲＭ氏がメンバーたちとファンに向けてこう語っている：

今はＢＴＳの方に慣れてるけど、私には防弾なんですよ

この発言には泣ける。韓国語のヒップホップを志した少年たちが、〈防弾少年団〉の名から出発し、そのローマ字表記の略語たる〈ＢＴＳ〉の方が、今日では世界に知られるようになった。なお、ここで間違ってはいけない。〈ＢＴＳ〉は「英語」なのではない。どこまでも韓国語をローマ字表記して造られた略語であって、〈ローマ字表記された韓国語〉である。ただ、その表記をローマ字表記をしている世界のさまざまな言語圏において、それぞれの言語圏ごとの発音で、発音することができる、というだけだ。英語圏ではたまたま[bitiːes]［ビーティーエス］と発音され、その英語が世界で優勢を誇っているというだけだ。

米国の番組での紹介でも、呼ばれるのは〈ＢＴＳ〉ということばの方である。そして歌う歌も、以前と違って、歌詞は全て英語で――

同じ会食動画で、ジョングク氏が最後の乾杯の音頭で言ったこのことばはいよいよ泣ける：

아포、방포 [ap^{h}obaŋp^{h}o] [アポバんポ]
〈아미、포에버、방탄、포에버〉(ARMY forever BANGTAN forever, アーミーよ永遠なれ、防弾よ永遠なれ)

つまり、ファンクラブの略称である〈ARMY〉とともに、永遠たれと希求されるのは、〈BTS forever〉ではなくて、〈防弾少年団、永遠なれ〉の方であった。直前に音頭のことばを決めかねているジョングク氏に、一時間五二分あたりではジミン氏も〈아포、방포〉でやれよと促している。どう考えても、心に沁みる。

韓国から来た、同僚の研究者に、ついでに感想を聞いてみようと思って、たまたま写真画像を保存していたので、BTSのジミン氏を描いた絵を見せた。〈最近作ですよ〉とだけ言って。答えは、何と、〈先生、ジョングクも書いてくださいよ!〉であった。ええ? 今、問題はそこじゃないでしょ。この絵がいいかどうかとか、そういう発言はないわけですか? 私の言に、件の先生は、〈だってこれジミンでしょ? 先生、うちのジョングクも描いてくださいよー〉。ここで「うちのジョングク」と日本語に訳しておいたのは、「우리」[uri] [ウリ] (直訳:私たち) だから「私のジョングク」でもいい。「うちの母」も「우리 어머니」(直訳:私たちの母) と韓国語では言う習慣である。まあ、ジミン氏だと、すぐに解ってくれたのは、嬉しかったが。

この先生がその際にふと、こう語ってくれた――〈Dynamite〉とか〈Butter〉とかも凄く格好いいんですけどね。でも英語だけでしょう？　正直、私たち韓国から来た者の心性からは、ちょっと距離が遠のいちゃう感じです、感覚的に。

要するに〈コレアネスクなもの〉とか〈K的なもの〉が薄れていくことへの、寂しさである。RM氏が感じていることも、まさにこうしたことではなかろうか。英語による曲で自分たち、BTSが世界に知られれば、知られるほど、それらの曲は自分たちのものとは、距離が遠のく――K－POPがPOPとなる姿に他ならない。K－POPが緩やかに崩壊する道。〈Kアート〉が〈アート〉となってゆきながらという、この第二のシナリオは、徐々に進行する。それをよしとするのか、しないのかは、ただただ、韓国の音楽資本がどこを志向するかに、大きく規定されるだろう。おそらく、アーティストたち自身は簡単には抗えまい。私たち個人が資本には簡単に勝てないのと、同じだからだ。

本書の答えは明白だ。〈コレアネスクなもの〉とか〈K的なもの〉こそが、世界に共有される最初にして、最も深いところに存する根拠であった。そうであるなら、それをこそ、追求するのが、世界の誰もが容易にはできない、〈Kアート〉の無敵にして、最強の戦略である。これなら、エピゴーネン、追随者、亜流が現れても、怖くない。何よりもアーティストたち自身が、今よりもはるかに高く、広大に、そして自由に創造することができるであろう。皆、きっととんでもなく素晴らしいものを造り出してくれる。お金？　そんなものは、結果として、こっちの方がついて来るに決まっているではないか。世界がついて来るのであるから。資本家の方々、今一度確認なさってください。世界が希求しているのは、〈POP〉ではなくて、〈K-POP〉であり〈Kアート〉なのですよ。

韓国語のK-POPと日本語K-POPを聞き比べる

ここに面白い例がある。ITZYの〈WANNABE〉の韓国語版と日本語版である：

- ★ ITZY "WANNABE" M/V @ITZY
- ITZY「WANNABE -Japanese ver.-」Music Video

歌詞の言語も異なるし、映像が異なっていて、別々のMVに仕上がっている。いずれも変化に満ちていて、抜群の傑作である。とりわけ二〇二〇年の韓国語版の方の映像の造り込みは精巧だ。ダンスの凄さもよく現れている。五人それぞれの個性的な存在感も極めて生動的。〈誰が何と言おうと、私は私よ〉。いわゆるガールクラッシュの典型のように挙げられる作品である。

ことばだけを比べると、二〇二一年の日本語版の方は、視覚的な印象は確かにK-POP

で、歌も申し分ないし、とてもよくできているのだが、言語の性質による、ことばの密度の点で、どうしても韓国版の高密度感、高速度感が失われてしまう印象を拭えない。要するに日本語の普通のバラードなどと同じような、普通のポップスの歌に聞こえてしまう傾向が、否めない。聴覚は日本語的、視覚は韓国的と言うべきか。韓国語版を知る者からは、日本語版は非常に惜しい気がする。なお、この日本語版は韓国語版の方の多くの二次映像に紛れ、タイトルの文字列からの検索も難しいほどだ。

例えば英語版や中国語版を造っても、日本語で抱かれるこうした印象は、当然のこと、抱かれてしまうだろう。〈Kアート〉が〈アート〉となるとは、こうしたことを意味する。

日本語圏の人々からは、確かに面白いし、いい曲なのだが、周りにたくさんある日本語の曲に比して、独自の存在感が鮮明にあるかと言うと、視覚的にはあるかもしれないが、やはり聴覚的には相対的に希薄になりがちだとしか、言いようがない。端的に言って、日本語話者からは、〈日本語版は意味が解って、嬉しい。でも韓国語版は意味が解らないけれども、格好いい〉といった傾向を生むだろう。こうした違いは最初はわずかで、目立たないかもしれない。しかし傾向も持続すると、事態は深刻になろう。気がついたら、他の日本語の多くの優れた曲との競合を、日本語圏で強いられることになる。〈Kアート〉としての独自性が既に失われたあとに、だ。〈アート〉同士の競合を、他言語圏で強いられる。

●★LAY'莲（Lit）'MV

英語や日本語だけではない。ことは中国語でも同様だ。EXOの中国からのメンバーLAY氏による二〇二〇年MVの大傑作。史劇を背景に設え、壮大なスケールの映像のうちに伝統的な要素と現代的な要素のダンスや曲が刺激的に融合する。ゆったりと宙に姿を現す、最後の龍の造形など、おそらく古今東西の龍の数多の絵画や彫刻をはるかに凌ぐ、圧倒的な存在感が息づいている。

このMVには、『瓔珞〈エイラク〉～紫禁城に燃ゆる逆襲の王妃～』（二〇一八年）などのような中国歴史宮廷ドラマの名作を、一〇回分ほどまとめて見たような余韻が残る。

これでも判るように、作品が素晴らしければ、素晴らしいほど、それが中国語なら、〈Kアート〉は〈Cアート〉となるのである。なお曲名の簡体字「莲」は「蓮」（lián）で植物の「ハス」。ハスを模した造形も出るので、題名は蓮（はす）の意だろう。いわゆる中国語＝北京語では音節末音に-tは立たないので、〈Lit〉はいわゆる中国語＝北京語ではない。なお、中国語圏でも広東語では-tが立つ。ハスは英語では伝説の植物lotusを用いて訳される。歌詞は英語も多用されている。そこでは〈I am the king〉と並んで、〈I am Lit〉とLitが固有名詞のように使われている。人によっては、「ヤバイ」（＝凄い）ほどの意の、英語の俗語litも想起させられるか。

●BoA X XIN 'Better（対峙）' MV

二〇二二年。Ｋ－ＰＯＰを築いてきた象徴的存在のBoA（中国語表記では寶兒、Bǎo er）氏が中国の刘雨昕（リウ・イシン）氏と共にしている。EXOやBoA氏、ＩＵ氏などは中国語でもたくさん歌っていて、いくらことばのプロだとはいえ、扱っているその言語の力量には、ただただ驚かされる。念のために確認するが、これらＫ－ＰＯＰアーティストたちは言語を用いて歌っているだけではない、己の身体を極限まで駆使して、踊ってもいるのである。いったいどれだけ豊かな力量を、日々鍛え上げているか、〈Ｋアート〉をいったいどのような人々が担っているかが、骨身に沁みて解るだろう。

●Monsta X－WHO DO U LOVE? ft. French Montana

二〇一九年。韓国語圏よりもむしろ英語圏で絶大な評価を得ているとも言われる、モンスタエックス。〈Alligator〉（↓二六八頁）は象徴的な〈はなし〉性の断片がより強調されていたが、こちらはメンバーそれぞれを描く画像の連続となっている。絵作りは丁寧で、メンバーのそれぞれを生かした、魅力ある仕上がりとなっている。とても良い。ただし全て英語である。なお、

Monsta Xには韓国語の歌詞の曲も別にいろいろある。

　Red Velvetの日本語の名曲〈Marionette〉（マリオネット）もそうだ（→二五四頁）。儚(はかな)きほどに余りにも美しい旋律とことば。しかしその先に見えるものは、こうした茫漠たる危機感である――〈Kアート〉たりうるのか、あるいは、〈アート〉となりゆくのか。〈Kアート〉は儚き夜を踊り明かし、夢幻(ゆめまぼろし)のごとくに消えゆく、マリオネットたらんとするのか？

　同じことが、先に見たITZYの〈Voltage〉（→五五頁）にも言える。非常に素晴らしい完成度、アーティストたちの存在感が際立っていて、曲も力が漲(みなぎ)る傑作なのだ。

　音の編集まで含め、ほとんど〈こゑ〉の魔術とでも言うべきaespaの二〇二一年の〈Life's Too Short〉はどうだ。存在の際立つ〈こゑ〉たちが奏でる、こんな美しいユニゾンがかつてＫ-ＰＯＰにどれだけあったろう。この圧倒的な佳品のことばは英語なのだ。〈Kアート〉は〈アート〉の生へと歩むのか？

　間違いなく言えることは、ITZYもRed Velvetもaespaも稀代の素晴らしいグループだという点だ。おまけに、曲にも恵まれている。歌もラップも力量は一級だ。ＭＶのクリエイターたちも最高の水準だ。ファッションも一級だ。ダンスが素晴らしいことは、二言を要さない。いずれもメンバーたちの存在感は申し分ない。では、言語はどうする？　余裕があって日本語版を造ってくれているのならいいけれど、アーティストたちの負担はどうなのだろう。

また、韓国版の高密度感、高速度感が失われてしまう印象については、ＢＴＳ最高の名曲、〈Airplane pt.2〉を扱った際に（↓一〇八頁）、述べた。

５－５　K－POPが世界で共有されるために

〈K－POP〉〈Kアート〉のこれからのために

五―四では、Ｋ－ＰＯＰの近未来を、言語という観点から、予測した。ここで三つの観点から、Ｋ－ＰＯＰの近未来への希望を述べておこう。地球上で共有されるための、思想と感性だと考えてもよい。逆に言うと、この三つの点は現行の〈Ｋ－ＰＯＰ〉〈Ｋアート〉の最大の弱い環である：

（一）変化を、変化を、そして変化を
（二）アーティストとファンダムに寄りかかるな
（三）ミリタリズムと訣別せよ

（一）については、とりわけ四講において、既に多くを語った。予定調和を排し、変化を追求すること。この点について、〈変化〉は、作品内の変化であると同時に、K-POPの多くの作品群のうちでの変化でもある。そして〈変化〉とは〈Kアート〉の存在様式そのものなのだ。

詩と曲――変化を、変化を

作品内の変化は、楽曲の詩と旋律から始めねばならない。凡百の詩とおなじことばを並べないでほしい。可能なら、題名から、そして最初の一行から、他と異なっていてほしい。見たこともないような題名に出会いたい。古典の引用や焼き直しはもう食傷気味だ。英語のタイトルも、記憶や検索のためだろう、ほとんどが右へならえの、短い一単語である。

詩では、例えば〈浴槽のお湯が未練となって流れ出る〉などという比喩は、通常ならとんでもないものと、一蹴されただろう。しかしMAMAMOOの〈星が輝く夜〉(Yellow Flower)のラップでは、ムンビョル氏が見事にやってのけた。新しい。新鮮な小さな驚きだ。旋律もそうだ。〈変化〉がもたらす、新鮮な驚きがほしい。次はこうなるだろう、ほとんどの曲はそうなっている。私たちは同じことには、もう飽き飽きしているのだ。

時には、本当にアーティストたちの声域を予め把握してから曲を作っているのか、疑いたくなるような曲に出会う。ステージなどの生歌になると、途端に露呈するからだ。アーティストは初音ミクではない。〈こゑ〉の魅力を最大化し、効果的に〈変化〉を造形してゆくためには、どうしても声域の把握、誰が、どの声域で、どのような〈こゑ〉が出るのかという把握が、必須である。それもダンスをしながらの生歌でもだ。まさかコンセプトだけことばで伝えて、作曲を依頼などしていないだろうね、ボス。アーティストたちは誰もがMAMAMOOなのではない。

アーティストたちの〈こゑ〉を踏まえて〈かたち〉にされていると思われる、TWICEの〈Doughnut〉で見たような、メロディー造形の小さな驚き。あるいは大胆に、全く新たな美しい旋律を描き出してくれれば、最高だ。サビから始めたっていい。そう、例えばこんなふうに‥

●★ 헤이즈 (Heize) – '헤픈 우연 (HAPPEN)' MV (with 송중기)

二〇二一年。女性歌手ヘイズ（헤이즈、Heize）[heidʒɯ]［ヘイジュ］氏（1991-）の最高傑作。曲名〈헤픈 우연〉[hepʰɯn ujɔn]［ヘプン ウヨン］は〈いいかげんな偶然〉ほどの意だが、もちろん英語の〈HAPPEN〉とかけている。

旋律の美しさと、ヘイズ氏の〈こゑ〉や声域まで見事に調和した、稀有なる佳品。ドラマ『太陽の末裔』のソン・ジュンギ（宋仲基、송중기、1985-）氏もこのMVに出演している。

映像の変化、モチーフの新鮮さを

曲の変化は当然のこと、映像の変化もMVにとっては決定的である。既にあるイマージュをブリコラージュしにかかるわけだが、先にも述べたように、見飽きたイマージュはもう要らない。とりわけギリシャ神話、禁断の果実のような『旧約聖書』のエピソード、西洋絵画と彫刻、西部劇といった、使い古されたモチーフは、本当に要らない。もっともっと探ねどころがあるはずだ。最悪なのは、車とオートバイ、ライダーのファッション。車も単車も二〇世紀の乗物だ。もう二〇世紀に格好いいことは散々やっている。車をぐるぐる回すだの、砂漠を車で走らせだの、車を燃やしたり、爆破するなど、もう結構だ。私たちはもう何十回も見ている。どれも過去の遺物だ。アーティストの背中に折れた翼も必要ない。凡庸なアイデアほど、労多くして功少ないことはない。凡庸なアイデアでも、〈かたち〉に造るのは、しばしば重労働となる。スタッフたちへの大迷惑である。とにかく、既にあったことと、同じことは、しなくていい。重要なのは変化だからだ。小さなことでいい、小さな驚きでいい、それを積み重ねてくれればいい。

衣装、ヘア、出で立ちは決定的に重要だ。いわゆる突っ張ったスタイルは、二一世紀初頭に、BIGBANGなどがもうこれでもかとばかりにやってくれた。BTSだって突っ張りは卒業しているではないか。例えばもちろんジャンルとしてのヒップホップは今なお、ぐいぐいと発展を続けているけれども、少なくとも〈Kアート〉において、ヒップホップは音楽としての貴い源流ではあっても、〈かたち〉の造形の際の源としては、既にとっくに過去のものである。未だに壁へのグラフィティなど用いているようでは、あまりにも心許ない。米国のヒップホップへのコンプレックスから〈Kアート〉はもう卒業してよい。既に独自の巨大な歩みがあるのだから。

眼を閉じないで、私たちを見て

アーティストたちにもお願いをしておこう：

歌うときに、どうか眼を閉じないでほしい

そもそも眼を閉じると、人は皆同じ顔になる。デスマスクは皆、眼を閉じているではないか。それが難しいところだったり、盛り上がるところだったら、自ずから人は眼を閉じるだろう。そんなときに、眼を閉じて歌うのは、自然なことであるくらいは、誰もが解っている。ステージなどは特にそうだ。だがアーティストたちが眼を閉じて絶叫したり、甘い声で囁いたりしているのは、通りかかった人からは、自分だけが悦に入っているとしか、見えない。なぜ〈通りかかった人〉を言うのか？　コアなファンは、アーティストが何をやっても、概ね認めてくれるからだ。絶対的で、問答無用の愛、それがファンのファンたる所以だからである。コアなファンは大切だ。だが、アーティストたちはコアなファンの前でなら、何の変化もなくていいということにはならない。

アーティストは、常に、これからコアなファンとなってくれるかもしれない人をこそ、動かさねばなるまい。そうであってこそ、コアなファンも感動してくれるだろう。私たちは悦に入っているアーティストを見たいわけではない。アーティストに私たちを見ていてほしいのだ‥

私たちは、私たちを見つめているアーティストを、見たい

眼を閉じて、難しい曲を力一杯に限界まで頑張っている様子、そんな姿を見たいわけではない。そんな姿は悲壮であり、しばしば悲惨だ。度が過ぎると、興ざめだ。表情だけ悦に入って、顔でギターを弾いているようなものだ。コアなファンしか許してくれない。眼をぎゅっとつぶって、表情を振り絞りながら、辛そうに高音を出すアーティストの姿より、私たちを見つめながら、何事もなかったかのごとくに、その高音にヒットさせて、歌ってみてほしい。ラップもそうだ。〈ONE OF A KIND〉（→一四四頁）においてG-DRAGON氏はケロッとして高速のラップを叩き出していたではないか。ただの一度も眼を閉じずに難曲を歌い上げたら、その動画はたちどころに話題に上るだろう。そう、こう言ってもいい。これがTAVnetの凄いところ

だ――眼を開くだけで、あなたの瞳は人々に記憶され、〈こゑ〉ではなく、瞳が、あなたをベスト・ヴォーカリストに押し上げるかもしれない。

マッス（量感）としてアーティストを「使う」な

二つ目の、アーティストとファンダムに寄りかかるなという問題へ移ろう。〈Kアート〉は、アーティストたちとファンダムに寄りかかってはならない。要するに、資本がアーティストたちをモノのごとくに扱うな、ということだ。K-POPの世界におけるアーティスト養成のシステムや、ファンダムの利用の仕方などの問題については、既に多くが語られている。それらはもともと本書の主題でもない。ここで述べるのは、MVなどを造形する、まさにそのただ中において、アーティストたちを、そしてファンダムをいかに位置づけるかという問題である。

たとえば、素敵な男の子、素敵な女の子を集めただけではだめだ。そんなことはみんな知っている。では人数は？

もちろんグループは一人でも多い方が、一人でも多くのファンを、そして多様なファン層を獲得できると考えるのが、当然のなりゆきだ。半分は合っている。しかしK-POPの最前衛たるMVではそうはいかない。MVは握手会ではないし、三六〇度に開かれた場などでもない。順番に歌うだけではだめだ‥

私たちがMVで一度にじっと見つめ得るのは一人だけだ

　どんなにざっとでも一度にせいぜい二、三人しか視認できない。七人も八人も、あるいは一三人も踊ってくれているのに、カメラからそれらの半分のアーティストたちは死角になって見えない。K-POPのグループのダンスでは、いわゆるセンターは固定されていない。K-POPのダンスでは概ね全員が交互にセンターへと立ち現れるので、そもそもセンターなどという概念自体が通常はあまり云々されない。しかしフォーメーションを変え、前に出て来てくれたと思っても、一瞬でまた消えてしまう。当然だ。人数が多いから。「私の〇〇は、このMVでは××%しかセンターに立ってない」、などという、ファンの悲鳴が聞こえるではないか。YouTube上には〈distribution〉（パート割）と名づけられた動画も、たくさん上げられている。特定のMVで、誰が何秒、全体の何パーセント歌ったかの分布を、数値とグラフで分析して見せてくれるわけだ。こうした動画がたくさん現れること自体が、今日のK-POPのグループの人数の多さを物語っている。

　もちろんこうした悲鳴まで商法のうちだなどと、したり顔で済ますこともできる。だが、グループの人数が増えれば、増えるほど、アーティストやファンへの負担はいよいよ増す。四人なら、五人なら、あるいはそれぞれが際だって、素晴らしい存在感を放ってくれたかもしれないアーティストたちが、大勢というマッスの中に埋もれて、存在感を放つどころか、ともすると、存在さえも霞んでしまう。〈カル群舞〉の一人としては不可欠の一人なのに、MV全体では、はなはだ希薄だ――その希薄分はMVの外におけるアーティスト個々の努力や、経済的にも精神的にも、ファンの献身的な尽力がアーティストとグループを、支えるしかなくなってしまうのである。

グループのコンセプトが？　コンセプトによっては大勢が必要だ？　カル群舞が？　そう、カル群舞のような鋭ささえ、わずか四人でも見せてくれたではないか。BLACKPINKの四人の舞いを見たはずだ。aespaの四人を描ききった、素晴らしい動画を見たはずだ。

MVにあっては、私たちが注視している一人、もしくは比べている二人か三人、それ以外の人物は、多くの場合に、おそらくその画面に存在する必然性は、希薄である。多くの画面の、クリエイターの側からの存在理由は一つしかない。だってメンバーとして名を連ねているんだから。ここで出しておかないと、出るとこが、なくなっちゃうからさ――なんと悲しい理由であることか。最初から四人ほどであれば、無理矢理わざとらしく画面に入れる必要など、なかったのだ。

七人も八人も集めて、マッス（量感）としてアーティストを「使う」のはやめてほしい。個々の存在をもっともっと慈しんでほしい。もちろん、大勢で聞かせ、見せるグループがあってもいい。多様なありかたこそ、K-POPだからだ。もしも大勢を押し立てるなら、どうか最後まで個々のアーティストの存在感が、そうSEVENTEENのごとく際立つように、MVを造形してほしい。MVこそが、〈通りかかった人〉をもファンに招き入れる、決定的な招待状となるのだから。

BTSはモデルにはならない——特別だからBTSなのだ

そうすると、「BTSは七人もいるじゃないか」という声がすぐに聞こえて来そうだ。断言するが、あれはBTSだから成り立っているのだ。BTSはアーティストの活動の精神的な目標にはなっても、モデルにはなり得ない。もちろん「商品」として扱おうというような姿勢でも、そのモデルにさえならない。

少年たちが、ほとんど無名の中から、自分たちで楽曲を作り、全身全霊で歌い、踊り、研鑽に研鑽を積み、世界を駆け抜けて、七人が七人として大地に屹立しているのである。親元を離れて練習生生活へ入ったジョングク氏は、まだ中学生だった、などというエピソードも、広く知られるところである。

人の知覚のレベルでは、BTSの七人という人数でさえ、まだまだ多すぎる。「皆が一度は出会う、青春の悩み＝BTSメンバーの名前が覚えられない」などという旨のサイトもある。

そのようにあれこれ騒いでくれることを狙っている？　それも商法のうち？　結構。私たちは商法ではなく、アートを語り合っているのだ。アーティストの立場ならどうだろうかと、悩んでいるわけだ。七人だったから成功したのではない。その逆だ。ＢＴＳが極限の中で築き上げた前人未踏の地平が、七人だったのである。ＢＴＳをモデルに同じようなグループを作ろうとすると、アーティストにもファンにも、あまりにも過重な負担を強いることになる：

　　ＢＴＳは一つしかないし、一つで十二分だ

では逆に、一人のアーティストではどうなのだ、という問いが立つ。残念ながら、こちらもなかなか難しい。理由は二つ：

　　第一に、一人が歌う姿は、既視感に充ち満ちている
　　第二に、私たちは既にグループの凄さを知ってしまっている

　何よりも、とりわけ、高音気味の大きな声で歌う男声は、二〇世紀にも既にあまりにも多く聞き慣れていて、私たちは既視感に満ちている。うまい人はたくさんいた。かっこいい人も

次々に現れた。歌手たちが盛り上げようとすればするほど、皆どこかで聞いたような、見たような、そんな既視感が押し寄せて来る。女声もそう違いはない。

大きな声であれば、歌いやすいし、聞きやすい。むしろ小さな声だったり、ささやきだったり、つぶやきだったり、中低音であるときが、その個を際立たせる絶妙の機会である。Stray Kidsのフィリックス氏を思い起こそう。女声で高音の美しい〈こゑ〉はいくらでも挙げることができるけれども、中低音の美しい〈こゑ〉は、多くない。ラップではMAMAMOOのムンビョル氏、Dreamcatcherのダミ氏、ITZYのリュジン氏、EXIDのエリー氏、ボーカルではMAMAMOOのフィイン氏、ファサ氏、aespaのウィンター氏、ITZYのリア氏、ユナ氏、イェジ氏、EXIDのソルジ（Solji）氏、エイリー氏。

そもそも、歌手が素晴らしい曲に巡り会うのも、至難の業である。グループではなく、個人の歌手であればなおさら、メロディーの美しさや新しさ、そこに立ち現れる歌詞の豊かさといったものに、歌がもたらす効果は、極めて大きく作用される。K－POPの前衛、MVであればなおさらだ。膨大な数生産される歌のMVの中では、よほどの曲と巡り会わない限り、人々の気にもとめてもらえないだろう。K－POPにあっては、うまい歌手は、あたりまえの前提になっているからだ。少々の歌唱くらいでは、存在感が際だったりは、全くしない。

自ら詞や曲を書くなどの才を見せるとか、〈こゑ〉そのものが圧倒的な存在感を放つといったことがないと、個人の歌手では、多くは、グループに太刀打ちできない。逆に言えば、K－POPが何かとグループを志向するのも、この体験を嫌というほど、知っているからだ。

今日に至るまで、もう長いこと絶大な人気を誇っている女性歌手ＩＵ氏などは、これも別格としか言いようがない。

《注》歌手ＩＵ氏は俳優としても別格の凄さである。多くの韓国ドラマに主演していて、広く知られている。是枝裕和監督の『ベイビー・ブローカー』（二〇二二年）への主演で、日本でもさらに広く知られた。ドラマ『最高です！　スンシンちゃん』（二〇一三年）は、俳優になってゆく主人公を、ちょうどＩＵ氏が演じる。並み居る大俳優たちを、主人公が驚かせるといった場面もあって、現実と重なり、面白い。中国宮廷ドラマの名作『宮廷女官　若曦（ジャクギ）』（二〇一一年）の韓国版『麗〈レイ〉～花萌ゆる8人の皇子たち』（二〇一六年）でも主演している。高麗王朝へとタイムスリップし、清朝へタイムスリップする中国版とは、また全く異なったテイストだ。

ところで民衆歌謡の楊姫銀（ヤン・ヒウン）（→一〇〇頁）氏の〈가을（カウル） 아침（アチム）〉（秋の朝）（一九九一年）をＩＵ氏が二〇一七年にカバーしている。童謡のような同曲を聴けば、K－POPにこんな曲もあるのかと、驚くだろう。このＩＵ氏をオーディションで逃したと言われる、〇〇エンタテインメントの〇〇氏の逸話は、短歌に革命的な地平をもたらした、ベストセラー歌人・俵万智氏を逃した、出版人・角川春樹氏の逸話を彷彿とさせる。

ちなみにＩＵ氏がジャズ・マヌーシュ（gypsy jazz）のギタリスト박주원（パク・チュウォン）氏と共演するＳＢＳ放送の

映像があって、この二つのジャンルの共演はK－POPでは非常に珍しい。さすがにいずれも少しやりにくそうではある。

〈○○ ft. □□〉や〈○○ x □□〉に逃げてはいけない

〈○○ ft. □□〉や〈○○ x □□〉という形の、コラボレーションも盛んに行われている。一人では弱いから、もう一人を、というわけである。シナジー効果を狙っているわけで、それなりの効果があることは、この形式が好んで繰り返されていることからも、知れる。Red VelvetにNCT 127のテヨン氏が参加し、全く新しい美しさを知らしめてくれた〈Be Natural〉など（→二四九頁）、グループとのコラボは、本書でも触れた。しかしこれはRed Velvetという最高のグループの活動を前提としている。もちろん、これまで出会わなかった人々が出会うのであるから、それなりの新しさは当然得られる。

しかしながら、ソロのアーティストの場合であればとりわけ、そこで造られるMVは、あまりにも、一時的、刹那的であることが、前景へとせり出してくる。「この二人が出会いました」とは、「この二人はまたすぐに別れます」とほとんど同義である。〈do〉という動詞ではなく、〈be + doing〉という現在進行形が、常にやがて来たるべき動作の終わりを暗示しているようなものだ。稀有なる出会いを演出し、新たなアートを――残念ながら、そうしたバラ色の喜びよりは、この二人がおそらく二度と共にすることはないだろうという、灰色の恐れがいや増す。私たちは、そんな悲しい事態について行きたくはないではないか。臨時のコラボは、一面では、アーティストやファンダムを引き回すやり方なのだ。

《注》ちょっと錯覚しやすいが、K－POPにおけるこうした臨時のコラボは、ジャズにおけるジャムセッションなどとは決定的に違う。ジャズにあっては、そもそもの始めから、見知らぬ奏者がふらりとやって来て、セッションをするという、〈場〉がアーティストたちとも聴衆たちとも共有されていたのであった。ジャズとは共有する場における、出会いの音楽でもあった。

音楽の場でたまたま若き技師により記録された録音が、後に天下の名盤として生まれ変わることさえあった。ミントン・ハウス（Minton's Playhouse）のチャーリー・クリスチャン（Charlie Christian, 1916–1942）を見よ。スウィングからビバップ（bebop）への革命がそうして刻印されたのであった。それは〈売る〉などという目的のために録音された音楽ではなかった。音盤を造るという目的さえ、定かなものではなかった。世界と隔絶されたニューヨーク、ハーレムの一角で、黙々と録音された音楽であった。その黙々たる録音が存在しなかったら、はるか後に、チャーリー・クリスチャンのギターが、世界のジャズ・ギタリストを生むこともなかった。ジャズ・ギターの歓びを知る多くのファンたちを生むことも、なかった。今日のK－POPがなかったら、膨大な踊る青少年たちも存在していないように。ちなみに、極東のアマチュアの一青年がジャズ・ギターに、ジャズに、音楽に目覚めることなどもなかった。つまり、本書『K－POP原論』も生まれていない。

かくしてチャーリー・パーカー（Charlie Parker, 1920-1955）やセロニアス・モンク（Thelonious Monk, 1917-1982）、ディジー・ガレスピー（Dizzy Gillespie, 1917-1993）といった奇才たちが呼び起こす、ジャズにおける激しき出会いたちは、またさらなる出会いをも育み得るものであった。商品化のための〈ft.〉や〈x〉とは根底的に違う。MVを造るためだけの、一時的なカップリングなどとは、何よりも、〈いま・ここ〉のアーティストたちと聴衆たち、そして〈未だ見ぬ〉ファンたちに対する思想が、異なっているのである。

《注》チャーリー・クリスチャンは、クラリネット奏者であるベニー・グッドマン（Benny Goodman, 1909-1986）の大楽団ではスウィングを奏で、他方でミントン・ハウスのようなジャズ・クラブでジャム・セッションに勤しんだ。まさにそこにビバップが胚胎したのであった。ビバップはバップとも。チャーリー・クリスチャン、二五歳で夭折。

このチャーリー・クリスチャンはアコースティックギターからエレキギターへの革命を切り開き、伴奏楽器から管楽器のようにソロをとる、今日的な〈ジャズ・ギター〉の姿を創始した人物である。その後のジャズギタリストやロックギタリストがしばしば弦を撫で回すように弾くのと異なり、一音一音が鮮明に際立っている。なお、一音一音のこうした鮮烈さの点では、米国の後のギタリストたちより欧州のジャズ・マヌーシュ（gypsy jazz）のギタリストたちのほうが圧倒的である。なお、ロックのジミ・ヘンドリックス（Jimi Hendrix, 1942-1970）だけは例外的に凄い。ジミ・ヘンは英国で活動していたので、著者はしばらくロンドンのギタリストだと思い込んでいたが、後に米国の人だと知る。ジミ・ヘンも二七歳で夭折。

アルト・サックスでジャズを革命したチャーリー・パーカーこそは、その後のジャズの流れの巨大な淵源である。三四歳で死す。モダン・ジャズの帝王、マイルス・デイビス（Miles Davis, 1926–1991）も先輩パーカーと共にあって鍛えられたのであった。セロニアス・モンクはピアノ、六四歳で没。ひん曲がって天へと響く、かの有名なトランペットは、ディジー・ガレスピーのものだ。七五歳、晩年まで活躍。

以上のジャズの面々のうちベニー・グッドマン以外は、皆アフリカ系米国人。いや、実に凄い時代である。ベニー・グッドマン楽団は、映画『スウィングガールズ』（矢口史靖監督。上野樹里主演、二〇〇四年）でも用いられた曲〈Sing Sing Sing〉の、圧倒的な名演で知られる。ベニー・グッドマン楽団の〈Sing Sing Sing〉などはスウィングと言われるジャズの典型の一つ。ビバップにも注をつけよう。お叱りを覚悟で、思い切り乱暴に言うなら、音が横に流れる波のごとくに動いていたスウィングに対して、縦にも猛烈に動くようになったのが、バップである。なんだそれは、って？　すみません。まあ、パーカー、聞いてくださいまし。違ってたら、御免。

K－POPはグループか一人か

では結局のところ、K－POPはグループか一人か。とりわけMVの観点から言えば、もし同じ力量と存在感のアーティストであれば、四人か五人のグループは一人に絶対的に勝る。六人以上ほどになると、量感（マッス）が浮き出て、個々の存在感は希薄化してしまうので、一人の方に分があることも、大いにあり得る、といったところである。

ビートルズが四人であったことは、誰もが知っている。ではローリング・ストーンズは？そう、実はしばしば変化しているから、そう簡単に答えられる人も、少ないだろう。そして多くの人が、こんなふうに薄れた記憶を辿るのだ——四人よりは多かったんじゃない？どうか新しく誕生するグループの人数は、絞ってほしい。

ではその四人か五人のグループってのは、例えば、どこにいるのか？ジス氏、ジェニー氏、ロゼ氏、リサ氏、BLACKPINKの四人の存在感こそ、K-POPグループの理想の姿である：

第一に、四人の〈こゑ〉がそれぞれ異質で、互いが互いの存在を際立てている

第二に、リサ氏やロゼ氏の世界の頂点を踊るダンス、ジス氏ら四人の圧倒的な歌唱と、ジェニー氏、リサ氏の驚愕のラップ

個々人の魅力といったものは、それぞれどのグループでもあって、膨大になるから、ここでは記さない。「BLACKPINKの四人」とまで書き、思わず、その後ろにアーティスト名を書きたくなるほど、このグループの個々の存在は際立っている：

BLACKPINKはグループでありながら、それぞれの個でもある

四人それぞれがファッションのイコンとしても活動していることにも現れている。ファッション産業は、単に綺麗だの、素敵だのだけで、人を選んだりしない。圧倒的な存在感、個性こそが不可欠の前提だからだ。

なぜ〈こゑ〉がそれぞれ異質で、互いが互いの存在を際立てていることが重要なのか。個々の音楽作品としての〈楽しみ〉がいくつも見出せるだけではない。MVではこれが理由だ‥

　　異質さの共存、多様さの共存は、それ自体で既に〈動的な変化〉を支える

考えてみてほしい。似たような声が連なっても、人はそこに変化は感じにくい。けれども次々に違う〈こゑ〉が現れたら？　それがBLACKPINKである。初めて出会う人々も、互いの声の異質さが解るだろう。〈動的な変化〉、それは私たちが体験している事態に、飽きが来ないことを、保証してくれる。同時に、未だ見ぬ刺激への猛烈な期待感をかき立ててくれる‥

　　〈動的な変化〉それ自体が、私たちの快楽の装置である

ステージで歌い、踊っても、MVとして形象化されても、〈こゑ〉を柱にした存在感は見事

に生かされきっている。この四人はほとんど稀有なる出会いとしか、形容しがたい。私たちはしばしばその出会いの前でひれ伏さんばかりである。

さあ、先のTOKYO DOMEのコンサート映像を見よ（→二〇三頁）。カメラワークも、バンドも素晴らしい。BLACKPINKという神々たちのその〈こゑ〉、絶妙なるジス氏から、私たちを刺激してやまないジェニー氏、そしてロゼ氏と組み上げられる〈こゑ〉の動的な変容によって、〈こゑ〉たちは天に飛翔せんばかりである。そして私たちが共に舞い登る。とりわけロゼ氏の鼻腔と口腔から発せられる〈こゑ〉の際立ち方は、例えば、ダイジェストでよいから、多くのアーティストの百曲ほどの歌を連続して聞いてみればよい。多様な歌手たちの百曲を続いて聞かされても、まずこの動的な変容でBLACKPINKはすぐにそれと知れる。そしてそこにぐいぐいと立ち上がる〈こゑ〉、それがロゼ氏のものだ。エッジの利かせかたやビブラートやハスキーさやあるいは歌唱の力量で個性的な歌手は、K-POPには幾人もいる。しかし〈こゑ〉それ自体の存在感が圧倒的な点において——ロゼ氏はK-POPの古今に絶する。

BTSが一人一人になるとどうなる？　K-POPは崩壊へと向かうのか？

ここまで考えてくると、〈BTSが一人一人になると、どうなるのか？〉〈K-POPは崩壊へと向かうのか？〉という問いが立つだろう。先にも触れたごとく、二〇二二年六月、BTS

の最後の晩餐ならぬ〈会食〉が公開され、グループでの活動を休止するというニュースに、地球上が上へ下への大騒ぎとなった。

今、グループでないとだめだ、一人一人は弱いと言ったではないか、ではＢＴＳはもう終わりで、Ｋ－ＰＯＰは終わりか？　否である。答えは既に語られている。ＢＴＳは特別なのだ。このことが理解できない人々が、株を売った。経済を語る本ではないけれど、参考までに、今こそ〈買い〉だ。なぜ？　ＢＴＳは特別だからだ。一人一人がグループいくつ分に相当する存在感を既に有している。Ｋ－ＰＯＰが終わり？　とんでもない。ＢＴＳはやがてさらに巨大なアーティストとなるであろう。そして重要なことは、これだ。それは単なる伝説として残ることを、意味するのではない。圧倒的な存在感とリアリティ、要するに思想と感性とアートとを――もっと解りやすく言うなら、経済までもを――伴ったそれだ。例えばでいい。ソテジワアイドゥルの一人が、今日のＹＧエンタテインメントを創った、そしてＫ－ＰＯＰの巨大な一翼を担っている、ヤン・ヒョンソク（梁玄錫、양현석、1969-）、その人ではなかったか？　もう既に、ＢＴＳが教えてくれて、世界はＫ－ＰＯＰを知り、歌うことを知り、世界は踊ることを知ったのだ。

思い起こそう。ジョン・レノンの〈イマジン〉は、ビートルズの解散の後なのである。

〈Kアート〉が思想と感性を研ぎ澄ますべきこと

さて、BTSはよい。BTSは心配ない。今、問題はそこではない。〈Kアート〉が進むべき道だ。BTSをロール・モデルにしてしまっている、MVなど、作品のど真ん中の戦略の方だ。それにつけても、MVは、〈Kアート〉は、思想と感性を研ぎ澄ませねばならない。アーティストたちの魅力とファンダムに寄りかかってはならない。そんなことは解りきっている？　だからこんなに苦労しているんじゃないか？　そうした言が成り立たないことは、日々造られている、膨大なMVの音と光の造形が、あまりにも類型化した断片の集積となっていることが、照明してくれている。百本のMVのうちに、おや？とでも思うものが、一体何本あるだろう。本書で示した作品群は、そうした稀有なる例たちである。

既に述べたように、示されるイマージュたちは、概ねどれも既視感に満ち満ちている。先に述べたように、MVは、世界に既に存在したもののブリコラージュによって、造られるからだ。それにしても想像力の貧困とはまさにこのことを言う。誰の想像力か？　もちろんトップにあってそれぞれのセクションで決定している人たちの想像力だ。トップたちの思想と感性が惰性に流れているからに他ならない。うまくいけば、これであたるだろうと。おそらくクリエイションの現場で働く人々は、もっともっと面白い新鮮なアイデアを持っている。日々、指示された造形に励みながら、またこれかと、不満を抱きながら。あちらこちらで多くの人々が抱いているであろう、新鮮な思考の群れを、統合し反映する仕組み自体が、全くないか、あっても、しばしば極めて脆弱なのだろう。

〈Kアート〉に触れ、感動する、他言語圏の人々はしばしば言う――「K－POPは金をかけてるからなあ」。冗談ではない。優れた〈Kアート〉は金ではなく、思想と感性、圧倒的な想像力と、そして汗で造られたものだ。これは断言できる。逆に、金をかけても、凡庸な作品はいくらでも見つかる。金をかけていそうもない、優れた作品もある。何でもかんでも金のせいにしているようでは、〈Kアート〉の本質など、見えもしない。

冒頭でも少しだけ触れたように、そもそもK－POPの創生期には、金などなかったし、みんな借金だらけだった。一九九七年には、国家だって破産していた。IMF危機がそれだ。そうした泥沼の中から、K－POPの今日の栄光が築かれたのであった。そんなことは、今日、韓国語圏では誰もが知っている。

BTSはステージというステージが、例外なく一所懸命だった。力を出し切るまで、出し切ってなお、一所懸命だった。これは多くの人々が証言してくれている。それら証言にはしばしば涙さえ光っていた。そしてこれこそがK－POPのアーティストたちに脈々と受け継がれている伝統でもある。

ファンダムも身を粉にしてアーティストたちのために尽くしてきた。裕福でなくとも、CD

やＤＶＤやグッズを一人でいくつも買うなどということは、日常的な光景である。貯金をはたいて、遠くの都市のコンサートへ、あるいは日本から韓国にまで、などということも、いくらでもある営みであった。アーティストたちがファンとの交わりを非常に重要なものと位置づけている点は、もう多く語られている。二〇二二年五月にEXOのスホ氏がスタンフォード大学で述べたことは、象徴的である。「日常の中で」と強調し、ファンとの「コミュニケーション」が造り上げる絆を、高らかに語っている。

要するにアーティストもファンもいわば、涙ぐましいまでに、存在をかけて、生きて、連帯したのである。

では、クリエイターたちは？　もちろんクリエイターたちも頑張った。頑張った結果が、今日を作った。そして、今日の惰性の源泉は、誰が見ても、トップたちの決定である。なぜそこで車をぐるぐる回転させる？　なぜ突っ張った若者の出で立ちをさせる？　なぜミリタリー・ファッションをダンサーたちに纏わせる？——もう散々見た。もういいよ、そういうのは。ファンダムは我慢しているのだ。見飽きたイマージュにも我慢している。なぜそんな我慢が成り立つのか？　アーティストたちの魅力とファンたちの支えがあるからである。そしてアーティストたちの魅力は他の凡百のイマージュのつまらなさを、凌いで余りあるほどのものであるから。

だが、これはファンとなった人には通用しても、通りがかりの人には、これからファンとなるであろう人には、今日風に言えば、〈微妙だ〉。本書のスタイルではっきり言えば、〈全く通用しない〉。通用しないどころか、〈そっぽを向かれる〉。

ＭＶを率いる人々には、どうかそのアイデアの段階で、今のそのアイデアを取り替えてほしい。使い古されたイマージュより、Stray Kids の〈MANIAC〉において（→一七〇頁）、フィリックス氏やリノ氏が手にする、電動ドライバー一本が、はるかに新鮮だったではないか。ガラスを割るドライバーが、驚きだったではないか。ああいう細やかな新しさでいいのだ。それを積み重ねればいい。私たちは待っている。

皆が揃って、本当に緩やかに身を揺らす、SEVENTEEN〈Don't Wanna Cry〉（→二五四頁）の素晴らしいコレオグラフィー、あんな数秒、数秒の新鮮さが、私たちの深いところに響く驚きだったではないか。繰り返すが、私たちは心を熱くして、待っている。

ミリタリズム（militarism）と訣別せよ

〈Ｋ-ＰＯＰ〉〈Ｋアート〉のこれからのための、第三の課題がこれである。ミリタリズム（軍国主義）、全体主義（totalitarianism）との訣別。そしてこれは〈変化〉を除けば、最大の課題である。

ミリタリズムはＫ-ＰＯＰにあっては、何よりもまず第一に視覚的な〈衣装〉に現れる。ナチスの制服のようなミリタリー・ファッションが典型的である。同時に、軍隊のみならず、警察官の制服などもまた、この類に他ならない。その源流を辿れば、日本の女子学生の制服やセーラー服、男子学生の詰め襟の制服、いわゆるガクランなどもこの派生なのだが、ここではまず軍装と、警察官の制服だけに絞って述べておこう。

Ｋ－ＰＯＰのＭＶを見れば、こうしたミリタリー・ファッションがしばしば用いられていることに、気づくだろう。本書では基本的に排しているので、あまり眼にはつかなかったかもしれない。実は驚くべきことに、少なくない。ほとんど〈ファッショ〉や全体主義のプロパガンダかと見まごうほどの作品もある。

ミリタリー・ファッションはいわゆるカル群舞の隆盛に寄生しながら、育ってきた思想と感性だと思われる。一糸乱れぬ隊列、そう、真っ先に想起するのが、軍隊であり、警察であり、監獄である。体育大会の集団行動などにも、カル群舞顔負けのものも、いくらでもある。

だが考えてほしい。地球上では、軍隊も警察も何よりもまず、人々に対する抑圧と支配の装置である。一九八〇年の光州事件の名を出すのも、憚られるほどだ。ナチスの制服が映画などではしばしば〈美しいもの〉として描かれてきたのと同様に、日本軍の制服、青年将校の軍服などもしばしば〈美しいもの〉として描かれてきた。言うまでもなく、それらは朝鮮侵略と抑圧の衣装であったし、アイヌモシリへの侵略と抑圧の衣装でもあった。ミリタリズムは、地球上の加害の記憶もまた、呼び起こすのである。

軍服、軍装、それは本来、Ｋ－ＰＯＰとは対極にある。警察官の制服には私たちはつい甘くなりがちだ。でも街頭を考えれば解る。日本でも記憶は薄れているかもしれないが、一九六七年からの闘争を思い起こせばよい。警察官の制服も、機動隊の制服も、ジュラルミンの楯も棍棒も、そして催涙弾も、全てが私たちの側ではなく、向こう側に存在していたものだ。支配と抑圧の衣装であり、意匠であった。

ここまで語ってなお、〈軍隊はともかく、警察は正義の味方でしょ〉などと思う方がおられたら、世界に眼を転じれば、警察官の制服もまたミリタリー・ファッションであり、いかに危険なものであるかが、たちどころに解るだろう。〈黒人の命も大切だ〉などと訳されたり、〈ＢＬＭ〉という略語もある、〈Black lives matter〉という鮮烈なことばで知られることとなった事件を想起しよう。二〇二〇年、制服姿の白人警察官がジョージ・フロイド氏を膝で組みしだき、殺害した。いわゆるアフリカ系米国人差別の象徴的な出来事であった。世界がこれに怒り、世界が呼応したのであった。そこでは中間などない。支配と抑圧の側に立って、人を殺す側の衣装を選ぶのか、否か。私たちはＫ－ＰＯＰのアーティストたちにそんな支配と抑圧の衣装を着せたいのか？　多くの素晴らしきバック・ダンサーたちに支配と抑圧のファッションを纏わせたいのか？　否である。これは断固として否である。世界はそんなことには否を唱える：

ミリタリー・ファッションは美しきものの象徴ではない。おぞましきものである

抑圧する〈Kアート〉か、解放する〈Kアート〉か

抽象的に語ったのでは、伝わらないだろうから、一つだけ、痛恨の思いで、例を挙げる。我が最愛のBTS、その最高の曲に〈ON〉二〇二〇年がある。曲も、ダンスも、ダンサーの人々も圧巻であった。カメラも素晴らしい。アーティストたちの〈こゑ〉も歌もダンスも、表情も存在感も、何もかもが圧倒的である。おそらくBTSの作品中でも、最高の部類に属するだろう。

ところが、この〈ON〉には、互いに全く異なった、次の（a）（b）二つの大きなMVの世界像が拮抗している：

（a）■BTS（방탄소년단）'ON' Kinetic Manifesto Film : Come Prima

（b）●★BTS（방탄소년단）'ON' Official MV

なお、（b）には、米国で撮ったという、撮影風景の動画も公開されている。

（a）は、基本的にダンスを核にした動画である。アーティストたちこそミリタリー・ファッションではなかったものの、ダンサーの人々は明らかなミリタリー・ファッションを纏(まと)わされ

ている。これにはいかなる弁明も通用しない。例えばこれは個々それぞれの衣装を見ると、少しずつ異なるので、ミリタリー・ファッションではないとか、抑圧の象徴としてのミリタリー・ファッション、それと闘うアーティストたちを描いた構図だとか、黒はアナキズムの象徴だ、などといった言い訳は通用しない。そんなものが通用しなくなるのが、ミリタリー・ファッションの象徴性なのである。恐怖を纏った象徴性である。ミリタリー・ファッションの極致である〈ファッショ〉のデザインに至ると、私たちの感性のごく小さな自由をも奪う。

そもそもアーティストたちとミリタリー・ファッションを纏った人々が、共に太鼓を叩いているコレオグラフィーが見えるではないか。おまけに、太鼓のスティックを持ったままで、まかり間違うと、ナチス式の敬礼を想起させるような振り付けまで、あしらわれている。おそらく口には出さずとも、あるいはミリタリズムとか、ファッショなどといったことばにならずとも、地球上の多くの人々に、恐怖が横切っただろう。

恐ろしい出来事だ。最愛のアーティストたちの、最高の曲が、ダンスが、MVが、衣装一つで恐怖に変わる。抑圧装置に変わる。この記憶がある限り、他のステージなどでの映像も、私には見ることができない。もちろん、人に薦めることもできない。それでは〈Kアート〉が人を抑圧する装置となってしまうからだ。

ミリタリズムと対極の思想を形象化する今一つのMV

ミリタリズムそして全体主義は厳しく排さねばならない。私たちの思想と感性を鍛え上げねばならない。間違うと、それはK‐POPをその内部から崩壊させかねないものである。造られた世界像が、もし〈格好いい〉とか〈素敵だ〉とか〈美しい〉などという感性刺激を伴っていればなおさら、その世界像は危険なものだ。なお、どのような思想的方向であれ、本節だけを部分的に抜粋して、引用などしないでいただきたい。本書の著者がいかなる思いで、この愛すべきK‐POPの、この痛恨を記しているかは、本書の全体を共にしていただいてこそ、おそらく初めてお解りいただけるだろうから。

そして今一つの（b）、これは象徴詩の集積に物語性を重ねたような造形のMVであり、巨大な叙事詩的な造りとなっている。（a）とは全く逆に、メイキングビデオではV氏が「妹」と語っていた、その少女の手をとる場面に、典型的に示されているように、アーティストたちは〈弱き民と共に在る〉といった設定である。色彩も古代的、物語的な色彩に統一してある。ノアの方舟的な空間や、出エジプト記、シナイ山を象徴するがごとき空間や、諫山創（いさやまはじめ）の漫画『進撃の巨人』（二〇〇九～二〇二一年）的な空間など、私たちを刺激し、地球上の様々な物語を想起させるように造形された、巨大な世界像である。

なお、既に述べたように、たとえクリエイターたちが「これはこういう意味だ」と述べたとしても――もちろんそうした言述は、自由になされていい――実のところ、無効である（↓八六頁）。それら世界像は、クリエイターたちも含め、人が「○○を表現した」のではなく、実際は全く逆に、そこに造られた世界像に、私たち人が、それぞれの仕方で、例えば「○○を読む」、つまりそれぞれの意味を造形するのだからである。〈造られたMV〉に、人々が自由に意味を造形する〉という原理そのものを、クリエイターが私的所有することなどは、できない。もちろんアーティストたちも同じだ。そうした原理そのものを私的に捻じ曲げることなど、できない。〈造形する営み〉に、クリエイターやアーティストたちの思想や感性の何がしかが投影されることがあっても、〈造形されたもの〉は、常に全方位的に世界へと、解き放たれているのである。それが何かを造形するということの、原理であり、美学の存在の根拠である。〈造形されたもの〉は常に、造形した人々の思惑を、超えている。そもそも、象徴詩という方略は、こうした仕組みを最大限に利用した詩の振るまいなのであった。

この（b）のMVは造り込みも精巧だ。曲と共に、圧倒的な高みに仕上がっている。その高みは、ちょっとした長編映画などでは辿り着けまい。〈ON〉（b）は、人を抑圧する側の〈Kアート〉ではなく、明らかに、いわば人を解放する側の〈Kアート〉を志向している――まるで祈りのごとくに。

片方しか見ていない人は、〈ON〉をそれぞれ全く異なった作品として、把握することになるだろう。本書がもしこの（b）を先に視聴し（b）だけしか知らなかったら、間違いなく、ありったけの★を付し、至高のMVとして読者の方々に薦めたであろう。それであるがゆえに、（a）というミリタリズム・ヴァージョンの存在は、痛恨の極みとしか、言いようがない。

ちなみに（b）の方が〈Official〉の名を冠してあるのだが、再生回数は三億回、先に公開されたミリタリズムの（a）の方が、何と、既に五億を超えている（二〇二二年九月）。本書でも（b）の存在ははるかに後に知った。乱暴に言って、〈ON〉を、ミリタリズム風のアート（a）としてしか理解していない再生が、二億回近くもあるということだ。さらに極端化して言うなら、もしかしたら、二億人が、このミリタリズムの〈ON〉だけを見て、BTSから、あるいはK-POPから去ったかもしれない。

MVはイデオロギー形態そのものである

かくして私たちは、ことばがあり、音と光があり、身体が渾然一体となって融合する、TAVnetという時代の音楽のありようが、音楽自体を全く異なったものに造り替えることを知る。音楽が音楽としてだけ存在していないことを、骨身に沁みて、理解する。そして痛苦の記憶と共に、身に刻まれる――K-POP、そして〈Kアート〉に求められるのは、ミリタリズムとの訣別である：

〈K-POP〉、そして〈Kアート〉は、戦争とは最も遠いところにこそある

二〇世紀の日本語圏で平岡正明(1971:16)は〈ジャズにイデオロギー的外被をまとわせることはできない〉と述べた。この「イデオロギー的外被」は、カール・マルクスの「宗教的外被」のアナロジーであろう。アナロジーの用法としては問題なしとしないけれども。

確かに個々のジャズの演奏が、少なくともインストルメンタルであるなら、それ自体には〈イデオロギー的外被〉を纏わせることはできない。しかし実はその周囲には必ずことばが纏わり付いている。〈フリー・ジャズ〉(Free Jazz)という激しく、美しいことばが、オーネット・コールマン(Ornette Coleman, 1930–2015)やアルバート・アイラー(Albert Ayler, 1936–1970)の演奏をどれだけ深いところから支えてくれたであろう。私たちが初めて触れる驚愕に、〈フリー・ジャズ〉ということばは、イデオロギー的な根拠さえ与えてくれたのであった。ことばなきインストルメンタルでさえ、いつも周りはことばに囲まれているのである。

こうした観点から見るとき、ここに力説したごとく、Kアートは自らのうちに最初からことばを有している。つまりイデオロギーそのものである。何かしらの思想性が色濃く表れるかどうかの違いはあれ、ことばがイデオロギーの〈かたち〉であることは、忘れてはならない。いかにも特定のイデオロギーの〈かたち〉に造ることも、それを隠すことも、ことばの〈かたち〉

でいかようにも造形できる。言語はそうしたことが、本質的に可能なのである。

それだけでなく、映像のうちにも様々なイコンを配することができる。

例えば、一九三六年、ナチス政権のもとでのベルリンオリンピックを思い起こせばよい。ハーケンクロイツはファッショのイコンであり、帝国のイコンであった。マラソンで金メダルを得た孫基禎（ソン・ギジョン）（손기정、1912–2002）の、「朝鮮中央日報」と「東亜日報」の写真では胸の日の丸が抹消された。日章旗抹消事件と呼ばれる。東亜日報社の社会部長で作家でもあった玄鎮健（ヒョン・ジンゴン）(현진건、1900–1943）は、これにより一年間、監獄へと服役した。日章旗＝日の丸は紛れもなく、ハーケンクロイツと並んで、侵略と抑圧の、それもおそらく人類史にあっても最も忌み嫌われるべき、イコンであった。ハーケンクロイツと日章旗が共に掲げられた写真は、いくらでも残っている。現在も国家的な水準では、その点は一切、総括もされていない。つまり日の丸は今なお、侵略と抑圧のイコンであり続けている。軍事に特化した、軍艦旗＝旭日旗は、さらに侵略と抑圧の象徴性の強度がいや増す。

日の丸だけではない。いわゆる〈帝国〉の象徴たる、大英帝国のユニオンジャックや、米国の星条旗、フランスの三色旗などもまた同様である。日の丸など、〈帝国〉の国旗は、侵略と抑圧を想起させ、場合によっては人々にトラウマさえ引き起こすもの＝トラウマタイザ(traumatizer）である。それらをＫ－ＰＯＰ ＭＶでアーティストたちがファッションとして部分にせよ、利用していたとしたら……。おぞましいことだ。私たちの日常のファッションでもたびたび出会うではないか。YouTube 上でも、安易に国旗が用いられている例などが、いかに多いことか。驚くべきことに、それらのうちには、例えば〈韓国語〉や〈日本語〉といった〈言語〉を示すのに、国旗を用いているものも少なくないのである。国家と民族と言語は一致しない。一致しないのは、例外ではなく、原理である。「グローバル化」の結果そうなった、などというものではなく、そもそもの始めから一致しないものである。ゆえに原理という。〈国家≠民族≠言語〉は、私たちが踏まえるべき、第一の前提である。野間秀樹 (2021ab) 参照。

そもそも、今日のKアーティストたち自体が、マルチ・エスニックな存在ではないか。またKアート自体が、マルチ・エスニックを基礎に造られているではないか。つまり、K－POP、Kアートの〈K〉＝コレアネスクとは、国家のKなどではない。もちろん民族のKとも言えない。辛うじて最も近そうなのが、前述のごとく、言語のそれ、言語のKであった。ただし、言語の境界は常に朧(おぼろ)であり、言語の内部が常に多様であることを、私たちは忘れるわけにはいかない。この点はいかなる言語とて、例外はない。

ともあれ、MVという形式をとるKアートは、その内部に、国旗などを始め、こうしたイデオロギー的なイコンをいくらでも蔵することが可能である。

さらに、ここで言及したように、アーティストたちやダンサーたち、そこに存在する人々が、何と、ミリタリズムを纏うこともできるのである。要するに、K-POP MVとイデオロギーの関係はこうだ：

K-POP MV、Kアートは、そもそもの始めから、イデオロギー的な外被どころか、イデオロギーの〈かたち〉そのものである

例えば逆に、〈ガールクラッシュ〉などと語られるKアートたちは、〈ジェンダーという桎梏〉のクラッシュ＝押し潰しを、告げるものであり、〈ジェンダーによる監獄〉への反逆の、鮮明なイデオロギーであり、体制への反逆のイコンともなったものたちであった。〈ガールクラッシュ〉は、少なくともその希求するところにあっては、解放の思想の一形態であり、イデオロギーである。侵略や抑圧の方向か、自由や解放の方向かという、いずれの方向を希求するかだけの違いであって、イデオロギーの〈かたち〉そのものである点では、ファッショもガールクラッシュも軌を一にする。逆に、〈イデオロギーから遠く離れて〉などという思想もまた、強固なるイデオロギーの一形態であることは、言うまでもない。

このように見るほどに、Kアートは思想と感性を打ち鍛えねばならない。例えばYouTubeのあちらこちらで眼にするごとく、侵略と抑圧のイコンだらけの「万国旗」が、平和の象徴な

ど位置づけられているようでは、私たちの道は遠い。

本書でも高く評価した、ガールクラッシュの筆頭とも言えるITZYに、二〇二二年、〈SNEAKERS〉のMVが公開された。ここでも残念なことに、ミリタリーファッションが登場する。それはあたかも他のポップなファッションと同列の扱いである。〈戦争なんかやめて、平和に。その象徴がスニーカーだ〉とでも言いたかったかもしれないけれども、既に述べたごとく、ミリタリーファッションはそんな素朴さなど、簡単に飲み込んでしまうのであった。

ミリタリズムは、それがナチスであれ、ペンタゴン＝米国国防総省であれ、「多国籍軍」であれ、「人民解放軍」であれ、変わりはない。音楽などできなくなるほど、それらに破壊された人々があり、故郷があり、その子孫がある。K－POPは、Kアートはいずこを志向するのか？　ミリタリズムと全体主義はK－POPが最も避けねばならない思想であり、感性である。

5－6　K－POP、〈いま・ここ〉の喜悦と哀惜

ここで〈こゑ〉とは別に、今一つ、〈身体性〉という観点から、今一度BLACKPINKを例に、見てみよう。リサ氏のダンスは、〈存在それ自体がダンスである〉ごとき至高のものである。このことにまず異論はないだろう。おお、タイからやって来てくれた、よくぞ共にしてくれた。

この人が踊るとき、存在そのものが踊っている。切れ味の鋭いその刀身の長さには限りあるはずの、リサ氏の腕と脚が、さらには指先が描く軌道の、宇宙的な巨きさを見よ。巨きい。小さき存在であるはずの人間の身体が、かくも巨きな時空を現出せしむるとは。研ぎ澄まされた動線の美学を見よ。美学はコンサートなどでの、ちょっとした身振りなどにも、遺憾なく発揮されている。リサ氏だけのダンスの映像であれば、それはなおさらのこと、いくらでも確認できる：

●LILI's FILM #1 – LISA Dance Performance Video

●★LILI's FILM #3 – LISA Dance Performance Video

そしてこのダンスの化身のような人のダンスに、ボーカルの化身とも言うべきロゼ氏が、全く異なった仕方で、拮抗している。これは驚くべきことだ。K－POPは歌うだけではない：

K－POPは歌い、踊る

そのことの極限的な証しが、ロゼ氏のダンスであり、BLACKPINK の舞いである。〈How

You Like That〉の〈dance performance〉の動画を見れば（→二二頁）、そのことはすぐに知れる。同曲のMVとはまた別に、ダンス動画は一二億回の視聴回数を記録しているのであった。ピンク一色の背景と、控えめながらも、見事に踊るカメラがあった。

　そこで身体そのものを果てしなく伸びやかに、あるいは気品を抱きながら、強靭に踊るリサ氏に対し、衣装までをも激しく身もだえさせて、激烈に踊るロゼ氏、ああ、私たちはここにダンスというものの全く異なった身体性の震源に出会うのである。いかにも「何かを表現しようとして」創ろうとしているつまらないダンスなどとは、根底から造形のありようが違う。やがてバック・ダンサーの人々の圧倒的な個々の技量、素晴らしさが融合する。これが〈Kアート〉だ。そこに湧き出でるのは、身体性そのものである。

　恥ずかしさを身に秘めてでもいるごとくに、どこまでもどこまでも雅びなるジス氏、身体の根幹から振動させつつ、素晴らしきやんちゃさを見せるジェニー氏。二人のダンスもまた、先の二人とは全く異なった眩（まぶ）しさを放つ。

　かくして私たちの魂が、私たちの身体が共振する。一切の汚れを蹴散らす、崇高なまでの気高さと共に。そう、存在の際立ちは〈こゑ〉だけではないのだ。BLACKPINK神話の神々たちが鮮烈に見せてくれて、改めて私たちは確認する——K－POPは歌い、そして踊るのだ。

　YouTubeでもいい、TikTokでもいい、インスタでもいい、数え切れないほど、増え続けている、世界の人々のダンス映像こそ、K－POP、Kアートが生んだ文化である。ポップ・カルチャーが地球上のアートを戦慄させている。これはその共振の強度と幅において、史上、誰も、そしてK－POP以外の、いかなるジャンルも、ついぞなし得なかった、TAVnet の時代のK－POPが可能にした、全く新しいアートであり、全く新しい時空間なのである。

身体性は残酷だ

このように見てくるとき、K－POPが〈こゑ〉だけなら、はるかに長く生きるであろう。歌手としてであれば、シャンソンの神々や演歌の神々がそうであったように、その〈こゑ〉はまるで〈老い〉というものを忘れんばかりの幻想さえ、抱かせてくれる。しかし身体性はそうはいかない。二一世紀のゼロ年代まで謳歌されていた、サイバー空間の嘘っぽさを突き抜けたのが、ぎりぎりの存在論的な身体＝ダンスやアンティクスに根拠を置く、身体性であった。その身体性は残酷だ。K－POPの舞いは、それでなくても、超絶技巧を次々に繰り出すような究極のダンスだ。そうしたダンスという極限の営為にあって、〈老い〉とは誰もが知っていながら、決して触れてはならぬ禁忌のことばである。それも、六〇や七〇などという齢のそれではない。まさに〈青春〉などということばで語られてきた、儚(はかな)きまでの、あまりにも美しく短いそれである。武道の達人でさえ、三〇も過ぎれば、館長しか務まらないではないか。

BTSもBLACKPINKも、何よりも〈いま・ここ〉での出会いなのだ。圧倒的なアーティストたちであるからこそ、出会いの貴さはいよいよ鮮かに描き出される。出会いとは、アーティストたちの出会いであり、もちろんアーティストたちと私たちの出会いである。

いま・ここの喜悦、いま・ここへの哀惜

●★[ENG sub] [8회] ♬ I Miss You - 마마무 @3차 경연 팬도라의 상자 컴백전쟁 : 퀸덤 8화

MAMAMOO, 二〇一九年。〈あなたが恋しい〉。ステージ映像。幾年もの後にこんな映像を見ながら、こんな歌を聴いたら、誰だって涙がこぼれるだろう。

●★BIGBANG - '봄여름가을겨울 (Still Life)' M/V

二〇二二年、BIGBANGが四年ほどの時を経て公開したMVである。いくつものチャートで一位を記録した。

ハングルで書かれた曲名は〈春夏秋冬〉の意。日本語式に言うなら、〈シュンカシュウトウ〉

という音読みの〈春夏秋冬〉（춘하추동《チュナチュドン》）や〈四季節〉（사계절《サゲジョル》）という漢字語の一単語ではなく、〈はる なつ あき ふゆ〉に相当する。固有のことばを四つ並べ、いわば四季それぞれの固有の姿を一つずつ辿るように、ことばで造ってある。ただし、多くの曲名同様、単語の間にスペースを置く〈分かち書き〉をせず、〈はるなつあきふゆ〉式に、一単語扱いで書かれている。

英語と思われる〈Still Life〉の方は、アートでは〈静物〉、可算名詞なら〈静物画〉。他にも〈静止物体〉、さらには〈静かなる生〉といった意味も造れる。still を副詞にとって、強引に、〈未だ、命〉、まあこれはやり過ぎだが。アクセントも変わってくる。重要なことは、韓国語と英語の題名はわざと意味造形の距離を離してある点だ。曖昧性をこのように最大限に活かしたことば遊びは、K-POPではこれまでもずっと行われて来た。どうぞあなたが解釈なさって、どうぞあなたが意味をご自由に造形なさって、という提示の仕方である。

詩はまさに懐旧と未来への思いを抱いたことばに満ち溢れている。ここに直接全文を翻訳、引用したいくらいだが、叶わぬのが、残念だ。なお、心配は無用だ。このMVが公開されるやいなや、YouTube上では英語への translation も、独語への Übersetzung も、仏語への traducción も、西語への traducción も、露語への перевод も、ギリシャ語への μετάφραση も、インドネシア語への terjemahan も、漢語＝中国語への翻译《ファンイー》（fānyì）も、世界中でたちどころに様々な言語への〈翻訳〉が現れた。もちろん日本語への翻訳も。これが BIGBANG であり、

K－POPである。

ところで、韓国語にも日本語同様、動詞や形容詞には連体形と呼ばれる形がある。「美しい春」のように、名詞など体言に連なる形、体言を修飾する形である。韓国語や日本語などの連体形は、英語のwhichだのwhoだのといった関係節の役割をも担え、文の構造を一気に豊かにし得る凄い形である。この歌詞にいくつも出るように〈아름다울(アルムダウル)〉という形などがそれだ。ところが日本語の例えば「美しい春」の「美しい〜」などの連体形を、韓国語では、四種類の形に言い分ける。これは文法論的には過去、現在、未来など時制だけの区別と言うより、法(mood)の性格の濃厚な、ムード形式だと言える：

아름답던　［アルムダプトン］　過去目撃連体形
過ぎ去ったある一点から見たそのとき「美しかった〜」「美しいと感じた〜」

아름다웠던　［アルムダウォットン］　過去往時連体形
過ぎ去った過去にそういう状態であった、往きし時として語る「美しかった〜」

아름다운　［アルムダウン］　既然連体形、現在連体形
今、ここで、あるいはいつも、あるいはある条件の下では常に「美しい〜」

아름다울　［アルムダウル］　予期連体形、未然連体形

いま・ここにはないけれども、きっといつかは、あるいはおそらくは、
あるいは別の場や異なった条件下では、「美しいであろうところの～」

日本語は「美しい～」と「美しかった～」の二つの形で用いるところを、右の四種に区別する。反対に、〈아름다운（アルムダウン）〉と〈아름다울（アルムダウル）〉という形を日本語に訳すと、多くはどちらも「美しい」という同じ形で言うので、韓国語の二つの別々の形それぞれに、いわば秘められたところが、見えなくなってしまう。こうした連体形がこの詩にはたくさん用いられている。

そうしたことを踏まえた上で、この詩の〈はる、なつ、あき、ふゆ〉は、往きし時として語る「美しかった」それらでもあり、いま・ここの「美しい」それらでもあり、そしてきっと「美しいであろう」と希う、〈はる、なつ、あき、ふゆ〉でもある。

BIGBANGに親しんでいる方々はもちろん、おそらくはK－POPに馴染んでいる、地球上の多くの人々がこの曲の詩を知って、そしてこのMVに触れ、涙したであろう。あるいは自らの人生に重ね、あるいは人の無常を思い、あるいは歓びを、悲しみを、そこに想起したであろう。

これこそまさに私たちの人生、生そのものである：

K－POPとはいま・ここの喜悦であり、いま・ここへの哀惜そのものである

Ｋ－ＰＯＰにあっても、人の生と同じように、〈老い〉によっていつしか何か大切なものが微細に砕け散る。それをもたらすものが、〈老い〉ということばで呼ばれてきた。そう、それは誰もが知っていながら、決してそのことは口にできない、呪詛のことばである。極限を歌い、限界を踊るＫ－ＰＯＰ。そう、彼方に〈老い〉を見遣り、あるいは〈死〉をも見遣って、それはただただ、〈いま・ここ〉の喜悦、〈いま・ここ〉への哀惜。人々の生にとって、これ以上短い時間があるか？

激しきまでの速度で過ぎ去り行く、〈いま・ここ〉の喜悦、〈いま・ここ〉への哀惜こそが、地球上の人々の心臓たちを鷲づかみにして、放さない。Ｋ－ＰＯＰへの共振とは、私たちが〈いま・ここ〉で生きていることへの、胸も張り裂けんばかりの証しである。〈Ｋアート〉こそが、凝縮された、その輝かしき証しである。

最終楽章　K－POPに、栄光あれ──戦争と最も距離が遠いかたち

多様なる〈Kアート〉の世界像たちが組み上げる宇宙

総括しよう。

K－POPのMVはK－POPの最前衛を担っている。そしてK－POPは今日YouTubeを典型とする、TAVnetというありようのうちで開花したのであった。そこに咲くMVたちは、ことばと音と光と、そして失われつつあった〈身体性〉を激しく求めることによって、劇的な進化を見た。身体性を支えたのは、何よりも完成度を誇るダンスであり、ちょっとした身の動き、いたずらっぽい身体のアドリブ＝アンティクスがそれを側方から支援した。こうして多声的な〈こゑ〉とことば、そして音と光と身体性が高速で変容する、動的な映像作品〈Kアート〉が完成する。その〈K〉、コレアネスクをコレアネスクたらしめるものこそ、韓国語という言語であった。Kアートはそのアートとしての高みを今も駆け上っている。

わずか三、四分に造られる、圧倒的な高みにあるKアートの作品群を超える作品は、視覚的、聴覚的な、数ある多様なアートのうちでも、そうしばしばは見ない。

主として視覚的な造形である現代美術の世界においても、どんなものがあっただろう。

例えば、米国で長く活動していた河原温（1932–2014）氏の〈百万年〉（One Million Years）という仕事がある。百万年分の年の数字を遙かなる過去、百万年前、紀元前998031BCから紀元後の1969ADまでタイプで打ち続けた紙を分厚いバインダーに差し、バインダーは何十冊あったのだろう、大理石のようなテーブルの上に配置されていた。最初の巻には〈Past – For All those who have lived and died〉と記されている。それらが存在する空間がまさに百万年であった。ギャラリーには誰も見えず、ただただ静謐なる空間の中に百万年が眠っているのであった。本書が知る、現代美術の至高の作品である。

あるいは李禹煥（リー・ウーファン）（Lee Ufan、이우환（イ・ウファン）、1936–）氏の圧倒的な仕事群がある。〈もの派〉のイデオローグでもあった。名著『出会いを求めて』は幾度も改版され、現在は美術出版社から刊行されている。東京の国立新美術館開館一五周年記念の李禹煥展は、まさに二〇二二年である。

平面の作品であれば、動的なKアートと拮抗するにも、いよいよ分が悪くなる。

そんな条件でも、例えばニューヨークで活躍する李相男（イー・サンナム）（Lee Sangnam、이상남（イ・さんナム）、1952–）氏の作品群が現代美術にはある。李相男氏の平面作品は、単なる平面ではない。擦（こす）られ、擦られて、そこに時間が埋め込まれた色と光と形たちからなっている。さらには作品ごとにも目まぐるしい変容を見せてくれる。『韓国・朝鮮の知を読む』か『韓国・朝鮮の美を読む』（クオン）の表紙で眼になさった方もおられるかもしれない。韓国の雑誌、近年の『現代文学』の表紙や特集でも幾度か扱われていて、ちょうど二〇二二年六月号の表紙も氏の作品が飾っている。

そんな凄いものを引き合いに出すなんて、反則だと言われるかもしれない。しかし〈Kアート〉は、多くの現代美術の作品群が既にそばに置くのも憚られるほどの高みへ、しばしば至っているのである。美術が、それを知らないだけだ。

〈Kアート〉は始まりに過ぎない

　K‐POPの宇宙は、およそ考え得る、ありとあらゆるものを造形し、映画の世界と比べると、ないものは、セックスと犯罪、過度の暴力、戦争など、要するに放送コードで蹴られそうなものだけである。K‐POPはもう飽和状態なのか？　とんでもない。それは今、始まったばかりなのである。他ならぬK‐POPのことば自身が〈Kアート〉の作品のうちで、幾度もそのことを叫んでいる‥

もう他人の夢に閉じ込められて生きるな
まだ何もやってないじゃないか Everybody say NO!――BTS〈N.O〉
ここまではまだ Teaser――NMIXX〈O.O〉
見せてやるから誰も見たことのない FIRST――EVERGLOW〈FIRST〉
ぼくらは多彩な色を見る――NCT 127〈2 Baddies〉
覚醒の時は来た――ITZY〈Voltage〉

そう、まだ、teaser、じらし広告みたいなもので、小出しにしているに過ぎない。〈Kアート〉はこれから本当に凄いことになる。

K－POPは戦争とは対極にある、戦争と最も距離が遠いアートのかたちだ

アートとしてのK－POPを、少しは語ることができたであろうか。私たちの生にとって、K－POPとはいま・ここの喜悦であり、いま・ここへの哀惜そのものであるということも、述べた。最後に、今一つだけ、繰り返しておこう。K－POPとは戦争とは対極にある、戦争と最も距離が遠いアートのかたちである。

ウクライナ戦争にあって、戦場に出た父の無事を祈る少女、というニュースが流れた。その映像、叔父の後ろで幼い少女が踊っている曲は――BLACKPINKであった。

満腔の思いを込めて、こう言おう：

K－POPに、Kアートに、栄光あれ

参考文献について

Ｋ－ＰＯＰや音楽についてネット上で多様な見解や情報を展開しておられる、世界中の多くの方々に、ここで感謝を捧げておきたい。本書がそれらより学んだことは、実にたくさんある。また、〈ARATA DANCE SCHOOL〉だとか、〈さきここVoice〉といった、日本語圏の大きなチャンネルのリアクション動画、あるいは〈チャンピオンなっちゃん★KpopDancer〉などのリアクション動画も、勉強になり、それらリアクション自体が芸になっていて、楽しい。

また、読者の方々の便宜のためにも、巻末、左開きの三二頁から、文献一覧を示しておく。古家正亨先生の著作群を始め、日本語で書かれたＫ－ＰＯＰについての、貴重な本もある。ファンダム向けの雑誌なども膨大である。近年の諸氏の著作からここにいくつかを挙げておく。

中でも、金成玟（キム・ソンミン）(2018)『Ｋ－ＰＯＰ 新感覚のメディア』（岩波書店）は出色。社会学的な視点からの著作だが、その筆致には、社会学者が世界を分析するときのような冷たさが（許されたい）、Ｋ－ＰＯＰに対して希薄である。どうも不思議だとあとがきを読んで、首肯した。社会学者である金成玟先生は、何ともともとピアノをやっておられて、作曲を専攻なさった経歴があるではないか。ばりばりの本物の音楽家だ。

また大和田俊之(2021)『アメリカ音楽の新しい地図』(筑摩書房)はアメリカ音楽についての浩瀚な書物である。その幅広さと深さに感嘆。これまた何と、アメリカ音楽の本に、わざわざBTSに一章が割いてある。なるほど、視野が広く、かつリアルだ。後書きでは、米国滞在中に、大和田俊之先生のご息女たちが立派なARMY、つまりBTSのコアなファンに育ったと、書いておられる。微笑ましく、かつ心を打たれた。

雑誌『ユリイカ』(青土社)、二〇一八年一一月号の特集〈K-POPスタディーズ〉の編集も驚きであった。多様な人々がK-POPに共振していることが解る。ついにここまで来たか。

田中絵里菜 Erinam(2021)『K-POPはなぜ世界を熱くするのか』(朝日出版社)や、まつもとたくお(2021)『K-POPはいつも壁をのりこえてきたし、名曲がわたしたちに力をくれた』(イースト・プレス)も、それぞれ異なったアプローチでK-POPを論じている。後者は書名が泣ける。五〇組ほどを、アーティストごとに簡潔に紹介した本。

桑畑優香他(2022)『K-POP bibimbap:好きな人をもっと深く知るための韓国文化』(池田書店)は、よくもこんな本が作れたなと思うような、労作。言いたいことがあれこれ書いてある、本書のような本ではなく、データの基本的なことが、何でも書いてある本だ。韓国ドラマや韓国料理などについても書いてある。何か芸能情報の基礎的なことを知りたかったら、ネット検索などするより、この本が速く、簡便で、体系的だろう。本書冒頭のK－POPの歴史図作成にも大いに参考にさせていただいた。

韓国のARMYで研究者でもあられるイ・ジヘン先生の著作、イ・ジヘン（2021）『BTSとARMY——わたしたちは連帯する』は記述のリアリティも考察も、素晴らしい本だ。しばしば感動的ですらある。なお、K－POPの本ではなく、BTSとARMYについての本である。K－POPとBTSを混同してはいけないと、力説していて、大いに首肯できる。

三—二でも触れたタヤマ碧（2021）『ガールクラッシュ』（新潮社）は、主人公の女性、百瀬天花さんが、日本の高校から韓国に渡って、K－POPスターを目指す成長物語。漫画。現在は電子版のみ。未完結。実在の人物などは出てこないが、いわゆる練習生の様子など、かなり克明に描いている。天花さんも仲間たちも、みんなK－POPのスターになれますように。

翻（ひるがえ）って、日本語圏の音楽評論はというと、二一世紀には菊地成孔（なるよし）・大谷能生（よしお）（2010）『憂鬱と官能を教えた学校 上・下』（河出書房）という名著があった。二〇〇四年に刊行された書が、既に古典の仲間入りをし、河出文庫となっている。最前線の音楽家たちの書物である。実に面白く、勉強になる本だ。それなりに難しいが。〈言語学と音楽の間にはルビコンがあるみたいで〉（二一頁）などとあったのだけれど、本書は無謀にも渡らんとしてしまった。読者の皆さんは無事に渡れただろうか？〈「音韻」ってのは音楽の「内容」、というか、その音楽をぱっと聴いた時に覚えていて、で、後で再現できるような情報のことです〉（三〇頁）などという記述はうまい！　まさにジャズの見事なアドリブだ。

二〇世紀にも音楽評論はたくさんあったけれども、平岡正明（1971）『ジャズより他に神はなし』（三一書房）には書名に驚いて、そののち、同じ平岡正明氏が（1979）『山口百恵は菩薩である』（講談社）という本を出されたのには、さらに驚いた。『ジャズ神』のほうには、「ジャズのエネルギーを革命への武器としてスイングする」などと帯文に書いてある。

この平岡正明氏の『ジャズ神』は音楽評論などではなく、プロパガンダだと断じているのが、栗原裕一郎・大谷能生『ニッポンの音楽批評150年100冊』（立東舎）である。もちろん日本の音楽批評史の本だが、頗（すこぶ）る面白い。何よりもその時代時代の社会的な、知的な背景の感じがとてもよく描かれていて、思わずにやりとする。さすがに一九六〇年代あたりになると、同書の著者たちからすると随分昔なのだろう、例えば吉本隆明の評価などは、今日の知識人たちの吉本評価に若干引き摺られてか、若干、過大評価気味だとは思うけれど、まあそのあたりは背景であり、また無い物ねだりというものだろう。いい本だ。なお、韓国の歌手、李成愛（イ・ソンエ）氏（1952–）などは同書に出て来るが、時代的な制約からか、K–POPは全く出てこない。

さて、そんなわけで、今頃はかの平岡正明氏も天国で、氏の本に満ち溢れていた、二〇世紀のオトコ的な限界を、今では断固として突破なさって、氏の天国革命の旗を高く掲げ、「K－POPは極楽浄土である」とか「BLACKPINKは極楽浄土に花咲く蓮の花である」などと、仰っておられるに違いない。勝手に引き合いに出して、すみません、合掌。

本書では美学ということばを柔らかく多用したけれど、学問分野としての美学はいったいどんなことを考えているかの一端を、西村清和編・監訳(2015)『分析美学基本論文集』(勁草書房)で覗き見ると、面白い。美学の分野ももちろん広く、これはそのうち分析美学関連の多彩な九編の論考を集める。「アート」「芸術」「美」そして「美学」などといったことがらについて、本書がしばしば注目した、それらのことがらのただ中で、あるいはそれらの場の周囲で、〈言語で造形するということ〉に照らし合わせながら、各論考や解説を比べて読むと、なかなかに興味深い。

自著がらみで恐縮だが、言語の原理論については、野間秀樹(2018)『言語存在論』(東京大学出版会)を、その現代への実践論としては野間秀樹(2021b)『言語 この希望に満ちたもの』(北海道大学出版会)を、ハングルという文字、そして文字論一般については、野間秀樹(2021c)『新版 ハングルの誕生』(平凡社)を見られたい。なぜ仮名のように漢字と併用せずとも、ハングルだけで韓国語を十全に表記できるかという、日本語圏の多くの人が抱く疑問も、同書で氷解するだろう。ハングルだけでの表記で全く困らない理由が解るとは、まさに逆に、仮名と漢字を併用する、日本語における〈書かれたことば〉の真の面白さを、文字論の原理から知るということでもある。しばしば語られる「ハングルは創られただけで、実は全く使われておらず、ハングルを普及させたのは、日本の統治であった」などという荒唐無稽な珍説も、一九一〇年からの植民地支配を事後的に正当化するための、事実を逆にしたような謀略宣伝だが、このあたりの事実についても、同書で解る。朝鮮王朝時代の多くのハングル文献や諺簡と呼ばれるハングル書簡類についても知ることができる。ちなみにハングルの分かち書きなど綴字法の基礎を築くのに貢献した『独立新聞』の創刊は一八九六年、このような近代化の胎動を阻んだものこそ、日本と日本語の支配であった。なにせ創氏改名で人の名に至るまで日本語を強いたわけである。韓国語そのもの学ぶには、最も薄い本で、最も遠くまで歩めるように編んだ、野間秀樹(2021a)『史上最強の韓国語練習帖 超入門編』から野間秀樹・高槿旭(2022)『史上最強の韓国語練習帖 初級編』(ナツメ社)へと進まれるのが、実践的で、速かろう。またハングルと韓国語という観点からの言語と文字との学びの補助に、野間秀樹(2023 近刊)『図解でわかる ハングルと韓国語』(平凡社)がお役に立つと信ずる。韓国の〈美〉については、先の野間秀樹・白永瑞共編(2021)『韓国・朝鮮の美を読む』(クオン)がブック・ガイドとなっている。

おわりに

K‐POP、Kアートという宇宙の旅をひとまず終えた。

本書の出発地は、東京の〈チェッコリ〉という韓国書籍の書店が企画する市民講座、〈チェッコリ大学〉での講義であった。チェッコリは韓国の書籍を翻訳し、出版する〈クオン〉という出版社が運営している。総帥は、日本語圏における今日の韓国文学ブームを作った金承福（キム・スンボク）代表である。二〇一一年、当時からすると、無謀にも、〈新しい韓国の文学〉シリーズの刊行を開始なさった。最初の巻はハン・ガン氏の『菜食主義者』（きむ ふな訳）であった。この頃がまさに本書の言う、TAVnetの時代の、新たなK‐POPの胎動の時期でもあったことに、注目されたい。金承福代表こそ、文字通りK文学を日本語圏に知らしめた、先駆者であり、開拓者である。

その金承福代表と、文学談義や、クオンで刊行した『韓国・朝鮮の知を読む』『韓国・朝鮮の美を読む』そしてこれから刊行する『韓国・朝鮮の心を読む』などについての話をしているうち、K‐POPの話題になった。私の話を聴いて、「チェッコリ大学で講義してください」

と仰る。私は「いや、話をすると言っても、一五分もあれば終わっちゃいますよ」と申し上げたのであった。ところが、実際にやってみると、二時間の講義が三回あっても、全く足りない。チェッコリ大学を取り仕切っておられた佐々木静代氏も、「全然一五分なんかじゃなかったですよね」と優しい微笑を漏らしておられた。金承福代表の慧眼、畏るべし。

出版社はというと、ちょうどハザ（Haza）が新たな出版社として出発を準備していた。恐れ多くも、本書をその出発の一冊にしてくださると。〈ココペリ121（ワンツーワン）〉というNPO法人に介護部門と学術文化部門がある。そして出版をと独立したのが、ハザである。ハンガリー語で〈故国〉〈家郷〉の意という。ココペリ121とハザの代表が長見有人（おさみありひと）氏である。氏は、国によって廃学された大学を、中退した仲間でもある。熱き人である。

ちなみに、チェッコリ大学での同講義では四〇頁ほどのコメント付きＫ－ＰＯＰリンク集を作った。同リンク集をご覧になった、臨床哲学者の西川勝先生が、「私は音楽は全く聴かないし、テレビもない。でもこのリンク集は便利で、ＭＶを見ても、最初は何が何だか全く解らなかったのだが、何か面白い。結局半日、ずっとＫ－ＰＯＰを見てしまった。そしてMAMAMOO（→二二一頁、一八七頁など参照）、ここまで来て、これは凄いと。何だこの人たちはと」と仰る。次にお目にかかったおりにも「MAMAMOOがぁ」と、ほとんど沼落ち一歩手前であられた。かの西川勝先生のお眼鏡にもかなった！　歓喜、恐縮しつつも、さすがはMAMAMOO、これぞK－POPである。

　西川勝先生より、かく天下御免の檄を頂戴し、本書が出発したのであった。

　金承福代表、佐々木静代氏、長見有人氏、ハザの皆さん、西川勝先生、また同講義に参加してくださった方々、そして企画、編集の任にあたってくださったのみならず、K－POPについての重要な示唆もいただいたアサノタカオ氏には、ただただ感謝でいっぱいである。

　本にする仕事が始まったが、K－POPの宇宙は膨大であり、とうてい私ごとき一人の、〈私の眼は節穴です〉式望遠鏡では、観察もしきれない。様々な方々の叡智を集光し、反射させる、巨大な反射望遠鏡たらねばならない。めげそうになったおりに、多摩美術大学教授・西岡文彦先生、そして韓国語の金未耶（キム・ミヤ）先生からの檄をいただき、これはいよいよ励まねばならなくなった。

　かくして蔡七美（チェナミ）先生、保原万美氏、石井えり氏、髙橋初音氏、平川美晴氏、小島あづみ氏、武田実弓氏、實桐陽氏といった方々の貴重なご助言を頂戴することとなった。早稲田大学エクステンションセンター中野校、明治学院大学、上智大学で学びを共にしてくださっている方々からも、折に触れ、ご助言、激励をいただいた。言語学からは金珍娥(キム・ジナ)先生、高槿旭(コ・グヌク)先生のご教示も得た。これらの方々のご教示がなければ、本書は到底出来上がってなどいない。

最後になったけれども、何よりも、本書を手にしてくださった方々に、満腔の感謝を捧げたい。皆さんからの眼には、本書が至らぬ点も、少なくないであろう。読者の方々のご教示を賜ることができれば、望外の喜びである。K－POP、Kアートと共に、皆さんに宇宙(そら)いっぱいの幸せが訪れますように。

そして我等がK－POP、Kアートに心の底からの感謝を。この〈K〉とは何か、という問いは、著者のような者にとっては、我々の青春時代のことばで言うなら——〈アイデンティティ〉などということばは、未だそれほど広く論じられてはおらず、〈ルーツ〉もまた同様であった——、存在理由(レゾンデートル)の深いところに係わる問いである。正直に言って、K－POP、プレK－POPには、いったい幾度涙を流したか、判らない。

著者　野間 秀樹（のま ひでき）

●言語学者．美術家．

●著書に，『言語存在論』（東京大学出版会），『言語 この希望に満ちたもの：TAVnet時代を生きる』（北海道大学出版会），『新版 ハングルの誕生：人間にとって文字とは何か』（平凡社．韓国語版は，朴守珍・金珍娥・金奇延共訳．돌베개（トルベゲ）），『韓国語をいかに学ぶか』（平凡社），『図解でわかる ハングルと韓国語』（平凡社，近刊），『한국어（ハングゴ） 어휘와（オフィワ） 문법의（ムンポペ） 상관구조（サングァングジョ）』（韓国語 語彙と文法の相関構造．太学社（テハクサ）．大韓民国学術院優秀学術図書），『史上最強の韓国語練習帖 超入門編』（ナツメ社），『史上最強の韓国語練習帖 初級篇』（高槿旭と共著，ナツメ社），『新・至福の朝鮮語』（朝日出版社），『韓国語学習講座 凜 1 入門』（金珍娥と共著，大修館書店）など．

●編書に，『韓国語教育論講座 1-4』（くろしお出版），『韓国・朝鮮の知を読む』（クオン．韓国語版は，김 경 원（キム・ギョンウォン）訳．위즈덤하우스（ウィジュドムハウス）），『韓国・朝鮮の美を読む』（白永瑞と共編，クオン）など．

●大韓民国文化褒章．アジア・太平洋賞大賞．ハングル学会周時経学術賞．パピルス賞．

●美術家としては，東京，札幌などで 8 回の個展，リュブリャナ国際版画ビエンナーレ，ブラッドフォード国際版画ビエンナーレ，プラハ，オストラヴァ，ワルシャワ，ポズナニ，京都，名古屋，横浜，ソウル，大邱などで各種の美術展，また現代日本美術展佳作賞など．

●東京外国語大学大学院教授，ソウル大学校韓国文化研究所特別研究員，国際教養大学客員教授，明治学院大学客員教授・特命教授などを歴任．

●韓国・朝鮮と日本，双方の血を嗣（つ）ぐ．

twitter.com/nsem17657228

事項索引

頁の f は注部分であることを示す。該当頁が多い場合は、とりわけ重要な箇所を太字で示した。日本語読みと韓国語の日本語仮名の読みの双方など、読者の便を図って、2 通りの読みで記載した固有名詞もある。

●数字

● A-Z

●ア行

●カ行

●サ行

●タ行

●マ行

アーティスト名索引

＊K-POP とその前段階に活躍したアーティストのローマ字表記を中心に挙げた。グループの構成員としてのアーティスト名、巻末の MV リストは含まない。クリエイターは人名索引を見よ。→はその項目も見よ、の意。

人名索引

願望別 推薦 MV リスト

原則として、YouTube 上の公式 MV、PV の各タイトルをそのまま記載。
ブラウザではなく、YouTube の検索窓から検索されたい。
本文で扱っていない作品も含む。400 本ほどを収録した。

■〈こゑ〉（声）にうち震えたい

마마무 (MAMAMOO) 의 킬링보이스를 라이브로! - Mr.애매모호, 너나 해, 데칼코마니, 별빛밤, I miss you,HIP, 고고베베, 딩가딩가, AYA | 딩고뮤직
Dreamcatcher(드림캐쳐) 'BEcause' MV
IVE 아이브 'LOVE DIVE' MV
IVE 'ELEVEN -Japanese ver.-'Music Video
BTS (방탄소년단) ' 피 땀 눈물 (Blood Sweat & Tears)' Official MV
BTS (방탄소년단) 'Black Swan' Official MV
SISTAR(씨스타) - Give It To Me (HD Music Video)
ATEEZ(에이티즈) - 'Deja Vu' Official MV
BLACKPINK - Kill This Love -JP Ver.- Live at BLACKPINK 2019-2020 WORLD TOUR IN YOUR AREA-TOKYO DOME-
BLACKPINK - 'Lovesick Girls' M/V
BLACKPINK - Kill This Love -JP Ver.- Live at BLACKPINK 2019-2020 WORLD TOUR IN YOUR AREA-TOKYO DOME-
Stray Kids " 부작용 (Side Effects)" M/V
EVERGLOW (에버글로우) - LA DI DA MV
TXT (투모로우바이투게더) 'Good Boy Gone Bad' Official MV
송수우 (Song Soowoo) - 'Love Me or Hate Me' MV
(ヨジャ)アイドゥル ((G)I-DLE) - 'Oh my god' Official Music Video
aespa 에스파 'Savage' MV
aespa 에스파 'Girls' MV
NCT 127 엔시티 127 'Sticker' MV
NCT 127 엔시티 127 'Cherry Bomb' MV
STAYC(스테이씨) 'SO BAD' MV
[# 최초공개] AleXa (알렉사) - Wonderland (Korean Version) | stage&FLO: 취향의 발견 | Studio FLO
ITZY「Voltage」Music Video
ITZY「Blah Blah Blah」Music Video
Jessi (제시) - 'ZOOM' MV
TWICE "CRY FOR ME" MV
Red Velvet 레드벨벳 'Psycho' MV
NMIXX "DICE" M/V
CocaNButter - 'Mi Deh Yah' M/V

NCT 127 엔시티 127 ' 無限的我 (무한적아 ;Limitless)' MV #2 Performance Ver.
NCT 127 엔시티 127 ' 질주 (2 Baddies)' MV
스피카 (SPICA) - Tonight MV
[MV] KARD _ Bomb Bomb(밤밤)
BLACKPINK - ' 휘파람 (WHISTLE)' M/V
KARA(카라) - 숙녀가 못 돼 (Damaged Lady) M/V
Lapillus(라필루스) 'GRATATA' MV
CRAXY(크랙시) - 'Undercover' MV
PIXY(픽시) - 'Bewitched (Eng Ver.)' M/V
PIXY(픽시) - 'Villain' MV
[MV] SUNMI(선미) _ Gashina(가시나)
퍼플키스 (PURPLE KISS) 'Pretty Psycho' Performance Video
HYOLYN (효린) 'NO THANKS' Official MV
KARDI - Tears of Mokpo (Immortal Songs 2) | KBS WORLD TV 220212

■旋律を味わいたい
SHINee 샤이니 'Don't Call Me' M V
ENHYPEN (엔하이픈) 'Blessed-Cursed' Official MV
TWICE「Doughnut」Music Video
[MV] 에일리 (AILEE) - Make Up Your Mind
Marionette　(Red Velvet)
헤이즈 (Heize) - ' 헤픈 우연 (HAPPEN)' MV (with 송중기)
효린 (HYOLYN) - LONELY(론리) Music Video
BLACKPINK - ' 휘파람 (WHISTLE)' M/V
BLACKPINK - ' 불장난 (PLAYING WITH FIRE)' M/V
TWICE "CRY FOR ME" MV
TWICE「Perfect World」Music Video
SEVENTEEN (세븐틴) 'Ready to love' Official MV
[도깨비 OST Part 7] 소유 (Soyou) - I Miss You (Official Audio)
Dreamcatcher(드림캐쳐) 'Scream' MV
NCT 127 엔시티 127 'Favorite (Vampire)' MV
NCT DREAM 엔시티 드림 'BOOM' MV
[MV] OH MY GIRL(오마이걸) _ CLOSER

■勇気を得たい
ITZY「Voltage」Music Video
EVERGLOW (에버글로우) - FIRST MV
(여자) 아이들 ((G)I-DLE) - 'TOMBOY' Official Music Video
TREASURE - 'MY TREASURE' M/V
[STATION] aespa 에스파 'Dreams Come True' MV

■物語へと没入したい

BTS (방탄소년단) ' 피 땀 눈물 (Blood Sweat & Tears)' Official MV
Dreamcatcher(드림캐쳐) ' 데자부 (Deja Vu)' MV
Dreamcatcher(드림캐쳐) 'Chase Me' MV
EXO-K 엑소케이 'MAMA' MV (Korean ver.)
BTS (방탄소년단) 'ON' Official MV
TRI.BE - Loca

■物語へと没入したい──青春編

BTS (방탄소년단) 'Magic Shop' Official MV
BTS (방탄소년단) " 대답 (LOVE MYSELF)" MV
ENHYPEN (엔하이픈) 'Drunk-Dazed' Official MV

■ déjà-vu 既視感と jamais vu 未視感の狭間を視たい

JONGHYUN 종현 ' 데자 - 부 (Déjà-Boo) (feat. Zion.T)' MV (Showcase Stage @SMTOWN THEATRE)
[M/V] NU'EST W(뉴이스트 W) - Dejavu
' 최초 공개 ' 섹시티즈 ' 에이티즈 ' 의 'Deja Vu' 무대 # 엠카운트다운 EP.725 | Mnet 210916 방송
Dreamcatcher(드림캐쳐) ' 데자부 (Deja Vu)' MV
DEJAVU　(TWICE)
ATEEZ(에이티즈) - 'Deja Vu' Official MV
BTS (방탄소년단) 'Jamais Vu' Official MV

■とにかく美しい MV を見たい

[MV] 우주소녀 (WJSN)(COSMIC GIRLS) _ 비밀이야 (Secret)
NCT 127 엔시티 127 ' 질주 (2 Baddies)' MV
청하 (CHUNG HA) - 'PLAY (Feat. 창모 (CHANGMO))' M/V
NCT U 엔시티 유 'Make A Wish (Birthday Song)' MV
Lapillus(라필루스) 'GRATATA' MV
KARD - Ring The Alarm _ M/V
[MV] MAMAMOO(마마무) _ Starry Night(별이 빛나는 밤)
TWICE "MORE & MORE" M/V
BLACKPINK - 'How You Like That' M/V
STAYC(스테이씨) 'SO BAD' MV
XG - MASCARA (Official Music Video)
TREASURE - 'MY TREASURE' M/V
[MV] Apink(에이핑크) _ %%(Eung Eung(응응))
Red Velvet 레드벨벳 ' 짐살라빔 (Zimzalabim)' MV
aespa 에스파 'Black Mamba' MV

ASTRO 아스트로 - All Night(전화해) M/V
NMIXX "DICE" M/V
[MV] IU(아이유) _ BBIBBI(삐삐)
TRI.BE - DOOM DOOM TA
IVE 'ELEVEN -Japanese ver.-'Music Video
IZ*ONE (아이즈원) - 환상동화 (Secret Story of the Swan) MV
STAYC(스테이씨) 'ASAP' MV
NCT 127 엔시티 127 'TOUCH' MV

■おお、初恋よ
SHINee 샤이니 ' 누난 너무 예뻐 (Replay)' MV
TEEN TOP(틴탑) _ Crazy(미치겠어) MV
miss A "Bad Girl, Good Girl" M/V
[MV] BTS(방탄소년단) _ Boy In Luv(상남자)
f(x) 에프엑스 ' 첫 사랑니 (Rum Pum Pum Pum)' MV
[MV] SEVENTEEN(세븐틴) _ VERY NICE(아주 NICE)
Girl's Day(걸스데이) _ Don't forget me(나를 잊지마요) MV
NCT DREAM 엔시티 드림 ' 마지막 첫사랑 (My First and Last)' MV
[MV] CSR(첫사랑) _ Pop? Pop!(첫사랑)

■雨に踊れば
TAEMIN 태민 'MOVE' #1 MV
SEVENTEEN (세븐틴) 'Ready to love' Official MV
[MV] Gain(가인) _ Carnival (The Last Day)
ATEEZ(에이티즈) - 'Deja Vu' Official MV

■チュムる（＝踊る）カメラワーク、映像編集に驚愕したい
엑소 (EXO) - 으르렁 (Growl) + 늑대와 미녀 (Beauty and the Beast) at 2013
Red Velvet 레드벨벳 'Be Natural (feat. SR14B TAEYONG (태용)) MV
ITZY "LOCO" M/V @ITZY
ITZY「Voltage」Music Video
aespa 에스파 'Savage' Camerawork Guide
aespa 에스파 'Next Level' The Performance Stage #2
마마무 (MAMAMOO) 의 킬링보이스를 라이브로! - Mr. 애매모호, 너나해, 데칼코마니, 별빛밤, I miss you,HIP, 고고베베, 딩가딩가, AYA ㅣ 딩고뮤직
TRI.BE - RUB-A-DUM
TRI.BE(트라이비) 'LORO(로로)' Choreography
XG - MASCARA (Performance Video)
NMIXX "DICE" M/V

■ラップこそが魂だよ
MC Sniper〈Better Than Yesterday〉
오프닝 퍼포먼스 (Opening Performance) | (여자) 아이들 컴백전쟁 : 퀸덤 0 화
G-DRAGON - ONE OF A KIND M/V
Stray Kids " 땡 (FREEZE)" Video
[HD] Block B(블락비) _ NILLILI MAMBO(닐리리 맘보) MV
아웃사이더 (Outsider) 의 킬링벌스를 라이브로 ! | 외톨이, 주변인, 주인공, Better Than Yesterday, 연인과의 거리, 슬피 우는 새, D.M.F 등
[MV] BTS(방탄소년단)_ We Are Bulletproof Pt2(위 아 불렛프루프 Pt.2)
Rap Monster ' 농담 ' MV
Agust D 'Agust D' MV
[MV] 우주소녀 (WJSN) - UNNATURAL
BLACKPINK - '뚜두뚜두 (DDU-DU DDU-DU)' M/V
[MV] 매드클라운 (Mad Clown) _ 화 (Fire) (Feat. Jinsil(진실) of Mad soul child)
ITZY「Blah Blah Blah」Music Video
Dreamcatcher(드림캐쳐) 'BEcause' MV
[SBS] 두시탈출컬투쇼 , Mad City Live, NCT 127(태용 , 마크 , 재현) 라이브
[MV] BTOB(비투비) _ MOVIE
Stray Kids『CIRCUS』Music Video
[MV] Dynamic Duo(다이나믹 듀오), CHEN(첸) _ nosedive(기다렸다 가)
지코 (ZICO) - BERMUDA TRIANGLE (Feat. Crush, DEAN) (ENG SUB) MV
블락비 (Block B) - Shall We Dance MV
[MV] 우주힙쟁이 - 한량 (feat. 비비 (BIBI)) (prod. 딘딘)
BIG Naughty(서동현)의 킬링벌스를 라이브로 ! | 시발점 Remix, Joker, 을 , 급 SICK, The Purge, 잠깐만 , Frank Ocean 등
[HIT] 불후의 명곡 2- 마마무 , 노출 없이 실력 자체가 섹시 '정열의 꽃' .20150228

■素晴らしいダンスを堪能したい
BLACKPINK - 'How You Like That' DANCE PERFORMANCE VIDEO
Red Velvet 레드벨벳 'Be Natural (feat. SR14B TAEYONG (태용)) MV
BTS(방탄소년단)_INTRO Perf. + Airplane pt.2 | 2018 MAMA in HONG KONG 181214
BTS (방탄소년단) 'Butter' @ The 64th GRAMMY Awards
aespa 에스파 'Next Level' The Performance Stage #2
[M/V] SEVENTEEN(세븐틴) - 울고 싶지 않아 (Don't Wanna Cry)
Stray Kids "Back Door" M/V
[BE ORIGINAL] Stray Kids ' 神메뉴 (God's Menu)' (4K)
LILI's FILM #3 - LISA Dance Performance Video
[Special Clip] 몬스타엑스 (MONSTAX) - 히어로 (HERO) Rooftop Ver.

Jessi (제시) - Cold Blooded (with 스트릿 우먼 파이터 (SWF)) MV
HYOLYN (효린) 'Layin' Low (feat. Jooyoung)' Official MV
ITZY " 마.피.아. In the morning" Performance Video
[MIX & MAX] 'Break My Heart Myself' covered by ITZY YEJI & RYUJIN (예지 & 류진) (4K)
[CHOREOGRAPHY] BTS (방탄소년단) 'Butter' Special Performance Video
TXT (투모로우바이투게더) 'Good Boy Gone Bad' Official MV (Choreography ver.)
ITZY "ICY" Performance Video
ITZY "Not Shy" Dance Practice (Moving Ver.)
[BE ORIGINAL] ITZY(있지) 'Not Shy' (4K)
TREASURE - 미쳐가네 (Going Crazy) PERFORMANCE FILM (4K)
Kep1er 케플러 | 'WA DA DA' Dance Practice
[BE ORIGINAL] Kep1er(케플러) 'WA DA DA' (4K)
TWICE 'CRY FOR ME' Choreography - 2
TRI.BE(트라이비) 'LORO(로로)' PERFORMANCE (ONE TAKE VER.)
(Artist Focused) MAMAMOO(마마무) 'HIP' l [DANCE THE X] (4K)
[MAMAMOO] ' 데칼코마니 '(Decalcomanie) 안무 영상
(Full Focused) NewJeans(뉴진스) 'Attention' 4K | BE ORIGINAL
miss A "Hush" M/V
miss A "Bad Girl, Good Girl" M/V
ATEEZ(에이티즈) - 'Deja Vu' Official MV
CLASS:y(클라씨) "CLASSY" Live Stage Dance Practice Video
[BE ORIGINAL] NMIXX(엔믹스) 'O.O' (4K)
(여자)아이들 ((G)I-DLE) - 'MY BAG' (Choreography Practice Video)
[MV] PENTAGON(펜타곤) _ Critical Beauty(예뻐죽겠네)
[MV] THE BOYZ(더보이즈) _ Boy(소년)
[MV] 여자친구 (GFRIEND) _ 시간을 달려서 (Rough) (Choreography Ver.)

■邪宗門秘曲の美学に戦慄したい
[MV] 이달의 소녀 (LOONA) "PTT (Paint The Town)"
Dreamcatcher(드림캐쳐) 'Scream' MV
ATEEZ(에이티즈) - 'Answer' Official MV
BLACKPINK - 'Pink Venom' M/V
Dreamcatcher(드림캐쳐) 'BOCA' Dance Video (MV ver.)
퍼플키스 (PURPLE KISS) 'Ponzona' MV
Red Velvet 레드벨벳 'Feel My Rhythm' MV
KARD - Dumb Litty _ MV
EXO-K 엑소케이 'MAMA' MV (Korean ver.)
Jessi (제시) - ' 어떤 X (What Type of X)' MV
PIXY(픽시) - 'Wings' M/V

■韓国語の音に目覚めたい
Stray Kids "MANIAC" M/V
NCT DREAM 엔시티 드림 'Beatbox' MV
BLACKPINK - ' 붐바야 (BOOMBAYAH)' M/V
IVE 아이브 'LOVE DIVE' MV
HYOLYN (효린) 'NO THANKS' Official MV

■迫力にのけぞりたい
B.A.P(비에이피) - POWER M/V
SHINee 샤이니 'Ring Ding Dong' MV
BTOB - 'WOW' Official Music Video
[MV] BTS(방탄소년단) _ Danger
BTS (방탄소년단) 'No More Dream' Official MV
NMIXX "O.O" M/V
Lapillus(라필루스) 'HIT YA!' MV
TREASURE - '사랑해 (I LOVE YOU)' M/V
EXO エクソ 'Electric Kiss' MV (Short Ver.)
LAY ' 莲 (Lit)' MV
[MV] 이달의 소녀 (LOONA) "So What"
MONSTA X 몬스타엑스 'FANTASIA' MV
aespa 에스파 'Girls' MV
CLASS:y(클라씨) "SHUT DOWN" M/V

■やっぱり夏はこれだ
f(x) 에프엑스 'Hot Summer' MV
fromis_9 (프로미스나인) 'Stay This Way' Official MV
TWICE "Dance The Night Away" M/V
Billlie | ' 팥빙수 ' M/V (Performance ver.)
WINNER - 'ISLAND' M/V
[MV] SISTAR(씨스타)_Touch my body(터치 마이 바디)
HYOLYN(효린) ' 바다보러갈래 (SEE SEA)' Official MV
[T:TIME] TOMORROW X TOGETHER 'Our Summer' (selfie ver.) - TXT (투모로우바이투게더)
여자친구 GFRIEND - 열대야 (Fever) M/V
여자친구 GFRIEND - 여름여름해 (Sunny Summer) M/V
Red Velvet 레드벨벳 ' 빨간 맛 (Red Flavor)' MV

■やっぱり冬はそれか
Stray Kids "Winter Falls" M/V
Younha - Winter Flower (Feat. RM of BTS) Official MV

[MV] 문별 (MOONBYUL) - 눈 (SNOW)
NU'EST(뉴이스트)_HELLO(여보세요)MV
BTS (방탄소년단) ' 봄날 (Spring Day)' Official MV
EXO 엑소 '12 월의 기적 (Miracles in December)' MV (Korean Ver.)
Crystal Snow　(BANGTANTV)
알리 (ALI) - 눈의 꽃 [불후의명곡 /Immortal Songs 2].20190427
[STATION] NCT DREAM 엔시티 드림 'JOY' MV

■春高楼の花のＫぽ
Song So Hee(송소희) - Spring Day(봄날) (Immortal Songs 2) I KBS WORLD TV 201114
10cm / 십센치 - ' 봄이 좋냐?? (What The Spring??)' Official Music Video ENG sub.
CHEN 첸 ' 사월이 지나면 우리 헤어져요 (Beautiful goodbye)' MV
로이킴 (Roy Kim) - 봄봄봄 (BOM BOM BOM) MV

■秋深し隣もＫぽ聴く人ぞ
IU&Huiyeol - Autumn Morning(가을 아침) (Sketchbook) | KBS WORLD TV 200918
헤이즈 (Heize) - 떨어지는 낙엽까지도 (Falling Leaves are Beautiful) M/V

■君は詩人の〈こゑ〉を聴いたか
[MV] Azalea by Rolling Quartz (Eng/Esp Sub) 진달래꽃 by 롤링쿼츠

■ポップなアートで愉しみたい
[EXID(이엑스아이디)] ' 위아래 ' (UP&DOWN) MV
Red Velvet 레드벨벳 ' 행복 (Happiness)' MV
G-DRAGON - CRAYON(크레용) M/V
STAYC(스테이씨) 'SO BAD' MV
Kep1er 케플러 l 'Wing Wing' M/V
Red Velvet 레드벨벳 ' 러시안 룰렛 (Russian Roulette)' MV
[MV] SISTAR(씨스타) _ SHAKE IT
ASTRO 아스트로 - Candy Sugar Pop M/V
마마무 (MAMAMOO) - 넌 is 뭔들 (You're the best) MV
AOA - 단발머리 (Short Hair) M/V
JEON SOMI (전소미) - 'BIRTHDAY' M/V
GOT7(ガットセブン) "Just right(딱 좋아)" M/V
4MINUTE - ' 이름이 뭐예요? (What's Your Name?)' (Official Music Video)
WINNER - ‘I LOVE U’ M/V
[MV] MOMOLAND (모모랜드) _ BBoom BBoom (뿜뿜)

■日本語の K-POP も聴いてみたい

BTS (防弾少年団) 'Airplane pt.2 -Japanese ver.-' Official MV
BTS (防弾少年団) 'I NEED U (Japanese Ver.)' Official MV
BTS (防弾少年団) ' 血、汗、涙 -Japanese Ver.-' Official MV
BLACKPINK - 「Lovesick Girls - JP Ver.-」 MV
BLACKPINK - PLAYING WITH FIRE (JP Ver.) M/V
BLACKPINK - Kill This Love -JP Ver.- Live at BLACKPINK 2019-2020 WORLD TOUR IN YOUR AREA-TOKYO DOME-
iKON - LOVE SCENARIO MV (JP Ver.)
EXO / 「Love Me Right ～ romantic universe ～」 MV short ver.
ITZY「Voltage」Music Video
ITZY「WANNABE -Japanese ver.-」Music Video
[MV]SEVENTEEN - 舞い落ちる花びら (Fallin' Flower)
TWICE「SCIENTIST -Japanese ver.-」Music Video
TWICE「Doughnut」Music Video
【NCT 127】「Limitless」
NiziU『Make you happy』M/V
Marionette (Red Velvet)
MAMAMOO「Dingga -Japanese ver.-」Music Video
MAMAMOO「HIP -Japanese ver.-」Music Video
YUKINO HANA / JISOO [LIVE] (BLACKPINK ARENA TOUR 2018 "SPECIAL FINAL IN KYOCERA DOME OSAKA")
涙そうそう （I SAY MAMAMOO: THE BEST -Japan Edition-)

■恋の必勝法を知りたい

TWICE "YES or YES" M/V
TWICE "SCIENTIST" M/V
BIGBANG - BAE BAE M/V
송수우 (Song Soowoo) - 'Love Me or Hate Me' MV
BTS (방탄소년단) 'Butter' Official MV
TREASURE - ' 직진 (JIKJIN)' M/V

■環境破壊の彼方を見よ

(ENG) Dreamcatcher(드림캐쳐) 'MAISON' MV
[4K] Dreamcatcher " MAISON" Band LIVE Concert [it's Live] ライブミュージックショー

■ゴシック・ローマンの世界にぞっとするような快感を得たい

(여자) 아이들 ((G)I-DLE) - 'LION' Official Music Video
Dreamcatcher(드림캐쳐) 'GOOD NIGHT' MV

TAEMIN 태민 'Criminal' MV

■我、武に生きん
NCT 127 엔시티 127 ' 영웅 (英雄 ; Kick It)' MV
ATEEZ(에이티즈) - '멋 (The Real) (흥 : 興 Ver.)' Official MV

■ラテンで行こうよ
EXO-K - Sabor a Mi [Music Bank HOT Stage / 2014.11.12]
(여자) 아이들 ((G)I-DLE) - 'Senorita' Official Music Video
BTS(방탄소년단)_INTRO Perf. + Airplane pt.2 ｜ 2018 MAMA in HONG KONG 181214
SUPER JUNIOR 슈퍼주니어 'Lo Siento (Feat. Leslie Grace)' MV
SUPER JUNIOR 슈퍼주니어 'MAMACITA (아야야)' MV
[MV] SF9 (에스에프나인) _ O Sole Mio(오솔레미오)
효린 (HYOLYN) - 너 밖에 몰라 Music Video (ONE WAY LOVE)
[MV] MAMAMOO(마마무) _ Egotistic(너나 해)

■前向きに生きたい
BTS (방탄소년단) 'We Are Bulletproof Pt.2' Official MV
BTS (防弾少年団) 'Airplane pt.2 -Japanese ver.-' Official MV
ITZY "WANNABE" M/V @ITZY
EVERGLOW(에버글로우) - Promise(for UNICEF promise campaign) MV
BTS (방탄소년단) ' 고민보다 Go' Official MV

■ファッションに眼が眩みたい
BLACKPINK - 'How You Like That' M/V
BLACKPINK - ' 마지막처럼 (AS IF IT'S YOUR LAST)' M/V
TWICE" SCIENTIST" M/V
TWICE 'CRY FOR ME' Choreography - 2
BIGBANG - BAE BAE M/V
KAI 카이 'Peaches' MV
[MV] MAMAMOO(마마무) _ Egotistic(너나 해)
f(x) 에프엑스 ' 첫 사랑니 (Rum Pum Pum Pum)' MV
BTS (방탄소년단) 'IDOL' Official MV
4MINUTE - '이름이 뭐예요? (What's Your Name?)' (Official Music Video)
포미닛 (4MINUTE) - ' 오늘 뭐해 (Whatcha Doin' Today)' (Official Music Video)
ITZY "Not Shy" M/V @ITZY
TRI.BE - RUB-A-DUM
SPICA(스피카) - You Don't Love Me Music Video
CocaNButter - 'Mi Deh Yah' M/V

■ K-POP の原点を知りたい
서태지와 아이들 (Seotaiji and Boys) - 난 알아요 (I Know) M/V
서태지와 아이들 (Seotaiji and Boys) - 하여가 (Anyhow Song) M/V
[슈가송] 시대를 앞서간 전설! 故 김성재 (Kim Sung-jae) ' 말하자면 ' ♪ 투유 프로젝트 - 슈가맨 2(Sugarman2) 11 회
Young Turks Club - Affection, 영턱스클럽 - 정, MBC Top Music 19961005
Lim Sung-eun - Lingering, 임성은 - 미련, 50 MBC Top Music 19971115
불후의 명곡 2 - 가인, 완벽 오마주 무대 ´ 초대’ . 20170204
H.O.T. ' 아이야 ! (I yah!)' MV
TVXQ! 동방신기 ' 주문 - MIROTIC' MV
INFINITE 내꺼하자 (Be mine) MV Dance Ver.
TEEN TOP(틴탑) _ Crazy(미치겠어) MV
S.E.S. '('Cause) I'm Your Girl' MV
Girls' Generation 소녀시대 ' 다시 만난 세계 (Into The New World)' MV
Girls' Generation 소녀시대 'Gee' MV
Girls' Generation 소녀시대 ' 소원을 말해봐 (Genie)' MV
Girls' Generation 소녀시대 'FOREVER 1' MV
SHINee 샤이니 'Ring Ding Dong' MV
BTOB - 'WOW' Official Music Video
BIGBANG - FANTASTIC BABY M/V
SUPER JUNIOR 슈퍼주니어 ' 쏘리 쏘리 (SORRY, SORRY)' MV
[MV] KARA(카라) _ Mamma Mia(맘마미아)
KARA - ミスター M/V
miss A "Bad Girl, Good Girl” M/V
4MINUTE - 'HUH (Hit Your Heart)' (Official Music Video)
엑소 (EXO) - 으르렁 (Growl) + 늑대와 미녀 (Beauty and the Beast) at 2013 MAMA

■王宮のコレアネスクにひれ伏したい
Stray Kids " 소리꾼 (Thunderous)" M/V
[MV] Azalea by Rolling Quartz (Eng/Esp Sub) 진달래꽃 by 롤링쿼츠
ONEUS(원어스) ' 월하미인 (月下美人 : LUNA)' MV
ONEUS(원어스) ' 가자 (LIT)' MV

■速度感に酔いしれたい
Kep1er 케플러 l 'Wing Wing' M/V
TWICE "I CAN'T STOP ME" M/V
Kep1er 케플러 | ‘WA DA DA’ M/V
SHINee 샤이니 'Lucifer' MV
2PM "A.D.T.O.Y.(하.니.뿐.)" M/V

에일리 (Ailee) - 가르치지마 (Don't Teach Me) MV
NCT 127 (엔시티 127) 'Lemonade' MV
[STATION] aespa 에스파 'Dreams Come True' MV

■中国語の K-POP も聴いてみたい。え、C-POP だって？
BoA X XIN 'Better (对峙)' MV
WayV 威神 V 'Turn Back Time (超时空 回)' MV
EXID - Up & Down (Chinese Version) Official Music Video
LAY ' 莲 (Lit)' MV

■ 20 世紀の日本語圏のフォークみたいな感性の歌はないの？
iKON - LOVE SCENARIO (Japanese Ver.) MV
[STATION 3] D.O. 디오 ' 괜찮아도 괜찮아 (That's okay)' MV
[MV] PENTAGON(펜타곤) _ SHINE (Japanese ver.)
[MV] D.O.(디오)(EXO) _ Crying out(외침) (CART(카트) OST)
WINNER - EVERYDAY (Japanese Ver.) M/V
iKON - 'Dive -JP Ver.-' M/V
BLACKPINK - STAY (Japanese M/V)

■叛乱の旗を高く掲げよ
G-DRAGON - COUP D'ETAT M/V
BTS (방탄소년단) 'N.O' Official MV
MONSTA X 몬스타엑스 'Alligator' MV
ATEEZ(에이티즈) - 'Guerrilla' Official MV
HYUNA - 'CHANGE' (Official Music Video)
EVERGLOW (에버글로우) - FIRST MV
AleXa (알렉사) – 'REVOLUTION' Official MV

■明るく、ひたすら明るく
PSY - GANGNAM STYLE(강남스타일) M/V
TWICE "Heart Shaker" M/V
[MV] 마마무 (MAMAMOO) - 딩가딩가 (Dingga)
TWICE "Alcohol-Free" M/V
TWICE "LIKEY" M/V
BTS (방탄소년단) 'IDOL' Official MV
Uhm Jung-hwa - Festival, 엄정화 - 페스티벌, Music Camp 19990828
PSY - 'That That (prod. & feat. SUGA of BTS)' MV

■快楽の淵に沈みたい
Sunmi(ソンミ) "24 hours(24 시간이 모자라)" M/V

■伝統の美学へ分け入りたい
[KCON 2016 France × M COUNTDOWN] Opening Performance _ Arirang Medley(아리랑 연곡) M COUNTDOWN 160614 EP.47
Stray Kids " 소리꾼 (Thunderous)" M/V
[MV] 화사 (Hwa Sa) - I'm a 빛
ONEUS(원어스) ' 가자 (LIT)' M V
ONEUS(원어스) ' 월하미인 (月下美人 : LUNA)' MV
BLACKPINK - 'Pink Venom' M/V
[BANGTAN BOMB] 'IDOL' Special Stage (BTS focus) @2018 MMA - BTS (방탄소년단)
Agust D ' 대취타 ' MV
[MV] 우주힙쟁이 - 한량 (feat. 비비 (BIBI)) (prod. 딘딘)

■ G 線上のありゃあ、HIJ… K ポップだ！── そんなバッハな
Red Velvet 레드벨벳 'Feel My Rhythm' MV

■バッハの次はやっぱりパガニーニで迫りたい
BLACKPINK - 'Shut Down' M/V

■ともかく、ひたすら踊りまくりたい
Girls' Generation 少女時代 'LOVE&GIRLS' MV Dance ver.
4MINUTE - ' 물 좋아 ? (Is It Poppin'?)' (Official Music Video)
4MINUTE - ' 이름이 뭐예요 ? (What's Your Name?)' (Official Music Video)
BTS (방탄소년단) 'IDOL' Official MV
Wonder Girls "Like this" M/V
ATEEZ(에이티즈) - '멋 (The Real) (흥 : 興 Ver.)' Official MV
T-ARA -「私、どうしよう（Japanese ver.）」Music Video
NCT 127 엔시티 127 ' 영웅 (英雄 ; Kick It)' Performance Video
Stray Kids " 타 (TA)" Dance Practice Video
AMBER 엠버 'SHAKE THAT BRASS (Feat. 태연 (소녀시대))' MV
[MV] THE BOYZ(더보이즈) _ D.D.D
Stray Kids "Back Door" M/V
TWICE「Perfect World」Music Video
' 최초 공개 ' 섹시티즈 ' 에이티즈 ' 의 'Deja Vu' 무대 # 엠카운트다운 EP.725 | Mnet 210916 방송

■曲名だけでも、もう参った
TOMORROW X TOGETHER '9 と 4 分の 3 番線で君を待つ (Run Away) [Japanese Ver.]' Official MV
TXT (투모로우바이투게더) '5 時 53 分の空で見つけた君と僕 [Japanese Ver.]'

Official MV
MCND '#MOOD' MV

■あゝ、ファルセットよ
ENHYPEN 엔하이픈 ' 모 아니면 도 (Go Big or Go Home)' official MV
TXT (투모로우바이투게더) 'Good Boy Gone Bad' Official MV
TWICE 'CRY FOR ME' Choreography - 2
BTS (방탄소년단) 'FAKE LOVE' Official MV
ENHYPEN (엔하이픈) 'Blessed-Cursed' Official MV
Dreamcatcher(드림캐쳐) 'BEcause' MV
IVE 아이브 'ELEVEN' MV
[MV] IU(아이유) _ Celebrity
BTOB - 'WOW' Official Music Video
Red Velvet 레드벨벳 'Psycho' MV
TAEMIN 태민 'Criminal' MV
[MV] 이달의 소녀 (LOONA) "Butterfly"
효린 (HYOLYN) - 너 밖에 몰라 Music Video (ONE WAY LOVE)

■少年愛の美学への会いたさ見たさに怖さを忘れたい
ENHYPEN (엔하이픈) 'Given-Taken' Official MV
NCT DREAM 엔시티 드림 'Chewing Gum' MV

■ただただ、泣きたい
[ENG sub] [8 회] ♬ I Miss You - 마마무 @3 차 경연 팬도라의 상자 컴백전쟁 : 퀸덤 8 화
BIGBANG - HARU HARU(하루하루) M/V
[도깨비 OST Part 7] 소유 (Soyou) - I Miss You (Official Audio)
[M/V] SEVENTEEN(세븐틴) - 울고 싶지 않아 (Don't Wanna Cry)
[MV] 에일리 (AILEE) - Make Up Your Mind
BLACKPINK - 'STAY' M/V
iKON - '사랑을 했다 (LOVE SCENARIO)' M/V
TWICE 'CRY FOR ME' Choreography - 2
BTOB(비투비) - ' 恋しくて ' Official Music Video
涙そうそう　(I SAY MAMAMOO: THE BEST -Japan Edition-)
[MV] Solar(솔라) _ Nada Sou Sou(눈물이 주룩주룩)
NCT 127 엔시티 127 ' 無限的我 (무한적아 ;Limitless)' MV #2 Performance Ver.
BTOB 美しく悲しい
[M/V] 눈물샤워 (feat. 에일리) - 배치기
KARDI - Tears of Mokpo (Immortal Songs 2) | KBS WORLD TV 220212

■お宝を頂戴したい
[MV] AOA _ Like a Cat(사뿐사뿐)
퍼플키스 (PURPLE KISS) 'Nerdy' MV
Red Velvet レッドベルベット 'WILDSIDE' MV

■カッコよさの奥義書を闘い取って、番を張りたい
ATEEZ(에이티즈) - '멋 (The Real) (흥: 興 Ver.)' Official MV

■バッテリーが切れてとか、そういうのいいから
[MV] Unnies(언니쓰) _ Shut Up (feat.You Hee Yeol(유희열))

■アーティストと観客との一体感に埋没したい
BTS (방탄소년단) - Ma City [LIVE VIDEO]
2019 BTS 5TH MUSTER (DVD)
BLACKPINK – Kill This Love -JP Ver.- Live at BLACKPINK 2019-2020 WORLD TOUR IN YOUR AREA-TOKYO DOME-
EXO /「EXO FROM. EXOPLANET # 1 - THE LOST PLANET IN JAPAN」ダイジェスト映像 (180 秒 ver.)
EXO /「EXO PLANET #2 – The EXO' luXion IN JAPAN-」180 秒ダイジェスト映像
EXO / LIVE DVD & Blu-ray「EXO PLANET #3 – The EXO' rDIUM in JAPAN」ダイジェスト映像 (180sec)
[2019 MAMA] SEVENTEEN_HIT
SHINee – Everybody (SHINee WORLD 2014 ～ I'm Your Boy ～ Special Edition in TOKYO DOME ver.)

■ジャズ風味を味わえるのはないの？ R&B でも
[MV] 수지 (Suzy), 백현 (BAEKHYUN) - Dream
Red Velvet 레드벨벳 'Be Natural (feat. SR14B TAEYONG (태용)) MV
S.E.S - Be Natural (Official Music Video)
Red Velvet 레드벨벳 'RBB (Really Bad Boy)' MV
Red Velvet 레드벨벳 '7 월 7 일 (One Of These Nights)' MV
Jazz Bar (DREAMCATCHER 드림캐쳐)
BoA ボア 'Jazzclub' MV
[풀버전] ♬ Blue Moon (Cinema Ver.) - 비투비 (BTOB)
아이유 _ 입술사이 (Between the lips by IU@Mcountdown 2013.10.10)
[Teaser 1] IU(아이유) _ Between the lips(입술 사이) (50cm)
[Teaser] IU(아이유) _ The visitor(그 사람)
마마무 (Mamamoo) - Piano Man MV

■ジャズ・マヌーシュ（gypsy jazz）も忘れないで
SBS 파워 FM 콘서트 [꼴라쥬] - 아이유 , 박주원 (을의 연애)

■主役は私たちだ、戦車も装甲車も倉庫にしまって、看板も下ろして、shut down するぞ
BLACKPINK - 'Shut Down' M/V
ITZY「Blah Blah Blah」Music Video
Dreamcatcher(드림캐쳐) 'MAISON' MV

■人生を振り返りたい
MC Sniper〈Better Than Yesterday〉
비투비 (BTOB) - ' 노래 (The Song)' Official Music Video
G-DRAGON - ' 무제 (無題) (Untitled, 2014)' M/V
BIGBANG - 'LAST DANCE' M/V
[STATION 3] D.O. 디오 ' 괜찮아도 괜찮아 (That's okay)' MV
JONGHYUN 종현 ' 하루의 끝 (End of a day)' MV
[MV] 자우림 (Jaurim) - 스물다섯 , 스물하나
iKON - '사랑을 했다 (LOVE SCENARIO)' M/V
BLACKPINK - ' 불장난 (PLAYING WITH FIRE)' M/V
다시 부르는 ' 상록수 2020' 뮤직비디오
LEE HI - ' 한숨 (BREATHE)' M/V
BTS (방탄소년단) 'Film out' Official MV
BTS (방탄소년단) LOVE YOURSELF Highlight Reel ' 起承轉結 '
CLASS:y(클라씨) "Tick Tick Boom" M/V
[MV] Zion.T(자이언티) _ Yanghwa BRDG(양화대교)
Zion.T & JungKook - Yanghwa BRDG [2015 KBS Song Festival / 2016.01.23]
[ENG sub] [8 회] ♬ I Miss You - 마마무 @3 차 경연 팬도라의 상자 컴백전쟁 : 퀸덤 8 화
aespa 에스파 'Life's Too Short (English Ver.)' MV
aespa 에스파 'Life's Too Short (English Ver.)' Lyric Video
알리 (ALi) - 92 년 장마, 종로에서 [불후의명곡 /Immortal Songs 2].20190330
BIGBANG - ' 봄여름가을겨울 (Still Life)' M/V

参考文献

姜信沆 譯註 (1974) "訓民正音" 서울 : 新丘文化社
노마 히데키 [野間秀樹] (2002) "한국어 어휘와 문법의 상관구조" 서울 : 태학사
노마 히데키 [野間秀樹] (2011) "한글의 탄생――〈문자〉 라는 기적" 김진아・김기연・박수진 옮김 . 파주 : 돌베개
노마 히데키 [野間秀樹] (2022) "한글의 탄생 (개정증보판)――인간에게 문자란 무엇인가" 박수진・김진아・김기연 옮김 . 파주 : 돌베개
노마 히데키 [野間秀樹] 엮음 (2014) "한국의 지 (知) 를 읽다" 김경원 옮김 , 서울 : 위즈덤하우스
비트겐슈타인 , L. (1985) "論理哲學論考" 朴煐植 · 崔世晩역 , 서울 : 정음사
비트겐슈타인, 루트비히(1994) "논리철학논고/철학탐구/반철학적 단장" 김양순 옮김, 서울 : 동서문화사
비트겐슈타인 , 루트비히 (2006) "논리 - 철학 논고 : 비트겐슈타인 선집 1" 이영철 옮김 , 서울 : 책세상
申東旭編 (1982) "金素月研究" 서울 : 새문사
兪昌均 (1982) "訓民正音" 서울 : 螢雪出版社
李基文 (1998) "新訂版 國語史概說" 서울 : 太學社
李箱 (1978) "李箱詩全作集" , 文學思想資料研究室編 , 李御寧校註 , 서울 : 甲寅出版社
한성우 (2018) "노래의 언어 ―― 유행가에서 길어 올린 우리말의 인문학" 서울 : 어크로스

浅野純編 (1975)『歌謡曲のすべて』, 東京 : 全音楽譜出版社
浅野純編 (1990)『ポピュラー・ソングのすべて』, 東京 : 全音楽譜出版社
イ・ジヘン (2021)『BTS と ARMY――わたしたちは連帯する』, 桑畑優香訳, 東京 : イースト・プレス
イ・ヨンスク (1996)『国語という思想――近代日本の言語意識』, 東京 : 岩波書店
ウィトゲンシュタイン (1975)『ウィトゲンシュタイン全集 1 論理哲学論考』, 山本信・大森荘蔵編, 奥雅博訳, 東京 : 大修館書店
ウィトゲンシュタイン, ルートヴィヒ (2001)『論理哲学論』, 山元一郎訳, 東京 : 中央公論新社
ウィトゲンシュタイン, L. (2003)『論理哲学論考』, 野矢茂樹訳, 東京 : 岩波書店
ウィトゲンシュタイン, ルートウィヒ (2005)『論理哲学論考』, 中平浩司訳, 東京 : 筑摩書房
ヴィトゲンシュタイン, ルートヴィヒ (2010)『『論理哲学論考』対訳・注解書』, 木村洋平訳・注解, 東京 : 社会評論社
ヴィトゲンシュタイン, L. (1968)『論理哲学論考』, 藤本隆志・坂井秀寿訳, 東京 : 法政大学出版局
ヴィトゲンシュタイン (2014)『論理哲学論考』, 丘沢静也訳, 東京 : 光文社
上野千鶴子編 (2005)『脱アイデンティティ』, 東京 : 勁草書房

大和田俊之 (2021)『アメリカ音楽の新しい地図』，東京：筑摩書房
オング，W. J. (1991)『声の文化と文字の文化』，桜井直文・林正寛・糟谷啓介訳，東京：藤原書店
加藤周一・丸山真男校注 (1991)『翻訳の思想 日本近代思想体系 15』，東京：岩波書店
亀井孝・河野六郎・千野栄一編著 (1988-1996)『言語学大辞典 第 1 巻 – 第 6 巻』，東京：三省堂
亀井孝・河野六郎・千野栄一編著 (1997)『言語学大辞典セレクション 日本列島の言語』，東京：三省堂
亀井孝・河野六郎・千野栄一編著 (1998)『言語学大辞典セレクション ヨーロッパの言語』，東京：三省堂
河上徹太郎編 (1976)『中原中也詩集』，東京：角川書店
姜信沆 (1993)『ハングルの成立と歴史』，日本語版協力 梅田博之，東京：大修館書店
カント (1994)『判断力批判 上下』，宇都宮芳明訳注，東京：以文社
カンブシュネル，ドゥニ (2021)『デカルトはそんなこと言ってない 』，津崎良典訳，東京：晶文社
菊地成孔・大谷能生 (2010)『憂鬱と官能を教えた学校――【バークリー・メソッド】によって俯瞰される 20 世紀商業音楽史 上下』，河出書房新社
金鍾徳 (2007)「韓国語韻律論」，野間秀樹編著 (2007) 所収
金珍娥 (2012a)「談話論からの接近」，野間秀樹編著 (2012) 所収
金珍娥 (2012b)「間投詞の出現様相と機能――日本語と韓国語の談話を中心に」，野間秀樹編著 (2012) 所収
金珍娥 (2013)『談話論と文法論――日本語と韓国語を照らす』，東京：くろしお出版
金成玟 (2018)『K-POP――新感覚のメディア』，東京：岩波書店
栗原裕一郎・大谷能生 (2021)『ニッポンの音楽批評 150 年 100 冊』，東京：リットーミュージック
桑畑優香・酒井美絵子・尹秀姫・まつもとたくお・岡崎暢子・熊谷真由子・髙橋尚子・田代親世・八田靖史・韓興鉄 (2022)『K-POP bibimbap―― 好きな人をもっと深く知るための韓国文化』，東京：池田書店
ゲオルギアーデス，T.G. (1994)『音楽と言語』，木村敏訳，東京：講談社
河野六郎 (1979-1980)『河野六郎著作集』，東京：平凡社
河野六郎・千野栄一・西田龍雄編著 (2001)『言語学大辞典 別巻 世界文字辞典』，東京：三省堂
斎藤純男 (1997;2006)『日本語音声学入門』，東京：三省堂
斎藤真理子 (2022)『韓国文学の中心にあるもの』，東京：イースト・プレス
ソシュール，フェルヂナン・ド (1940)『言語学原論』小林英夫訳，東京：岩波書店．ソシュール (1928) 岡書院の改訳新版
ソシュール，フェルディナン・ド (1940; 1972)『一般言語学講義』小林英夫訳，東京：岩波書店．ソシュール (1940) の改版
田中絵里菜 (Erinam) (2021)『K-POP はなぜ世界を熱くするのか』，東京：朝日出版社
タヤマ碧 (2021-)『ガールクラッシュ 1-4』，電子書籍，東京：新潮社
ディルタイ (1989)『世界観学』，久野昭監訳，東京：以文社

デリダ，ジャック(2001)『たった一つの，私のものではない言葉――他者の単一言語使用』，守中高明訳，東京：岩波書店
トルベツコイ(1980)『音韻論の原理』，長嶋善郎訳，東京：岩波書店
西村清和編・監訳(2015)『分析美学基本論文集』，東京：勁草書房
野間秀樹(1980)「記憶の間に」，『季刊美術誌 象』，第2号，東京：エディシオン象発行，仮面社発売
野間秀樹(2001a)「オノマトペと音象徴」，『月刊言語』，第30巻第9号，8月号，東京：大修館書店
野間秀樹(2001b)「韓国ポップスとことば」，『月刊しにか』，9月号，東京：大修館書店
野間秀樹(2007a)「試論：ことばを学ぶことの根拠はどこに在るのか」，野間秀樹編著(2007)所収
野間秀樹(2007b)「音声学からの接近」，野間秀樹編著(2007)所収
野間秀樹(2007c)「音韻論からの接近」，野間秀樹編著(2007)所収
野間秀樹(2007d)「形態音韻論からの接近」，野間秀樹編著(2007)所収
野間秀樹(2008a)「言語存在論試考序説Ⅰ」，野間秀樹編著(2008)所収
野間秀樹(2008b)「言語存在論試考序説Ⅱ」，野間秀樹編著(2008)所収
野間秀樹(2008c)「音と意味の間に」，『國文學』，10月号，東京：學燈社
野間秀樹(2009a)「ハングル――正音エクリチュール革命」，『國文學』，2009年2月号，東京：學燈社
野間秀樹(2009b)「現代朝鮮語研究の新たなる視座：〈言語はいかに在るか〉という問いから――言語研究と言語教育のために」，『朝鮮学報』，第212輯，天理：朝鮮学会
野間秀樹(2010)『ハングルの誕生――音から文字を創る』，東京：平凡社
野間秀樹(2012a)「文法の基礎概念」，野間秀樹編著(2012)所収
野間秀樹(2012b)「表現様相論からの接近」，野間秀樹編著(2012)所収
野間秀樹(2014a)『日本語とハングル』，東京：文藝春秋
野間秀樹(2014b)『韓国語をいかに学ぶか――日本語話者のために』，東京：平凡社
野間秀樹(2014c)「知とハングルへの序章」，野間秀樹編(2014)所収
野間秀樹(2014d)「対照言語学的視座と言語教育――今日の日韓対照言語学と日本における韓国語教育から」，『日本语言文化研究 第三辑』，李东哲・安勇花主编，延边：延边大学出版社
野間秀樹(2018a)「〈対照する〉ということ―― 言語学の思考原理としての〈対照〉という方法」，野間秀樹編著(2018)所収
野間秀樹(2018b)「ハングルという文字体系を見る――言語と文字の原理論から」，野間秀樹編著(2018)所収
野間秀樹(2018c)「知のかたち，知の革命としてのハングル」，『対照言語学研究』，第26号，東京：海山文化研究所
野間秀樹(2018d)「言語の対照研究，その原理論へ向けて――言語存在論を問う」，『社会言語科学』，21巻1号，東京：社会言語科学会
野間秀樹(2018e)『言語存在論』，東京：東京大学出版会
野間秀樹(2021a)『史上最強の韓国語練習帖 超入門編』，東京：ナツメ社
野間秀樹(2021b)『言語 この希望に満ちたもの――TAVnet 時代を生きる』，札幌：北海

道大学出版会
野間秀樹(2021c)『新版 ハングルの誕生――人間にとって文字とは何か』，東京：平凡社
野間秀樹(2023 近刊)『図解でわかる ハングルと韓国語』，東京：平凡社
野間秀樹編(2014)『韓国・朝鮮の知を読む』，東京：クオン
野間秀樹編著(2007)『韓国語教育論講座 第 1 巻』，東京：くろしお出版
野間秀樹編著(2008)『韓国語教育論講座 第 4 巻』，東京：くろしお出版
野間秀樹編著(2012)『韓国語教育論講座 第 2 巻』，東京：くろしお出版
野間秀樹編著(2018)『韓国語教育論講座 第 3 巻』，東京：くろしお出版
野間秀樹・高槿旭(2022)『史上最強の韓国語練習帖 初級編』，東京：ナツメ社
野間秀樹・白永瑞共編(2021)『韓国・朝鮮の美を読む』，東京：クオン
バウムガルテン，アレクサンダー・ゴットリープ(2016)『美学』，松尾大訳，東京：講談社
ハン・ガン(2011)『菜食主義者』，きむ ふな訳，東京：クオン
平岡正明(1971)『ジャズより他に神はなし』，東京：三一書房
平岡正明(1983)『山口百恵は菩薩である』，東京：講談社
ボードレール(1975)『ボードレール詩集』，堀口大學訳，東京：新潮社
(ま)・アサノタカオ(2022)『「知らない」からはじまる――10 代の娘に聞く韓国文学のこと』，鎌倉：サウダージ・ブックス
町田和彦編(2021)『図説 世界の文字とことば』，東京：河出書房新社
町田健(2008)『言語世界地図』，東京：新潮社
まつもとたくお(2021)『K-POP はいつも壁をのりこえてきたし、名曲がわたしたちに力をくれた』，東京：イースト・プレス
マノヴィッチ，レフ(2013)『ニューメディアの言語――デジタル時代のアート，デザイン，映画』，堀潤之訳，東京：みすず書房
マルクス，カール(1963)『経済学・哲学手稿』，藤野渉訳，東京：大月書店
マルクス(1964)『経済学・哲学草稿』，城塚登・田中吉六訳，東京：岩波書店
マルクス(2010)『経済学・哲学草稿』，長谷川宏訳，東京：光文社
マルクス・エンゲルス(1956; 1978)『ドイツ・イデオロギー』，古在由重訳，東京：岩波書店
マルクス, K.・F. エンゲルス(1966)『新版 ドイツ・イデオロギー』，花崎皋平訳，東京：合同出版
マルクス・エンゲルス(2002)『新編輯版 ドイツ・イデオロギー』，廣松渉編訳，東京：岩波書店
柳父章・永野的・長沼美香子編(2010)『日本の翻訳論 アンソロジーと解題』，東京：法政大学出版局
山本真弓編著，臼井裕之・木村護郎クリストフ(2004)『言語的近代を超えて――〈多言語状況〉を生きるために』，東京：明石書店
吉本隆明(1990)『定本 言語にとって美とはなにか Ⅰ Ⅱ』，東京：角川学芸出版
四方田犬彦編(2015)『完全版 山口百恵は菩薩である』，東京：講談社
四方田犬彦編著(2010)『平岡正明追悼論集 永久男根 平岡正明』，東京：彩流社

雑誌『ユリイカ』2018 年 11 月号，特集〈K－POPスタディーズ〉，東京：青土社

辛淑玉 (2019)「光州事件で殺された人々の声が聞こえる～ BTS（防弾少年団）から日本と世界を見つめる（3)」『WEB 世界』，東京：岩波書店
https://websekai.iwanami.co.jp/posts/2415

Kant,Immanuel(2014) *Kritik der Urteilskraft,* Frankfurt am Main: Suhrkamp, Insel Verlag

Kim-Renaud, Young-Key (ed.) (1997) *The Korean Alphabet: Its History and Structure,* Honolulu: University of Hawai'i Press

Marx, Karl (1932;1982) *Karl Marx, Friedrich Engels Gesamtausgabe* (MEGA); 1. Abt., Bd. 2, Berlin: Dietz

Noma, Hideki (2005a) When Words Form Sentences; Linguistic Field Theory: From Morphology through Morpho-Syntax to Supra-Morpho-Syntax, *Corpus-Based Approaches to Sentence Structures,* Usage-Based Linguistic Informatics 2, Takagaki, et al. (eds.), Amsterdam & Philadelphia: John Benjamins

Noma, Hideki (2005b) Korean, *Encyclopedia of Linguistics,* Volume 1, (ed.) Philipp Strazny, New York: Fitzroy Dearborn; Routledge

Trubetzkoy, Nikolaus S.(1939;1958;1989) *Grundzüge der Phonologie,* Prague (1st ed.), Göttingen: Vandenhoeck & Ruprecht (2nd ed.)

Trubetzkoy, N. S. (1971) *Principles of Phonology,* translated by Christiane A. M. Baltaxe, Berkeley & Los Angeles: University of California Press

Wittgenstein, Ludwig (1922;1981) *Tractatus-Logico-Philosophicus,* translated from the German by C.K.Ogden, with an Introduction by Bertrand Russell, London: Routledge & Kegan Paul

ケー ポップ げんろん
K-POP原論

2022年12月1日　初版第1刷 発行

著者　野間秀樹
装幀・組版　野間秀樹
校正協力　杉原美由紀
中嶋紀子
陸智豪（ロッズオ，Lok Zyhhao）
유진경（ユ ジンギョン，Yoo Jinkyung）
김광진（キム グァンジン，Kim KwangJin）
김진혁（キム ジンヒョク，Kim JinHyuk）
池本訓己
発行者　長見有人
発行所　ハザ（Haza）
〒606-8233
京都府京都市左京区田中北春菜町34-4 茶山kpハザ
（NPO ココペリ121）
TEL/FAX: 075-777-4069
https://www.haza121.com/
印刷・製本　萩原印刷株式会社

Printed in Japan
ISBN978-4-910751-01-6
NDC 分類番号 767.8
四六判 総頁426頁